鄭永年

著

大變局中的機遇

全球新挑戰與中國的未來

目　錄

自　序 / V

第一章　**新發展格局與雙循環**

中國當前仍處於重要戰略機遇期 / 003

保持雙循環至關重要 / 009

科學準確地理解雙循環 / 016

中國作為海洋大國需要國際大循環 / 023

做強內需並堅持開放，就會有新繁榮 / 035

世界大變局與中國創新的未來 / 041

第二章　**發展新引擎：灣區發展邏輯**

粵港澳大灣區與中國的未來 / 053

粵港澳大灣區與制度創新 / 065

"雙循環"、RCEP 與大灣區的未來 / 072

灣區龍頭深圳能夠形成何種借鑒意義？ / 078

深圳的使命與改革目標 / 084

特區之"特"，是責任不是特權 / 091

第三章　立足當下，認清機遇與挑戰

未來 10 年，中國不能掉入這兩大陷阱 / 101

警惕“封閉”，中國應堅持開放 / 107

社會制度的建設已刻不容緩 / 115

國家與發展：探索中國政治經濟學模式 / 125

社會層面，警惕個體道德下沉 / 138

“政治想象力”與中國前途 / 145

文化中產與中國經濟的未來 / 153

第四章　中國的世界圖景

中國崛起開啟新的世界歷史 / 163

印度崛起不見得對中國不利 / 170

世界為何變得如此憤怒？ / 180

西方民主到底出了什麼問題？ / 188

世界越亂，中國越要穩 / 196

穩定的中國是這個充滿不確定的世界的最大穩定源 / 203

第五章　　全球發展新變量：疫情之後的世界

疫情與全球政治危機 / 209

疫情與制度之爭的謬誤 / 217

中西 "抗疫" 話語權之爭的謬誤 / 225

抗疫核心是政治與科學的關係 / 233

"超級全球化" 與人道主義危機 / 241

新冠肺炎疫情背景下全球城市治理走向 / 249

美國頻繁 "退群" 意味着現存國際秩序的倒坍 / 255

在疫後世界版圖中，中國會是什麼樣的角色？ / 263

疫情之後，中國應發力 "軟基建" / 276

第六章　　看清局勢，看懂美國大選後的邏輯

跌宕起伏的大選：美國到底怎麼了 / 283

特朗普走了，但特朗普的 "遺產" 仍在 / 290

拜登對華將是可預期的理性強硬 / 297

美國現在的 "憤怒" 很沒道理 / 301

警惕美國大選的危機給中國帶來衝擊 / 307

第七章　聚焦：未來如何與美國共存？

大變局中的中美關係新趨勢 / 315

中美兩國在爭些什麼？ / 318

美國敵對情緒延續，中國該如何應對？ / 325

中國如何應對美國的打壓？ / 331

中國須丟掉幻想，避免對美誤判 / 338

中國今後如何與美國共存 / 347

自　序^①

各種跡象表明，中國正在進入第三次開放。2020 年 11 月，中國和東盟等國家簽署了《區域全面經濟夥伴關係協定》（Regional Comprehensive Economic Partnership，RCEP）。中國國家主席習近平在講話中也表示中國對《全面與進步跨太平洋夥伴關係協定》（Comprehensive and Progressive Agreement for Trans-Pacific Partnership，CPTPP）持開放態度，考慮加入該協定。年底，中歐投資協定（CAI）談判完成更是一項具有里程碑意義的事件。這一連串的發展都是中國當代開放歷史上的大事情，它們預示着中國自 1840 年鴉片戰爭以來的第三次對外開放。從開放的性質來看，鴉片戰爭之後的第一次開放為被迫開放，20 世紀 80 年代開始的開放是主動開放，而現在的第三次開放不僅是一場中國主動的開放，而且是諸多領域的單邊開放。從開放的目的來看，第一次開放是求生存和解決 "捱打" 問題，第二次開放是要解決 "捱餓" 的問題，而第三次開放則是

———————
①　本文的寫作得到了邱道隆博士的幫助，在此感謝。

v

為了解決 "捱罵" 的問題，即通過競爭國際規則制定權，走近世界舞台中央並且在國際治理過程中扮演一個大國應有的角色。

近代以來的兩次開放

近代以來，中國已經經歷了兩次開放。第一次開放發生在鴉片戰爭之後，西方列強船堅炮利，強迫中國打開了國門。這次開放是在西方列強強迫下的被迫開放。從歷史上看，被迫開放是以往閉關鎖國的結果。漢朝、唐朝和宋朝時期，中國曾經是當時世界上最開放的國家。但從明朝開始，中國王朝開始封閉起來，最終走向落後。明清兩朝的封閉使得中國失去了兩個相關的大時代，一個是海洋時代，另一個是工業化時代。明朝是世界海洋時代的開端。當時中國的海上力量為世界上最強大的。如果說鄭和七次下西洋代表的是國家的力量，那麼活躍於東南沿海的 "倭寇" 代表的則是民間海上力量，因為儘管 "倭寇" 指的是中國近鄰日本人，但倭寇隊伍當中也有不少是浙江和福建的民間海上力量。歐洲人的海洋時代由葡萄牙開啟，西班牙、荷蘭、英國和法國等隨後紛紛加入。但無論從哪個角度看，中國當時的船隊都不是任何一個歐洲國家可比擬的。明王朝保守的意識形態、北方邊疆問題和宮廷鬥爭等因素使得中國的海上發展戛然而止。明王朝不僅中斷了國家組織的海上活動，還禁止了民間的海上活動。中國就這樣失去了海洋時代。

清朝在閉關鎖國方面甚至較明朝更甚。當時歐洲首先開始商業革命，接下來是工業革命，資本主義體系由此而來。誠如馬克思所言，資本主義創造了巨大的財富，促成西方世界主導整個世界。就中國而言，儘管學界普遍認為，明清出現了資本主義的萌芽，但始終沒有能夠發展出歐洲那樣的資本主義體系。儘管學界迄今對"工業革命首先發生在歐洲而非中國"這一問題並沒有統一的答案，但在眾多的因素中，中國朝廷的閉關鎖國政策無疑是其中一個重要因素。也就是說，閉關鎖國政策也使中國失去了一個工業化時代。

根據經濟史學家安格斯・麥迪森（Angus Maddison）的研究，直到 19 世紀 20 年代，中國仍然是擁有世界上最大 GDP（國內生產總值）的國家，佔了世界 GDP 的 1/3。但僅僅 20 年之後，1840 年中國在第一次鴉片戰爭中被英國打敗，1860 年的第二次鴉片戰爭中國再失敗。之後，中國很快淪落為毛澤東所說的"半殖民地"國家。（亞洲另一大國印度的命運更慘。印度當時的 GDP 僅僅稍低於中國，居世界第二位，但印度全國淪落為英國的殖民地。）連續的戰爭失敗使得中國的政治精英們逐漸意識到一個國家的強大並不在於其擁有的經濟總量，甚至也不在於單純的軍事力量，而在於一整套新的制度體系，尤其是政治制度。但這種認識並不是一開始就有的，而是付出了血的代價。只有當中國被昔日的"學生"日本打敗之後，人們才意識到建立新制度體系的重要性。所以，中國近代史也是中國政治精英尋找中國政治制度的歷史，從晚清政治人物到孫中山、蔣介石和毛澤東都是如此。正如近代歷史所昭示的，最終以毛澤東為核心的中國共產黨找到了成功的道路。1949 年，中華人民共和國成立，中國人民站立起來了，結束了近代以來連連捱打的悲催局面。因此，人們說，毛澤東這一代中國共產黨人解決了"捱打"的問題。

20 世紀 70 年代末和 80 年代初，我們開始了第二次開放。20 世紀 80 年代，鄧小平這一代領導人總結出了這樣一條歷史規律：封閉就要落後，落後就要捱打。要避免捱打，就要解決落後問題。因此，我們進行了一次主動的開放。正因為是主動開放，我們緊緊抓住了 80 年代以來全球化所帶來的每一次機遇。實際上，"機遇"一直是 80 年代以來中國決策者用得最多的其中一個"常用語"。在過去的 40 年時間裏，中國創造了一個又一個世界經濟奇跡。中國從"貧窮社會主義"國家成為世界第二大經濟體，是世界上最大的貿易國。即使從人均 GDP 而言，中國也從 80 年代初的不足 300 美元提高到今天的 11 000 美元。更有意義的奇跡在於扶貧。在過去的 40 年間，中國促成了近 8 億人口脫貧；僅僅從中共十八大以來，就有 1 億人口脫離貧困。2021 年 2 月，中國宣佈消滅了絕對貧困這一困擾中國幾個世紀的難題。同時，中國更是對世界的扶貧事業做出了最大的貢獻。因此，人們說，鄧小平這一代中國共產黨人解決了"捱餓"的問題。

第三次開放的必要性

究其本質來說，第三次開放就是要解決一個"捱罵"的問題。儘管人們對如何解決"捱罵"這個問題有不同的看法，"捱罵"的解決途徑也必然是綜合性的，但從開放的角度來討論這個問題似乎更能看到問題的本質及其解決方式。

為什麼"捱罵"？或者說西方為什麼要"罵"我們？這可以從中國和西方之間的關係變化來解釋，至少做部分解釋。就中國和世界的關係來說，自改革開放以來，已經經歷了幾個階段。在第一階段，也就是 20 世紀 80 年代，我們實行的是"請進來"政策。經濟發展需要資本，我們缺少資本，因此我們打開自己的國門，請外國資本進入中國市場。在這個階段，我們和西方國家沒有實質性的衝突。在第二階段，也就是在 20 世紀 90 年代，我們為了加入世界貿易組織（WTO），實行"接軌"的政策，也就是我們改革我們自己的法律、法規和政策體系，以符合世界通行的規則，而世界通行的規則大多是由西方發達國家制定的。在這一階段，我們和西方也不會發生矛盾。第三階段是我們加入 WTO 之後，開始了"走出去"的階段。先是中國的商品"走出去"。加入 WTO 之後，中國很快演變成為所謂的"世界製造工廠"（實際上是"世界組裝工廠"），大量中國製造或者組裝的產品銷往西方和世界各個地方。再是中國的資本"走出去"。中國的發展迅速，很快從一個資本短缺的經濟體變成一個資本剩餘經濟體。和其他所有形式的資本一樣，中國的資本也開始"走出去"，包括國有資本和民營資本。最近幾年，中國的技術也開始"走出去"。儘管改革開放以來，中國基本上是一個技術應用大國，而非原創大國，但在一些領域，中國趕上了西方國家。

中國"走出去"便和西方利益發生了直接的衝突。中國商品"走出去"使得越來越多物美價廉的中國物品佔據了世界市場越來越多的份額；中國資本"走出去"對已經在當地的西方既得利益構成了壓力；而中國技術"走出去"則被西方視為對其霸權構成了"挑戰"甚至"威脅"。這些年來，西方國家尤其是美國對中國的"抱怨"和"謾罵"都是集中在所謂的"規則"領域，西方的核心思想就是中國沒有遵守西方確立起來的方方面面的規則，例如 WTO 規則、投資貿易規則、海上自由航行規則、人權規則等等。

如果"規則"是中國"捱罵"的一個重要根源，那麼我們就要從"規則"入手來解決這個問題。換言之，中國需要通過第三次開放解

決 "捱罵" 的問題，而只有掌握了規則制定權才會徹底改變被動捱罵的局面。因此，第三次開放會是更深層次的開放，不是僅僅解決傳統上投資貿易的數量和質量問題、技術升級和創新問題，而是重在競爭中國在國際上的話語權和規則制定權。實際上，對規則制定權的競爭是今天國際競爭的核心，更是未來中美競爭的核心。

但是，第三次開放不僅僅是為了應付 "捱罵" 的問題，還是國家實現可持續發展的需要。過去 40 多年改革開放歷史的一個重要經驗是，對外開放往往成為國內改革的推動力。一些人把吸引外資界定為開放的目的，認為中國本身已經具有足夠的資本，不需要外資了。這種看法自然是很不科學的。中國在資本充足的時期還在大力引進外資是有多重理性考量的。

首先，中國看重的是外資帶來的比當時的中國國內更為先進的管理理念、更完善的國際規則，因此在很大程度上，是在藉助國際規則的壓力來增強國內改革的動力，讓中國的規則主動向西方的規則 "靠近"。今天，隨着中國產業經濟的逐步升級和新業態的萌發，中國在某些領域已經開始具備了與西方類似的規則制定能力，特別是在互聯網新經濟的實踐中，藉助龐大的市場優勢和商業模式創新能力，應當有更強大的動力和能力去提出新的規則，通過規則來解決當前中國國際話語權落後於西方、規則制定權掌握在西方手中的被動局面，進一步解決好 "捱罵" 的問題。

其次，在規則方面來自國際的壓力和國際層面的迫切性也在增強。2021 年 2 月 19 日，歐盟委員會主席馮德萊恩出席慕尼黑安全會議時，邀請美國加入歐盟監管數字市場的倡議，共同創建數字經濟規則。馮德萊恩表示，"我們可以共同創建一個在全球範圍內有效的數字經濟規則：一套基於我們的價值觀、人員及多元化、包容和保護隱私的規則"。歐洲缺失中國那樣的高科技公司，但在競爭數字規則方面不遺餘力，足可見"規則"競爭力的重要性了。實際上，在互聯網和數字時代，西方對中國的擔憂也是在中國制定規則的能力上。近來，西方智庫集中關注"技術標準"議題，並將其與中美關係相關聯，認為中國正在投入更多資源用於制定技術標準，並建議美歐國家在該領域加強合作，以保持長期優勢。西方智庫普遍認為，技術標準已成為大國競爭的核心議題，美國應更積極地參與其中，並設法在重要技術領域"擠出"其他大國。美國伍德羅·威爾遜國際學者中心刊文稱，在圍繞美國國家安全和大國競爭演變態勢的討論中，技術標準佔據中心位置。美中經濟與安全評估委員會的《2020年年度報告》分析了中美全球戰略關係、經貿關係、政治外交與安全等諸多議題，指責中國正與西方國家"爭奪"關鍵技術標準的控制權，並攻擊中國將技術標準作為經濟與地緣政治利益的"政策工具"。新美國安全中心近期發佈報告稱，技術對國家經濟實力和國家安全至關重要，是中美關係競爭面的核心議題。報告認為，美國應更加積極參與國際技術標準的制定。很顯然，西方已經意識到在新的數字經濟領域與中國競爭規則制定權的必要性和緊迫性，中國也應當加快相應的步伐予以應對。

最後，更為重要的是，考量到技術的擴散離不開資本的流動這一事實，我們更應當向外國資本開放。不管我們喜歡與否，一個不爭的事實是，近代以來，大部分原創性的技術均來自西方國家。這一局面至今也沒有發生根本性的改變。2018年以來，全球科技競爭格局進入重構期，中美經貿摩擦和科技競爭加劇，以及"逆全球化浪潮"都對中國國際科技合作提出了新的挑戰。一些人認為，美國封鎖什麼（技術），中國就能發明什麼。這種觀點沒有任何科學依據。哪一個國家不想有技術發明？但新技術的發明需要大量的投入，需要很長的時間。即使大量的投入也不見得最終導向新發明。因此，在通往新技術的道路上總是充滿巨大的風險。的確，關鍵的核心技術要不來、買不來、討不來。但自主創新應當是開放環境下的創新，絕不能關起門來搞創新。我們不能對原創性的技術抱有幻想，認為短期內通過完全的自力更生就會成功，更不能認為核心的原創性技術能夠"從天而降"。

美國的科技封鎖給中國的自主創新列出了新的"任務清單"，但我們要對這些"清單"做更準確的識別，看看哪些是可以通過進一步開放來引入外國（特別是非美國的發達國家）資本、技術和人力的。這樣做可以縮短技術創新的時間和節省技術創新的成本。當前，在"加快構建以國內大循環為主體、國內國際雙循環相互促進的新發展格局"下，新的"外循環"不僅僅是資本和貿易的循環，更為重要的是技術，特別是核心技術的循環。歷史地看，技術進步的本質就是開放，任何一個國家如果封閉起來，技術肯定會衰落。而這也是中國本身的歷史教訓。中國今天強調新型舉國體制來發展核心技術，這是正確的，但是舉國體制也要開放，蘇聯就是一個很好的例證。蘇聯時期的舉國體制使其當時的技術進步非常快，但是因為不開放，沒有競爭能力，很快就衰落了。

另一方面，從科技本身的發展規律來看，科技創新也需要國際合作，需要國際科學共同體的共同參與。儘管近來中美關係惡化，但西方科學界（包括美國的科學界）對國際合作依然抱有積極態度。這次席捲全球的新冠肺炎疫情在各國民粹主義的加持下不斷被政治化和污名化，但是西方科學界對中國的抗疫舉措還是持有較高的認同度，並與中國的科學界開展了積極的合作。2020 年 12 月 18 日，中國工程院院長李曉紅、英國皇家工程院院長吉姆·麥克唐納爵士（Sir Jim McDonald）和美國工程院院長約翰·安德森（John L. Anderson）共同簽署的《中國工程院、英國皇家工程院、美國工程院關於應對新冠肺炎疫情的聯合聲明》倡議，應該讓國際合作，而非競爭，成為應對疫情的設備研發、診斷、疫苗開發和生產、數據分析等領域取得進展的驅動力。同樣，儘管美國政府尤其是反華政治力量以危害國家安全為名，對包括華為、字節跳動、大疆等在內的中國高科技企業實行了打壓，並努力推動與中國的科技 “脫鉤”，但包括美國企業在內的西方企業一直在試圖繞開禁令，繼續和中國 “掛鉤”。2020 年 10 月，荷蘭 ASML 公司表示，該公司對華出口 DUV（深紫外）光刻機將不受到美國的制約，也無須美國的批准。儘管華為更急需的是 EUV（極紫外）光刻機而非 DUV，但這已然表明在國際高科技領域，徹底的封鎖是很難實現的。但所有的國際合作，只有在中國開放的條件下才能實現。一旦中國封閉起來，那麼什麼樣的國際合作都是不可能的。顯然，中國只有以更開放的姿態，才能吸引到更多的企業和學術共同體加強與中國的技術合作。

第三次開放與創造新的戰略機遇期

RCEP 的簽署和中歐投資協定談判的成功，不僅意味着中國的開放層次、改革深度進入到一個新階段，同時意味着中國在美國對中國發展的圍剿和打壓中取得了突破性的進展，這些都是主動創造新型

"戰略機遇期"的舉動。我們過去時常提"國際機遇"，但是以前的國際機遇和今天的國際機遇是完全不同的概念。此前的國際機遇是被動的，是國際上出現了機會，中國趕緊抓住；但如果今天繼續沿用這一思路去考慮國際機遇，就很有可能會犯下錯誤。今天中國已經可以為自己創造很多國際機遇，而不是等待別人給中國國際機遇。

要創造新的戰略機遇期，就要更積極主動地對外開放，甚至實行單邊開放，這也是第三次開放的應有之意。單邊開放意味着，即使美國（西方）不向我們開放，我們也要向美國（西方）開放。在對外開放的問題上，今天的中國不應當學美國，而應當學以前的大英帝國。從歷史上看，大英帝國比美國成功得多，大英帝國是單邊開放，其他國家即便不向英國開放，英國也向它們開放。美國永遠是講對等開放，只有其他國家向美國開放，美國才向它們開放。從效果來看，單邊開放比對等開放要有效。在拿破崙試圖用"大陸封鎖"政策在商業上擊敗英國時，英國以"單邊開放"徹底瓦解了拿破崙的封鎖壓力，在貿易上還獲得了更多的突破。當然，單邊開放也要講條件，並不是無條件開放。上述 RCEP 和中歐投資協定並非單邊開放。

近來，中國在創造新的戰略機遇期上依然面臨以美國為首的西方帶來的壓力和挑戰。據《華爾街日報》2021 年 2 月初的報道，拜登政府在科技領域對中國的打壓與特朗普政府相比只會有過之而無不及，而美國海外投資委員會（CFIUS）將在相關操作中扮演重要的角色，該委員會的國家安全專項小組正在對美國的初創公司進行嚴密的監控和審查，以尋找它們與中國有關的投資方的任何關係，尤其是涉及敏感技術的。2021 年 2 月 24 日，美國總統拜登正式簽署一項行政命令，對四種關鍵產品的供應鏈進行為期 100 天的審查，分別為半導體芯片、電動汽車大容量電池、稀土金屬、藥品。該命令還以美國國防部用來加強國防工業基礎的程序為藍本,指導了六項部門審查,涉及國防、公共衛生、通信技術、運輸、能源、食品生產領域。以上舉措指向中國的意圖十分明顯。拜登政府更不顧美國企業界的反對,讓特朗普時期對抗中國技術威脅的全面規定生效,這項最初於 2020 年 11 月就提出的規定,將讓美國商務部有權禁止其認為對所謂國家安全構成威脅的技術及商業交易,這是保護美國供應鏈的努力之一。由谷歌前首席執行官埃里克‧施密特(Eric Schmidt)領導的美國國家人工智能安全委員會(National Security Commission on Artificial Intelligence)在向美國國會提交的《最終報告》中,針對和中國的人工智能競爭與半導體供應鏈等領域提出諸多建議,企圖遏制和圍堵中國在人工智能方面的進步。

拜登還打算組建一個擬議中的"民主國家峰會",該峰會將尋求建立一個明確的針對中國的方案。美國還將嘗試組織較小的民主國家團體來應對先進通信和人工智能等方面的具體問題。拜登政府還意圖聯合主要民主國家組建技術聯盟,包括開發新的電信技術,減少對華為 5G 設備的依賴。拜登政府還將提出幾項方案,阻止向中國出售由美國、日本和荷蘭企業主導的先進半導體製造技術,試圖保持對中國半導體製造技術領先幾代的優勢。參議院多數黨領袖舒默也表示,他已經指示議員們起草一項限制中國崛起的議案,利用美國國會兩黨都對中國強硬的態度去加強美國科技部門的實力。涉及數額可能高達千億美元的法案估計會針對人工智能、量子計算、半導體等領域。

因為美國對中國崛起的擔憂越來越甚,相信它會千方百計地打壓中國。不管美國誰當政,中國在這方面都不應當有任何幻想。但是,中國必須訴諸理性來應對，而非清醒。這裏所說的 "單邊" 開放就是理性的產物。就能力來說，中國也已經強大到實行單邊開放的時候。經過 40 多年的磨煉，中國積累了足夠的物質財富和經驗來應對全球化所帶來的負面影響，來應付美國（西方）所施加的外部壓力。

客觀地說，中國的比較優勢或者強項不是和美國的 "對罵"，而是開放的潛力和市場規模。這些年來，中國一直在朝着更深更廣的開放努力。這說明，有些領域我們還沒有開放，而在另一些領域我們開放的程度還不夠。考慮到開放的潛力加上我們的市場規模，任何一個領域的開放都足以改變國際資本的流向。事實上也是如此。

一個具有 4 億中產市場的經濟體，單邊開放正在吸引越來越多的西方資本進入中國。2021 年 1 月 24 日，聯合國貿易和發展會議發佈的一份報告顯示，中國取代了美國數十年來第一的位置，成為 2020 年全球最大的外國直接投資（FDI）流入國，吸引了 1 630 億美元的資金流入。在疫情帶來的全球經濟震盪和不確定性下，中國市場成為全球經濟的 "壓艙石"，也是諸多跨國企業 2020 年業績增長的主要市場。2020 年 12 月 18 日，星巴克在全球投資者交流會上表示，未來 10 年將把全球門店從 3.3 萬家擴張至 5.5 萬家，中國是其發展的重中之重。2020 年，BBA（奔馳、寶馬、奧迪）三大豪車品牌在華銷量均實現大幅增長，創造了進入中國市場以來的最佳銷售紀錄。在特朗普發動中美貿易戰之後，美國行政當局試圖用財政資金吸引美國資本回流離開中國。當時日本的安倍政府也出台了類似的政策以吸引日本資本回流。但這些都沒有得到可見的效應。高盛集團的一份報告顯示，美國的半導體設備、材料以及醫療保健領域的大多數企業，不僅沒有遷移出中國，而且還擴大了在中國的生產。日媒 JBpress 新聞網

稱，日本政府 2020 年 4 月出台的用於資助日企回流的專項資金並未
起到應有作用，僅有 5% 的日企申請補貼，而且這些日企的主要目的
也不是撤出中國市場，而是要藉機重組。滙豐前海證券一項調查數據
顯示，2021 年，在全球 900 多家機構投資者和大公司中，將近 2/3 計
劃把在華投資平均增加 25%。德國大眾集團總裁迪斯和英國滙豐銀行
CEO 祈耀年甚至因誇讚中國而受到西方輿論的攻擊。也就是說，不管
美國行政當局或者任何一個西方行政當局的對華政策如何，包括美國
在內的西方資本是不會放棄中國這一龐大市場的。

我們更應該看到第三次開放的戰略意義。美國不僅自己在想方設
法地分化中國，還想和盟友結成反華 "統一戰線"，表現為各種形式
的 "民主國家間的聯盟"。那麼，中國如何一方面分化美國內部力量，
另一方面分化美國和盟友的 "統一戰線" 呢？這是我們需要認真思考
的問題。但總體上，如果美國想用政治和意識形態邏輯（即民主制度
和自由價值），那麼中國必須使用經濟和資本邏輯（即開放和市場）
來應對。一句話，第三次開放是中國有效分化美國內部力量、有效分
化美國和盟友結成反華 "統一戰線" 的最有效方法。只要中國是開放
的，只要美國（西方）依然是資本主義國家，那麼不管美國（西方）
行政當局採取什麼樣的政策，中國和美國不會完全脫鈎，中國和西方
不會完全脫鈎。

中國需要做什麼？

對中國來說，我們需要思考的是如何通過第三次開放來重塑世界
市場的規則。我們認為，至少在如下幾個方面，中國可以有所作為。

1. 統一國內市場標準，構建非政府主導規則，避免規則輻射擴散受限和外資的政策套利。

第三次開放要強調規則的重要性。規則裏有技術規則，以及社會、投資、貿易等方方面面的規則。首先必須將國內各地不同的規則統一起來。近代國家比傳統國家更加強大，一個原因是前者具有統一的規則，而後者則沒有統一的規則。近代主權國家首先在歐洲崛起，主權國家內部具有統一的規則。二戰之後，歐洲國家又從內部規則擴展到國家間的規則，形成了歐盟。什麼叫歐盟？歐盟就是一整套規則。歐盟之所以強大也正是因為有一套統一的規則。同樣，其他各種各樣的區域性組織包括北美自由貿易區、中國東盟自由貿易區、RCEP 等都體現為一整套規則。

今天，我們提倡通過"雙循環"來實現可持續發展。可以從不同角度來理解"雙循環"，我們認為通過"雙循環"統一國內規則，再在此基礎上實現規則的國際化，那麼不僅可實現內部的可持續發展，而且可進一步融入國際經濟，增強中國在國際事務中的規則制定權或者話語權。

首先需要通過規則的統一化來促進我們的內部大循環。統一的規則對市場經濟和法治都至關重要。市場經濟的本質就是法治，而規則的統一又是法治的前提條件。歐盟之所以被稱為"歐盟"，並不是因為歐盟各國變成了一個國家，而是它把二十幾個國家的規則統一起來了。正如 20 世紀 90 年代中國要加入 WTO 一樣，在加入 WTO 之前，中國某種意義上還游離於世界體系之外。世界體系並不是抽象的，如 WTO 一樣，有一整套規則，是各國都必須遵循的一套規則。如果規則不統一，經濟的共同體就很難做到真正的輻射擴散。現在，京津冀、長三角、珠三角各經濟區域內部沒有統一的規則，各省份甚至不同城市沒有統一的規則，不同企業之間也沒有統一的規則。各方都對外商提供着優越的條件，表面上在競爭"開放"，但實際上走向了封閉。針對外商的營商規則各地很不一樣，甚至同一個區的兩個工業園之間的規則都不一樣，這反而會導致外商難以做出抉擇，影響他們的落戶意願。中國各地的內部規則一定要統一起來，至少要對接起來。沒有統一的規則也就說明我們還沒有一個統一的市場；而沒有統一的市場，就很難把我們的貿易總量轉化成為規則。內部規則統一，才能強化內部的競爭力，才能更好地走向世界。

與此同時，規則不一容易造成不同地區、不同企業之間為了吸引外資而產生"惡性競爭"，甚至不切實際地提出不符合本地情況的條件來吸引外資。在改革開放初期，一些地方不惜過度降低本地的環保和勞工保護政策的標準，雖然短時間裏發展了經濟，但是卻犧牲了本地長遠發展的社會和政治利益。外資企業也通過不同地區之間不一的規則作為籌碼與地方談判，使自己處在了有利的談判地位上。近來，中國吸引外資的標準和要求相比改革開放之初都大幅提高了，更應當在規則上形成更好的合力。有更嚴格的要求，才能吸引到高質量的外資。

規則的缺失或者規則的不統一更影響着中國資本"走出去"的效率和效能。例如，國有企業一直在扮演着"一帶一路"先行者的角色，但國企之間的競爭缺乏規則。經常有兩家或者多家國有企業在外國惡性競爭，互相廝殺，結果不僅損害了中國的利益，而且也在當地國家造成了非常負面的影響。國有企業和民營企業之間的競爭更沒有規則，往往造成巨大的經濟損失。

再者，在政府層面的規則統一之後，也要注重社會（市場）層面規則的統一。如果社會（市場）層面沒有形成有效的行業組織的規則，政府的規則就會形同虛設，即便各個地方政府之間消除了惡性競爭，也很難避免企業之間、行業之間開展自我降低規則的惡性競爭。在確立市場規則這方面，應當學習歐美的相關經驗，構建非政府組織主導的私營規則，這些國家利用私營規則建立起行業壁壘，致使中國企業和產品走出去受阻，例如英國零售商協會（BRC）、美國材料與試驗協會（ASTM）、電氣與電子工程師學會（IEEE）等。當然，我們學習的目的不是構築針對性的壁壘，而是為中國的企業和行業組織提供更多的博弈工具，政府與行業兩條腿走路共同構築的規則架構，更有利於中國規則的影響力。

2. 對現有國際規則進行再梳理和重新識別，影響、改革乃至創設國際規則。

在和西方國家進行規則競爭方面，中國面臨着幾個重要的問題和挑戰。第一，對現存規則進行改革。中國通過“接軌”而進入世界體系。但世界體系不是抽象的，而是有各種規則的。現存諸多規則是在美國（西方）主導下確立的，反映的是西方的利益，而不是包括中國在內的發展中國家的利益。中國並不想在國際社會扮演一個革命家的角色，但我們是改革者，提倡通過國際體系和規則的改革使得世界體系更加公正公平。當中國的話語權提高了之後，更需要注意區別對待不利於自身和國際效率的國際規則，同時用更完善的國際規則推動國內改革。

第二，把市場優勢轉化為規則優勢，利用好規則作為處理外部關係的“緩衝地帶”。西方主導世界規則和西方的市場分不開。中國已經是世界第二大經濟體和最大的貿易國，但我們仍然沒有規則制定權。20 世紀 80 年代，中國提出了"以市場換技術"的政策，這句話最早運用在汽車行業。在政策的"保護傘"下，我們希望中國車企能學到西方先進的技術和管理。儘管這種"市場換技術"在一定程度上幫助了中國經濟的發展，但是從更長遠的意義上來看，該策略最終並不算成功。例如，2003 年德國寶馬和華晨集團合資成立"華晨寶馬"。然而，華晨跟寶馬在投資的話題上相談甚歡，一談技術卻總被拒之門外，華晨也沒能打造出自主品牌，最終釀成悲劇。2020 年11 月 20 日，既沒核心技術又缺乏品牌影響力的華晨集團正式破產重整。華晨的黯然退場，表明中國製造業"以市場換技術"的道路幾乎是被堵死了。

　　第三次開放應該從"市場換技術"轉變為"市場換規則"，這尤其體現在數字經濟這一新的業態領域。這方面，中國需要向善於制定規則的歐洲國家學習。就互聯網發展和規則來看，即使歐洲國家沒有大型的互聯網企業，也在利用其市場力量，積極制定互聯網規則。歐盟已經出台了諸多互聯網監管法律法規，和美國、中國競爭規則權。中國儘管擁有很多大型互聯網公司，佔了世界互聯網很大的份額，但我們的規則制定權少之又少。這一方面是由於過去大多數中國互聯網企業都在中國市場內發展，很少真正"走出去"，大多數商業模式也是從美國借鑒過來，必然在規則上也沿襲了美國的方案；另一方面是中國互聯網行業的發展還不夠強大，沒有引起足夠的重視，所遇到的問題也都是美國互聯網企業遇到過的問題。但美國對華為、字節跳動等企業的打壓已經開始警示我們，如果沒有足夠的規則制定權，在規則上繼續"美國化"，中國未來高科技企業的發展會舉步維艱，也將在面對發展中國家的時候失去科技話語權。

再有，美國利用美國的"規則"來打擊中國科技企業，儘管背後帶有出於強烈的地緣政治、意識形態的考量，但是依然體現在對"規則"（包括法律）的運用上。相反，中國由於缺乏有效的規則反制手段，在反擊時往往體現出較為明顯的政治色彩，不像美國一樣用規則手段來"包裝"目的，在與西方的外交博弈中往往較為被動。這在華為和孟晚舟事件中表現得非常明顯。由於缺乏規則領域作為緩衝地帶，兩起事件直接升級為了中加、中美乃至中西之間外交層次的"硬"衝突，使得事件更加難以解決和退讓。如果能夠有相應的規則在其中起到作用，事件本身可以更加"軟"一些，處理起來的難度也會比現在小。中國不久前已經推出了《阻斷外國法律與措施不當域外適用辦法》，這是中國在面對美國（西方）無理打壓時，通過規則槓桿進行反制的一個開始和好的嘗試，今後應當更多利用這樣的方式來處理，避免商業事件過度政治化。

第三，主動創始和參與未來規則的制定。近年來，中國通過推進經濟區域化和全球化，在主動創始一些區域或者全球規則，例如"一帶一路"倡議、亞洲基礎設施投資銀行和金磚國家新開發銀行等，也積累了不少經驗。下一步，中國要考量如何吸引更多的國家加入，讓更多的國家接受我們的規則。作為大國，我們不能學習從前的西方，把自己制定的規則強加給其他國家；相反，我們在制定規則時需要充分考量到其他國家的利益和需要。在制定規則時要更加重視國際合作，特別是和非西方發達國家的合作，中國要避免美國過去使用世界經濟領導權時犯的錯誤，着眼於長遠的利益。在這方面，中國完全可以向世界發出令人信服的宣言，因為中國過去就是美國（西方）單邊規則的受害者，今天中國自己制定的規則，必然要呈現出更多的包容性和多元性，是一個更加開放的規則體系。在互聯網領域尤其如此，中國已經有了非常豐富的互聯網實踐，應當將這些實踐總結和歸納，推動互聯網國際規則的制定和創設，推動國際互聯網規則的多極化。

3. 利用開放來實現更高水平的治理，實現國家治理體系和治理能力現代化。

如果說過去的開放更多在於通過開放倒逼國內的改革，這些改革主要包括技術進步、產業升級和對齊國外先進標準，那麼第三次開放則重在通過開放來實現更高質量的國內治理，即實現國家治理體系和治理能力現代化。

在特朗普執政的四年裏，"對等"理念構成了其對華政策的基石，雙邊關係也降至歷史最低點。特朗普 2016 年當選總統之前，"對等原則"一般只適用於投資和貿易領域。美國人認為中國在過去 20 年裏，未能兌現開放投資貿易、提供公平競爭和非歧視營商環境的承諾。特朗普政府充分利用了這樣的不滿和抱怨，在對華打交道時，突出強調"對等原則"。在"對等原則"的幌子下，特朗普政府對華採取了一系列強硬措施，包括對中國外交官和記者施加限制，撤銷與中國人民解放軍有關的學生和學者的赴美簽證等。美國前財長保爾森長期以來對華友善，支持中美加強合作和互動。在 2020 年 11 月就中美關係發表演講時，他也曾呼籲雙方增加"針對性對等"。拜登新政府上台後，其策略有所不同，但預計也會主要依據這一理念來構建對華關係。無論雙邊關係如何發展，是好轉還是惡化，"對等原則"都是潛在的催化劑。無論我們是否喜歡，能否接受，在中國與美國及其他西方國家的未來關係中，"對等原則"將越發重要。

　　儘管美國政府對中國的指責大多數並無道理，但不可否認的是，在對外開放的某些領域的限制性准入，是由於中國國內治理能力的要求還達不到的結果，即所謂的"管不住"或者"管不好"。這尤其體現在互聯網領域，當然也不僅僅局限於互聯網領域。隨着中美在科技領域競爭的加劇，上述"對等原則"將在高科技領域體現得更加明顯。大多數美國的互聯網企業，特別是涉及意識形態的互聯網企業，目前大多數都無法進入中國內地。

　　從長遠來看，開放美國互聯網企業（或者未來歐洲的互聯網企業）有序地進入中國內地，是一個很難避免的現實問題。問題的本質在於如何能夠在不影響政治、經濟和社會穩定秩序的前提下，對它們實行有效的管理。這就需要通過在國內實踐一套基於中國自身特色，同時又符合國際管理標準的互聯網管理規則，並將這些規則首先運用於國內的互聯網企業，使得互聯網的管理、網絡空間內容和意識形態的管理可預期，具有確定性，實現法治化和程序化。當前，全球各國都在加強對社交媒體的治理，這些國家不僅包括了歐美發達國家，也包括了很多在互聯網領域比較落後的國家，因為社交媒體已經對這些國家的政治和社會安定產生了深遠的影響，中國完全可以借鑒和參照其他國家的一些經驗，提升互聯網內容管理的法治化和機制化水平。這也是中國構建更高水平治理能力的必然要求。

4. 更加注重地方、社會層面的開放，讓開放的顆粒度更細，層次更加多維。

　　第三次開放是諸多領域的單邊開放。如前所述，單邊開放的主要目的是要在中國面臨惡性國際競爭和圍堵的情況下，通過開放來分化其內部並非鐵板一塊的西方世界。其中，有幾點開放的路徑可供選擇。

第一，促進地方層面的開放和交流。目前，中美友好省州、友城已分別達 50 對和 231 對。美國俄勒岡州中國理事會主席藍進在接受新華社採訪時表示，"地方和民間交往主體多元，具有資源廣、接地氣的特點，特別有助於築牢友好互信的民意基礎"。在特朗普政府加強對中國的貿易戰和在各領域脫鈎時，包括加州在內的地方政府卻在不斷加大與中國的合作。中國許多發達的地市級單位，在對外開放上擁有移民的親緣優勢、產業的對接優勢，特別是閩浙粵沿海地區的城市，它們的開放需求更為迫切，也更具地方特色，可以鼓勵這些地方開展更接地氣、更貼近民眾的開放和交流。

第二，促進社會層面的開放和交流。隨着中國經濟體量的進一步增長，社會利益多元性的進一步增加，不同社會群體、不同社會階層對於開放的需求也更加各異，與此同時，各個社會群體在利益訴求上抱團開展對外交流和往來的力量也在增強。由社會層面開展的對外開放，要遠比政府層面的需求更為精準，效果更加顯著，可以構建更豐富的開放網絡，形成更多的開放節點。同樣，正如上文所述，西方的大企業和華爾街的資本家，並沒有放棄中國的市場；相反，他們看好中國龐大的市場和穩定的商業環境，正大舉加倉中國資產。麥肯錫全球研究院最新編制的中國—世界經濟依存度指數顯示，在貿易、科技和資本三個重點維度上，中國對世界經濟的依存度相對有所降低；相反，世界對中國經濟的依存度卻相對有所上升。

5. 積極推動加入 CPTPP 的談判和積極嘗試推進中美雙邊投資協定談判。

在今天的世界，規則的背後就是標準，方方面面的標準。在加入 RCEP 的同時，我們已經表示對 CPTPP 持開放的態度。RCEP 和 CPTPP 是兩個不同的事物：RCEP 主要涉及傳統投資貿易關稅等，而 CPTPP 是標準。很顯然，對標準的競爭更有利於我們自身技術的提升和產品質量的提高。2020 年年底，我們又和歐洲國家完成了中歐投資協定談判。這些表明我們有強烈的意願參與未來標準的制定。

所有這些新進展都有助於激活中美雙邊投資協定（BIT）談判。實際上，在中歐投資協定談判啟動前，中美雙方於 2008 年啟動了 BIT 談判，到 2015 年進行了長達 7 年共計 34 輪的談判。特朗普上台後，中美 BIT 談判擱置。隨着拜登政府上台，中美 BIT 談判具備了重啟的可能性。中歐投資協定談判的順利完成，也為激活中美 BIT 談判提供了契機，可以在已交換的負面清單基礎上改進清單質量、縮短清單長度，早日達成雙邊投資協議。即使美國還沒有準備好重開談判，我們也是可以釋放善意的。

現實地看，如果中美之間的競爭不可避免，我們就不必避免和過於擔心競爭。中美之間的競爭是看哪一個國家更開放，而不是看哪一個國家更封閉。從歷史上看，哪個國家更開放，哪個國家就更能得到發展；一個國家如果變得封閉了，不管原來是多麼強大，也會最終衰落。道理很簡單，只有在開放狀態下，世界市場才會存在，生產要素才會流動到那些開放的經濟體。

如前所述，中美之間下一步除了技術競爭，更重要的是規則競爭。中美雙邊投資協定如果達成：一方面可以通過談判讓美方更加了解中國在規則制定上的訴求和態度，通過談判的方式逐步接受中方的相應訴求，為雙方的規則競爭尋找到一個新的平台和舞台，而非特朗普時期的制裁舉措；另一方面，中國與歐盟的談判已經表明中國有能力與發達國家進行規則性的談判，並將基於自己市場的規則成功讓發達國家接受。如果再能夠與美國達成類似的協議，將進一步增強中國規則外化的能力，中國將真正實現從過去對標發達國家標準，成為國際規則制定的主要參與者。

一句話，如果內循環的核心是統一國內的規則，那麼外循環的核心則是中國規則的國際化。如果從規則和標準的制定來看第三次開放，我們可以提高開放的格局。開放不再是傳統的開放，而應當是更廣、更深、更高層次的開放。通過連接內外循環，打通國際國內兩個市場，在和國際接軌的同時實現中國規則的國際化。如此，我們就在實現內部可持續發展的同時實現外部的真正崛起。

最後，在本書即將付梓之際，感謝在本書成書過程中編輯團隊的努力工作，感謝廣東粵港澳大灣區研究院對本作品的支持，感謝讀者朋友們長期以來對我的支持。

第一章

新發展格局與雙循環

中國當前仍處於重要戰略機遇期 [1]

2020 年 10 月，中共十九屆五中全會召開，深入分析了中國發展環境面臨的深刻複雜變化，認為當前和今後一個時期，中國發展仍然處於重要戰略機遇期，但機遇和挑戰都有新的發展變化。

在世界百年未有之大變局下，如何理解中國發展的戰略機遇？立足 "十四五" 新起點，中國又該如何把握新機遇，創造發展新紅利？

外企不會主動放棄中國市場

首先，從中國國內情況來看，市場規模巨大，經濟潛能依然很大。中國已成為全球第二大經濟體、最大的貿易國，擁有全球最龐大的 14 億人口，其中中等收入群體至少有 4 億人，相當於美國總人口，消費升級勢頭強烈。中國正在構建以國內大循環為主體、國內國際雙循環相互促進的新發展格局，巨大的市場潛力和民眾對美好生活

---

① 本文根據 2020 年 10 月香港《文匯報》對作者的專訪整理。

的需要，為中國經濟邁向高質量發展提供新動能。

其次，從國際發展的大環境和大趨勢來看，世界經濟開放發展與經濟全球化仍然是必然趨勢和客觀規律。西方的企業在中國投資，最根本的原因還是為了賺錢。資本是逐利的，中國市場的規模已經在逐步接近美國市場的規模。如此大的體量，沒有一家企業會主動放棄在這個市場中分得一杯羹。

中國已可主動創造 "戰略機遇"

根據美國著名經濟研究機構彼得森智庫的統計數據，過去兩年有6 000 億美元流入中國。我和美國駐華商會交流，沒有一個企業想離開或自願離開中國。從歷史上看，是白宮聽華爾街的，而不是華爾街聽白宮的。

從國際機遇來說，過去中國是被動地接受了 "戰略機遇"，即 given international relation。隨着中國的崛起和在世界體系中地位的上升，中國已經從被動轉向了主動。也就是說，今天的中國已經有了很大的能力主動在世界舞台上為自己創造 "戰略機遇"，而不是像從前那樣，經常受制於外部環境。只要中國堅持做好自己的事情，同時堅定不移地擴大對外開放，用更大力度的開放打造更加有利於公平競爭的投資環境，與世界各國分享發展機遇，就能為自己創造更多全球化紅利。

疫後"有限全球化"倒逼中國製造升級

"十四五"時期，中國經濟將進入從高速度增長向高質量發展轉型的歷史攻關期，如何加快形成國內高端產業鏈佈局，盡快掌握"卡脖子"核心技術，是中國面臨的最大挑戰之一。疫後世界將進入"有限全球化"階段，從客觀上倒逼"中國製造"轉型升級，向產業鏈中的高附加值環節發展。這也是在新的戰略機遇期裏危中尋機的題中之義。

儘管中國是工業門類最齊全的國家，什麼都能生產，而且生產量很大，但長期以來產業鏈偏低端，附加值低，不掌握關鍵的核心技術，因此，地緣政治一旦發生變動，就會受制於人。從現在開始，要加快形成國內高端產業鏈佈局，盡快掌握核心技術，擺脫對外部產業鏈環節的技術依賴，真正拿出更多整裝的"中國製造"產品。

外部壓力比內部壓力更有效

一個產品 99% 國產化，但 1% 的核心技術掌握在人家的手裏，還是不行。汽車工業發展那麼多年，原創性的東西有多少？我們的飛機發動機是別人的，航天領域的很多芯片也是別人的，這些東西中國是會做的，但是沒有壓力就做不出來。所以，來自外部的壓力比內部的壓力更有效。

這次新冠肺炎疫情將深刻影響地緣政治。全球化不會停止，但 20世紀 80 年代以來的"超級全球化"漸近尾聲，進入"有限全球化"階段，全球產業鏈供應鏈面臨新佈局。目前有的國家已經開始把涉及國家安全的技術牢牢掌控在自己手裏，或者分散風險，盡量把產業鏈放在不同國家。從短期看，"有限全球化"無疑會對中國經濟產生較大衝擊。但從長期看，中國將從"有限全球化"中獲益：一方面，西方產業不可能全部撤離；另一方面，目前中國是世界上產業鏈最齊全的國家，而且國內市場廣闊，中國企業不僅可以佔領西方企業留下的產業鏈空間，還可以向產業鏈中的高附加值環節發展。

政府市場協同，扶貧成效顯著

改革開放以來，中國實現了讓近 8 億人口擺脫絕對貧困，這在世界歷史上前所未有。中國在脫貧攻堅過程中充分發揮政府與市場的作用，在強調社會二次分配的同時更加注重一次分配的作用，這一點值得世界其他國家借鑒。下一步，在精準扶貧的基礎上，要控制相對貧困人口的數量。全球化的過程創造了巨量的財富，但也帶來了所有國家財富差異的擴大以及貧困家庭的增加。這也是為什麼西方國家這幾年民主革命崛起，還有一些歐美國家實行貿易保護主義或者經濟民族主義。

西方調控經濟手段有限

改革開放以來，中國近 8 億人口脫貧，正是因為中國從 20 世紀 80 年代開始加入全球化浪潮，這與西方國家貧困家庭增加的情況恰恰相反。為何會出現不同情形？

在歐美國家，資本主導一切，政府沒能在收入分配和社會公平方面起到應有的作用。實際上到現在為止，西方國家政府干預經濟的手段仍十分有限，一個是貨幣政策，另一個是財政政策。

而中國除了貨幣政策、財政政策，還有更多的調控手段。而且中國一直在鼓勵民營企業的發展，這些企業對扶貧大有好處。當一個人失業了，光靠政府二次分配，很難過上比較體面的生活。而通過勞動所得，能夠實現社會發展與扶貧的雙贏。

要做好扶貧，需要發揮好市場與政府的作用。市場是做大餅的，政府是分大餅的，光強調政府"分大餅"，就會導致絕對平均主義。只有處理好市場與政府的關係，兩條腿走路，雙管齊下，扶貧才有希望。

壯大中等收入群體，暢通"內循環"關鍵

一定規模的中等收入群體是社會穩定的根基。未來五年，中國需要特別重視培育、壯大中等收入群體，這關乎中國經濟擴大內需、推動內循環、建設強大國內市場是否成功，也關乎中國能否避免落入泰國、菲律賓及拉美那樣的中等收入陷阱。

一直以來，中國拉動經濟靠"三駕馬車"，但現在"三駕馬車"中，外貿受到疫情的巨大衝擊，基建在經歷過去多年的大規模投資後已經出現邊際作用遞減。要拉動經濟，主要靠消費，這就意味着要進一步減少貧困人口、壯大中等收入群體，使消費力得到更大釋放。

中國目前有 4 億左右的中等收入人口，大約佔總人口的 30%，與發達經濟體還有差距，但也意味着有巨大潛力。試想，如果中國的中等收入群體佔比也像美國那樣達到 50%，那就是有 7 億中等收入人

口，這得造就多大的市場？

　　未來五年，中國應該通過提升低收入人群的收入水平、穩定中等收入群體的制度保障等手段壯大中等收入群體。改革開放之後，尤其是 20 世紀 90 年代以來，中國中等收入群體的確成長很快，但缺乏制度保障。今天的中等收入群體說不定明天會變成貧窮階層，小孩上學讓他們變成孩奴，買了房子變"房奴"，家人得個重病可能傾家蕩產，因為沒有保障。所以，要把社會建設做起來，把社會保障做起來。

提升"軟基建"，加強社會保障

　　中國這一輪發力的關鍵應當在於"軟基建"，通過發展醫療、公共衛生、教育、公共住房、醫院、老人院、都市停車場等加強社會保障。不解決"醫療、教育和住房"這三座新大山，窮人很難真正脫離貧困，中等收入群體就沒有制度基礎，也沒法激發消費力。培育中等收入群體，在未來三五年、十來年很關鍵，一旦經濟發展到中等發達國家的水平，就可能做不起來了，因此事不宜遲。

保持雙循環至關重要 [1]

　　21 世紀頭十年，對於中國來說，無論內政還是外交，都是最好的時代。2001 年中國加入 WTO，那麼多年的經濟兩位數增長，都發生在加入 WTO 之後。

　　國家發展需要資本，沒有資本就很難運作，尤其是像中國這種大國。雖然 20 世紀 80 年代中國開始實行改革開放，但那時候進入中國的資本主要還是海外華僑以及中國香港、中國台灣的華人資本。1992 年鄧小平南方談話之後，真正意義的西方資本進入中國，這是中國加入 WTO 的重要動力。因為西方資本進入中國，中國產品要向西方輸送，需要接軌。加入 WTO 之後，中國就真正跟世界經濟融為一體了。

---

① 本文根據 2020 年 8 月第 16 期《新週刊》對作者的專訪整理，原標題為《光嗓門大沒用，要有自己的思想體系》。

全球化帶來了什麼？

21 世紀頭十年，中國在很多領域獲得了快速發展。2010 年，中國經濟總量超過日本，成為僅次於美國的全球第二大經濟體。但到了第二個十年，情況就不一樣了。

其實，變化在 2007—2008 年西方發生全球性經濟危機時已經開始了。中國抵擋了經濟危機的衝擊，而西方開始感覺到自身體制存在問題。因為全球性經濟危機基本上是華爾街的危機，從金融危機演變為整體性的危機。

從“佔領華爾街”運動起，大家就開始反思：全球化跟經濟危機有什麼關係？它帶來了什麼？

從宏觀層面來看，各個國家都失去了經濟主權。到今天為止，沒有一個國家敢聲稱自己有經濟主權——包括中國，因為國與國之間互相依賴。

經濟的全球化、技術的全球化，導致政府稅收的消失、就業的消失，這不是美國一國的個例。美國一直說中國人偷走了美國人的工作，而這當然不是中國的責任。因為生產資源在全球範圍通過市場分配，iPhone（蘋果手機）在美國產生不了多少工人階級，工人階級在珠江三角洲；而且，即使談“轉移”，目的地也可能是其他國家。

這一波全球化被稱為“超級全球化”（hyper-globalization），它跟 20 世紀 80 年代以前的全球化不一樣。從二戰結束到 20 世紀 80 年代的全球化，是基於主權經濟體制的全球化；這一波全球化則是生產要素在全球範圍的分配，美國很難把所有的東西拉回美國，這也是西方感覺到的危機。

中國的崛起與西方的衰落

2008 年的經濟危機也讓西方世界感覺到，中國變強大、變自信了。

如果說中國以前韜光養晦，向西方尤其是向美國學習，2008 年以後，中國開始對西方有所懷疑：你怎麼搞的？怎麼還不如我搞得好？特朗普挑起的貿易戰以及經濟民族主義做法，可以上溯到 2008 年，這是一個延續的過程，不是一下子跳出來的。

西方在經濟上至今沒有解決結構性的問題，在政治治理上又出現了很多新問題，加上中國變得更加強勢且自信，西方對自己的制度顯得信心不足。

"9·11"、"非典"（SARS）、經濟危機、特朗普上台、新冠肺炎疫情，這些看似偶發的事件，背後都有着大趨勢發展的必然。即使這些事件不出現，也會有類似的其他事件出現。"9·11" 是恐怖主義發展的必然結果，"非典"和"新冠"本質上是城市化和全球化的產物。它們發生的時間和地點是偶然的，但它們的發生是必然的。

特朗普上台更是如此。不是特朗普，另外一個人也會出來搞民粹主義。在歐洲，民粹主義早就抬頭了；至於美國，中產階層從二戰以後的 70% 下降到不到 50%。中國是從窮到富，速度慢一點也可以接受，美國則是從富到窮，奧巴馬當總統 8 年，美國中產階層規模每年下降約一個百分點，全球化創造的財富，流到了少數人手裏。

這直接導致了西方反華浪潮和認同政治（identity politics）的興起，西方開始害怕中國的體系了。之後中國提出 "中國製造 2025"、"一帶一路" 以及 "中國模式"，這樣的輿論和做法也進一步加深了西方的恐懼感。2008 年，美國還是奧巴馬這樣的傳統精英當政，相對克制；特朗普一上台，他代表的保守勢力就全面崛起，大搞民粹主義，開始把矛頭指向中國。

保持雙循環至關重要

外部環境在變化，與此同時，對中國來說，儘管內需比重越來越大，外貿不再像 20 世紀 90 年代或 21 世紀頭十年佔那麼大比重，但外貿的重要性仍不容低估。

保持對外經濟關係很重要，它不光是一個量的問題。過去我們常說美國製造、德國製造、日本製造，這些產品，比如當年從日本進口的相機、電視機等，都是整產品。而 20 世紀 80 年代以後，全球化導致國際分工的出現。所以，當我們說中國成為 "世界工廠" 的時候，"全球化" 的內涵已經發生了變化。

這波全球化，中國主要聚焦的是西方技術向中國的擴散和應用。我們是個應用大國，還不算一個創新大國，創新近些年才被重視。正因為中國是個應用大國，所以國際經濟環境的變化對中國影響很大。像華為，中國最好的科技企業之一，它相當比重的技術如芯片、操作系統仍依賴於外部供應，成為讓人頭疼的問題。

根據工信部部長苗圩的說法，美國是全球製造業的第一梯隊，日本、歐洲是第二梯隊，中國還處於第三梯隊。跟中華人民共和國成立初期相比，中國的生產技術水平有了很大提高，但這些提高大部分基於西方技術的應用，自創能力仍然有限。對此，我們不能盲目驕傲，要有客觀估計。

一方面，我們要發展內需；另一方面，我們還要有外部循環。沒有外部循環，我們會再次封閉，逐漸落後。高層強調，我們要"逐步形成以國內大循環為主體、國內國際雙循環相互促進的新發展格局"，這一點我們要記住。我們的技術還處於下端，很長一段時間內，我們還應廣泛運用西方技術發展自身，因為西方技術也在不斷進步；同時，一定要進行自主創新。

21 世紀以來，中國確實迎來了發展機遇，而這個機遇也已發揮到了頂點。如今，我們也應該思考如何創造、把握新機遇，實現持續崛起。

未來世界經濟的中心在亞洲

我們要看到，美國的衰落是一個長期過程。好多人說美國馬上就要衰落、解體，其實不然。無論是經濟實力、軍事力量還是技術創新，美國仍然很強大。

美國是一個危機感驅動的社會，有危機它就會有反應。現在美國面對的這波危機，遠遠比不上 20 世紀 60 年代的反越戰和黑人民權運動。社會抗議、反叛，可以說是美國制度的一部分，它的容積足夠大，可以容納這些矛盾，所以，不要錯判美國。

在全球化背景下，我們必須從全球的視角來看問題，不能光看中美關係，否則就會犯錯誤。根據世界銀行和國際貨幣基金組織（IMF）的預測，到 2024 年，中國的經濟總量會超過美國，成為世界最大經濟體，美國排第二，印度、日本、印度尼西亞則依次排第三到第五位。前五位有四個是亞洲國家，這說明，未來世界經濟的中心在亞洲，所有國家的重點都會放到亞洲。

在這樣一個局面下，中國不僅要跟美國競爭，跟印度、日本、印尼這些國家的競爭也會加劇。中國如何處理自己跟周邊這些經濟體的關係，就決定了中美關係的走向。中國絕對不要四面出擊，如果這些經濟體跟美國聯合起來，哪怕中國經濟總量最大，也沒用。

所以，看中國的未來要跳出中美關係。跟美國以外這些大經濟體的關係處理得好不好，直接影響中美關係的走向。

光嗓門大沒用，要有自己的思想體系

事實上，中國與西方在經濟上的競爭並不是那麼強烈。中國的開放為西方帶來了多大的利益？在某些領域，中國已經接近甚至超越西方，但這些領域跟西方的競爭並不是很強；總體而言，中國的製造業仍落後於西方。而對大部分老百姓來說，中國跟西方在經濟上是互補的，主要分歧仍在於認同政治，就是文化、意識形態、政治制度方面的問題。

其實，從中華人民共和國成立初期開始，中國一方面反對美蘇霸權，一方面也在尋找跟西方尤其是美國的共同利益。改革開放以後也一樣，市場經濟是資本主義還是社會主義，不爭論。市場經濟只是一個工具，資本主義可以用，社會主義也可以用。不爭論就是不搞認同政治。

我們有不同，但我們也要求"同"。並不是說文明、文化、意識形態有差異就必然發生衝突。實際上，中國加入 WTO 後跟世界接軌，在越來越多的方面跟世界趨同。但有的人漸漸不去講這些"同"，有時候即使是同，還一定要把它說成不同，比如一些自媒體或民間智

庫特別喜歡強調 "我們不一樣，我們比你們好"，這就有問題了。

塑造認同很重要。中國應該跟世界交流，跟區域來往，盡量尋求共同利益。刻意追求不同，就是在妖魔化自己。我們跟人家都是一樣的人，只是有些微不同。比如我們用筷子，歐美人用刀叉，印度人用手抓，但一樣是吃東西。與此同時，亞洲（包括中國）有政治、經濟方面的實踐，有跟西方不同的地方，有自己的模式。我一直在主張，要放棄西方的那套概念和理論，回歸基本事實，回歸科學，回歸理性。

這個思路要用來形成社會科學理論知識體系，而不能用於宣傳。我們現在沒有這套知識體系，而是拿着西方的知識體系來解釋自己。從美國拿一點，從英國拿一點，怎麼解釋得通呢？亞洲崛起得很快，但我們的人，尤其是知識界人士，還在受西方思想的殖民，這是最糟糕的。思想殖民產生的東西，就是加工和應用，缺乏吸引力，也解釋不了自己。

為什麼德國、法國的社科哲學互相吸引？因為它們基於事實建立了一套自給自足的理論體系，互相交流，這就是基本功。這跟趨同一點都不矛盾，越想跟別人趨同，越需要有自主理論原則，並不是照抄照搬就能跟人家趨同了。中華人民共和國成立初期建立的自主經濟體系，跟世界接軌有矛盾嗎？沒有，正因為自主，所以接軌接得更好。

我們缺乏的是軟力量。各種媒體形式中國比哪個國家都做得好，嗓門可以很大，但人家聽得進去嗎？人家聽不懂，因為你沒有自己的東西。西方的軟力量強大，在於它背後有一套龐大的知識體系支撐；我們有錢、有技術，但我們沒有這樣的思想基礎。建立這樣的社科思想體系，恐怕需要幾代人的努力。但沒有這個意識的話，我們永遠不能產生這樣的知識體系。

科學準確地理解雙循環 ①

　　中共十九屆五中全會提出，要加快構建以國內大循環為主體、國內國際雙循環相互促進的新發展格局。這是對"十四五"和未來更長時期中國經濟發展戰略、路徑做出的重大調整完善，是着眼於中國可持續發展和長治久安做出的重大戰略部署，對中國實現更高質量、更有效率、更加公平、更可持續、更為安全的發展，對促進世界經濟繁榮，都會產生重要而深遠的影響。

　　雙循環戰略無疑也是粵港澳大灣區下一步發展的政策背景。大灣區不僅要配合這個國家戰略，更需要在推進雙循環戰略中扮演一個領頭羊的角色。

---

① 本文寫於 2020 年 12 月，原發表於華南理工大學公共政策研究院微信公眾號"IPP 評論"，標題為《警惕對雙循環經濟的錯誤理解》，有刪改。

科學準確地理解雙循環

中央提出構建以國內大循環為主體、國內國際雙循環相互促進的新發展格局，有着複雜而深刻的國際和國內背景。特朗普執政迄今，中美之間的新冷戰早已經不是可能發生與否的問題，而是已經進入一個逐漸從不明朗走向明朗、從局部走向全面的過程。美國的對華政策表現為"只有你想不到的，沒有美國做不到的"。中美關係因此陷入了一種"自由落體"狀態，但仍然不見底。

即使拜登順利入主白宮，也很難很快改變中美關係惡化的這種大趨勢。不僅如此，在有些領域如民主、人權、意識形態等，還會有繼續惡化的可能。

特朗普政府致力於中美全方位的脫鈎，已經對中國和世界經濟產生了巨大的負面影響。如果中美脫鈎的趨勢得不到控制，那麼未來世界就會分化為"一個世界，兩種體系"和"一個世界，兩個市場"，即一個以美國為中心的體系和一個以中國為中心的體系，一個以美國為中心的市場和一個以中國為中心的市場。如果那樣，世界就會兩極化，即分化為以美國為核心的一極和以中國為核心的一極。

兩極化對中國的發展是非常不利的。中國要破解美國搞兩極化的努力，接下來的關鍵在於實現內部的可持續發展和持續的對外開放。發展還是硬道理。國家間的競爭本質上是經濟的競爭，或者說經濟競爭是其他所有競爭的基礎。實際上，對所有國家來說，內部經濟發展都是重中之重。再者，中國的深度開放更是"分化"美國內部力量的最有效手段，因為深度開放至少可以促成華爾街與中國合作。

從 20 世紀 80 年代到 2008 年全球經濟危機，世界經歷了一波超級全球化。超級全球化帶動了資本、技術和人才在全球範圍內自由流動，從而為各國帶來了強勁的國際經濟大循環動力。但當今的世界則經歷着一個超級民族主義崛起的過程，表現為貿易保護、經濟民族主義、反移民等。再者，中美關係惡化也影響着中國和其他西方國家的關係，因為美國千方百計地想組建"世界隊"或者"同盟"來抗衡中國。

儘管已經不存在美蘇冷戰時代那樣的一個整體的"西方"，中國也有能力化解美國把世界"兩極化"的努力，但經濟上國際大循環的動力明顯減弱，已經遠不如超級全球化時代。

同時，國內大循環動能日益強勁。中國已進入高質量發展階段，國內需求潛力巨大，表現在多個方面：（1）中國具有全球最完整、規模最大的工業體系，以及強大的生產能力、完善的配套能力；（2）中國擁有 1 億多市場主體（即企業）、1.7 億多受過高等教育或擁有各類專業技能的人才，以及包括 4 億多中等收入群體在內的 14 億人口所形成的超大規模內需市場；（3）中國正處於新型工業化、信息化、城鎮化、農業現代化快速發展階段。所有這些都顯示着中國經濟增長的巨大潛力。

國內大循環就是要把所有這些要素的作用都充分發揮出來，把潛力轉化成實際的經濟增長和發展動力。

內循環為主體意味着消費對國民經濟增長的貢獻比重越來越大。在從前的"三駕馬車"即投資、消費和外貿中，投資規模很難再擴大，大規模的硬基建時代已經過去，新基建所側重的高科技（例如5G）受到西方的圍堵，外貿也受到國際環境的影響。因此，內需變得更加重要。

但是，以內循環為主體並不代表外循環不重要了。無論從理論上還是實踐上，我們都很難把兩個循環分離和對立起來。

一方面，改革開放以來，中國的經濟發展就是在超級全球化或者國際大循環條件下實現的。中國經濟已經是世界經濟體的內在部分了，即使轉向國內大循環，也不會脫離國際大循環。中國的沿海省份和城市，還是會以外循環為主。如果轉向內循環，那麼美西方和中國脫鉤的目標就有可能實現。儘管國際環境在惡化，但外貿依然是沿海省份經濟活動的重要組成部分。實際上，中國經濟本身也早已開始走向世界。儘管在這個過程中遇到一些困難，但沒有困難可以阻礙中國經濟的國際化和中國企業的國際化。

另一方面，從國際關係來說，作為大國，中國擔負着提供更多國際公共品的責任，這也要求中國不僅要繼續加入國際大循環，而且還要花大力氣推動國際大循環。實際上，儘管中國以國內大循環為主，但中國對世界經濟的貢獻並不會因此而減少。

粵港澳大灣區是雙循環的領頭羊

粵港澳大灣區尤其需要在推進雙循環戰略中扮演一個領頭羊的角色。大灣區所處的特殊地理位置決定了大灣區是內部循環和外部循環的關聯點，既要擴大內循環，也要擴大外循環。擴大內循環就是強化廣東向周邊地區的輻射和擴散效應，擴大外循環就是強化廣東的外部經濟。

具體地說，大灣區需要做至少三方面的事情：第一，大灣區內部強化融合和升級，把大灣區建設成"地域嵌入型世界級經濟平台"；

第二，大灣區強調其輻射和擴散作用，實現和海南自由貿易港和福建—台灣海峽兩岸經濟區的互聯互通，形成一個龐大的南方共同市場；第三，在此基礎上，協調向南推進，對接 21 世紀海上絲綢之路，連接東南亞市場和 RCEP，實現國際大循環。

大灣區是南方共同市場的核心，是國內國際雙循環的關聯點，因此大灣區本身的建設是關鍵。我們最近提出一個概念，即要把粵港澳大灣區建設成為一個 "地域嵌入型世界級經濟平台"。地域嵌入型世界級經濟平台建設對粵港澳大灣區來說意義深遠。

對國家總體來說，數量型的經濟擴張已經到了頂點，進入發達經濟體行列無疑需要依靠質量經濟，即依靠高端資本、技術和人才。就資本來說，中國需要形成數個高端產業鏈，使這些產業鏈具有地域性，並不會因為外在形勢的變化而迅速流失。強調 "地域嵌入型經濟" 就是重新賦予經濟的國家主權性質。

粵港澳大灣區需要補短板

我們在觀察西方經濟現象時發現，發達國家為資本、技術和人才創造了良好的 "地域性條件"，使得資本成為 "嵌入地域的資本"。正是因為資本需要流動，也不會停止流動，更需要給資本創造良好的地域條件。儘管當代西方主要國家問題重重，面臨着各種危機，但並沒有出現高端資本外流的情況。

即使今天西方社會財富分配不均的情況日益嚴峻，受影響的也大多是底層社會，並沒有影響到上層社會，即社會的實際統治者。中、上階層仍然和資本配合，享受資本帶來的好處，而這些群體也正是掌握資本和技術的階層。

世界上著名的三大灣區，美國的舊金山灣區、紐約灣區和日本東京灣區，都具有類似的特質。歐洲諸國也有很多類似的經濟平台。優質資本、技術和人才都拚命地想進入這些平台。在全球化時代，資本是流動的，沒有國界。人們也不能依靠政治（例如國家安全）和行政因素使資本停留。

"地域嵌入型經濟"就是提供一系列條件，使資本都想進入，進入之後不會走、不想走、走不了。因此，我們認為粵港澳大灣區要建設成為地域嵌入式世界級經濟平台，必須要補上一系列的短板。這些短板包括以下幾方面。

第一，研發能力和科創能力依然薄弱，原創性技術不足。香港有基礎研究和技術，但無市場；有人才，但無就業。香港的既得利益集團固若金湯，很難在短時間內打破，打破了也可能出現其他負面的效應。粵港澳大灣區的內地城市可以把香港的大學和科研體系一同考慮，尤其是和香港毗鄰的深圳在這方面大有可為。南沙、前海和橫琴可以設立一些香港的"特區"，實行香港的制度規則，和內地對接。這些"嵌入型香港特區"有助於有效吸引香港人才尤其是年輕人了解內地並融入內地。

第二，高端製造業依然缺乏。珠江三角洲曾經被稱為"世界製造業基地"，形成了比較完整的產業鏈，但沒能夠整體升級，一直維持在勞動力密集型技術的階段。2007—2008 年世界金融危機之後，儘管一些地區經過轉型也得到了相應的發展，但沒有起到留住和繼續吸引優質資本應有的作用。

第三，與高層次人才配套的中小學教育環境有待改善。要想留住國際化的人才，就必須注重人才的具體需求，子女教育就是其中一個重要因素。本地是否已有或正在建設優質的國際化高中、初中、小學和幼兒園，是人才關注的重點。

簡言之，我們應當認真深入研究世界上各類地域嵌入型經濟平台的細節和規則，把粵港澳大灣區建設成這樣一個超大規模的世界級經濟平台。我們不僅要吸引到世界各地的優質資本、技術和人才，而且要促成他們在灣區內不斷提升自己。這樣，我們才能實現可持續的發展。

中國作為海洋大國需要國際大循環 [1]

高質量發展是十九大以來的關鍵詞，因為數量型的經濟擴張已經到了一個頂點，產生了很多瓶頸，所以必須轉向高質量發展。也正是在這個時候，我們遇到了百年未有之大變局，主要體現在中美關係的巨變上，以及由此引起的世界地緣政治的大變動。

我覺得廣東改革開放的歷史，甚至是近代的歷史，有着非常特殊的地位。習總書記在慶祝深圳經濟特區成立 40 週年的講話中至少用了三個詞來形容廣東，他說廣東是改革開放的排頭兵、先行地、實驗區。這些詞分量很重，對廣東來說，這是一份榮耀，更是一份責任。

如果我們研究近代以來的世界經濟史，就可以發現高質量發展、質量經濟一直跟海洋有關係。可以說，近代以來的歷史圍繞着海洋展開，這不難理解，因為世界上海洋面積佔了 70%。所以，從歷史上看，陸地代表的是帝國，海洋代表的是世界，海洋是通往世界各角落的最有效途徑。為什麼？海裏除了魚什麼都沒有，沒有人阻擋你，陸

---

[1] 本文整理自作者在第二屆 "海絲論壇" 暨海洋經濟高質量發展高峰論壇上的主旨演講。

地上你每走一步都是人、村莊，到處都是阻力，海洋裏沒有。但是海洋也不是很容易克服的，所以近代以來的技術創造都跟海洋有關係。

主動出擊第三次開放

二戰之後的海洋和陸地之爭，大家看得非常清楚。蘇聯是陸地國家，美國是海洋國家，後來蘇聯解體，美國在冷戰中獲勝，可以理解成海洋戰勝了陸地。很顯然，陸地很容易封閉起來，海洋代表着開放。這一點我覺得從整個世界歷史上看都是這樣。我們要圍繞着我們國家海洋的歷史來看開放的歷史，中國的開放從近代開始都是圍繞着海洋進行。

到今天為止，我們已經經歷了兩次開放，兩次的起點都在廣東。第一次發生在鴉片戰爭之後，我們是被迫開放，是英國軍艦打開了中國國門。1826 年，第一次鴉片戰爭前的十幾年，中國 GDP 總量為世界第一，超過全世界總量的 30%，印度是第二。西歐 7 個國家的 GDP 只佔世界 GDP 的 7%，英國只佔 4% 左右。但 1842 年中國就被英國打敗了。1856—1860 年，不到 20 年之後，中國又一次被英國打敗。而印度在 1858 年正式成為英國的殖民地。所以，大家看到海洋帝國的厲害，不僅打敗了世界 GDP 總量第一的中國，而且讓世界 GDP 第二的印度淪為它的殖民地。

為什麼中國會失敗？我覺得這是中國明清時期閉關鎖國的結果。明朝初年，世界就是一個海洋時代。先是葡萄牙、西班牙，後來是荷蘭、英國、法國，這些國家紛紛加入海洋大國之爭。但是不要忘記，鄭和下西洋遠遠早於葡萄牙的海洋探索。無論從哪個角度來說，鄭和下西洋都代表我們國家的力量。並且，當時東南沿海一帶尤其是浙江、福建的海商，就是民間商人，也力量強大。無論從國家力量還是民間力量來看，中國當時都是最強大的，但是因為朝廷保守的意識形態，中國失去了海洋時代。如果中國當時沒有朝廷內部的矛盾而繼續走下去，那麼沒有任何阻力阻礙中國走向世界。是我們自己放棄了這樣一個海洋時代。

為什麼工業革命發生在英國？跟它的海洋時代開始有關係。我覺得清朝繼續閉關鎖國使中國失去了工業化時代。結果中國被打敗了。兩次鴉片戰爭被英國打敗之後，清朝官員還有僥幸心理。直到後來被日本打敗，中國精英人物才醒悟過來，要改革，要進步，但是已經太晚了，中國馬上發生了革命。

從以前的泱泱大國到近代國家和民族面臨生存問題，那個時代的政治精英或者知識精英肯定非常失落。這個轉變在當時的人看來很難理解，但它的確發生了。在危機之下，很多知識分子走出來了，尤其是廣東，康有為、梁啟超、孫中山都是廣東人。但最終還是中國共產黨找到了正確的道路，使得國家強大起來。所以我們說毛澤東解決了"捱打"的問題。這是中國第一次被迫開放，在被迫開放的情況下，我們找到了一條國家崛起之路。

20世紀70年代末期到80年代初，我們開始了第二次開放。跟第一次被迫開放不一樣，這一次是主動開放，是鄧小平提出的主動開放。這次我們抓住了全球化機遇，改革開放40年中國發生了巨大變化。我們從以前那麼窮的一個國家，成為世界第二大經濟體、最大貿易國。貿易國是什麼？就是海洋國家，因為貿易大部分通過海洋進行。我們現在中等收入群體有4億人，相當於美國人口的全部。改革開放 40 年，近 8 億人口脫貧，過去 8 年就有 1 億人口脫貧。這些數據都是世界經濟史上的奇跡。第二次開放，鄧小平解決了"捱餓"的問題。

總結過去 40 年，我們實際上實現了三個可持續——經濟的可持續發展、社會的可持續穩定、制度的可持續支撐，這三者缺一不可，構成了中國今天的治理制度。

第二次開放的主戰場也在廣東，廣東是從第二次開放中崛起的，我們可以看到：珠三角已經成為世界製造業基地，深圳、東莞城市帶的崛起，廣州這個老城市的更新轉型。我們同時不要忘記，珠三角城市崛起之後，美國一些城市帶就衰落了，尤其是鐵鏽帶城市。如果比較一下，我覺得廣東的崛起過程是不容易的。同時也是因為這樣快速的崛起，中國現在也被世界上最強的海洋國家美國視為最大的競爭者，甚至敵人。這就是我們今天所面臨的百年未有之大變局。

下一步怎麼走？我覺得我們要開始第三次開放，第三次開放是什麼？這次我們要主動出擊，甚至單邊開放。單邊開放就是，即使美國不向我們開放，我們也要向美國開放。我一直認為今天的中國不要學美國，一定要學以前的大英帝國。從歷史上看，大英帝國比美國成功得多，大英帝國是單邊開放，你不向我開放，我也向你開放。美國永遠是講對等的，只有你向我開放，我才向你開放。我覺得單邊開放比對等開放要有效，當然單邊開放也要講條件，不是無條件的。

中國要和美國進行經濟競爭

為什麼我們要進行第三次開放？我覺得這是國際局勢決定的。我們今天面臨一個冷戰的格局，人們喜歡也好，不喜歡也好，美國已經對中國開啟一種全面冷戰狀態。我把今天美國對中國的政策總結成"四全"和"四分"。

第一個"全"就是全政府。美國以前的對華政策由國務院、軍方、商務部這些部門執行，但是美國現在覺得這些政府部門不夠了，要全政府，即所有的政府機構要協調起來對付中國。

第二個"全"是全社會。美國覺得光有政府對付中國不夠，還要動用社會組織，尤其是國際 NGO（非政府組織），因為美國擁有世界上最多的國際 NGO。以前，美國大學自稱是世界上最獨立的，跟政府毫不相關，但是現在美國的大學無論是願意也好，不願意也好，都在全力配合政府反華。孔子學院現在到期一個就被關掉一個，甚至有的沒到期就被關掉了。技術交流、學者交流甚至留學生都成為問題。所以我們不要誤以為美國的社會是獨立於政府的，政府叫他們幹什麼，他們也照樣幹。

第三個"全"就是全世界。美國覺得它一個國家對付中國不夠，它要團結全世界的力量。用美國人的話說，要組建一個"世界隊"來對付"中國隊"。我們要意識到美國一方面"退群"，另一方面也在重新組群，它從有中國的那些組織中退出來，重新組建沒有中國的群來對付中國。

第四個"全"就是全方位。美國從中美貿易戰開始到科技冷戰，到意識形態和政治認同，到台灣、新疆、西藏、南海等問題全方位來對付中國。

"四分"就是內部分化中國。第一個"分"大家已經很熟悉了，就是企圖把中國共產黨與中國人民區分開。第二個"分"是把中國共產黨跟中國領導集體分開，把主要矛頭對準他們所說的中國領導集體。所以這次在香港問題上，美國制裁中國的人大常委，就是對付中國領導集體。第三個 "分" 是把漢民族跟少數民族分開。這幾年美國在新疆問題上大做文章。最近中國在內蒙古推行雙語教育。我們去美國，要生存肯定要學英語。我覺得少數民族地區的雙語教育是天經地義，美國卻利用這個來分化中國漢民族與少數民族。第四個 "分" 是把 "中" 跟 "華" 分開。我們稱自己為 "中華"，他們稱中國大陸為 "中"，稱中國香港和台灣，甚至新加坡或者美歐的海外華人為 "華"，因為這些地方的人受西方教育，所以西方想要達成 "以華制中" 的目標。

特朗普下台了，拜登上台是不是對中國就好了？我個人覺得不會改變，有些領域可能會改善一點，但可能有些領域的危機反而會加深。特朗普對人權民主等意識形態不那麼感興趣，但是民主黨的拜登感興趣。特朗普對香港、台灣問題不是那麼感興趣，但拜登會非常感興趣。特朗普對同盟不感興趣，但拜登已經說了很多次，他的首要任務就是恢復美國跟盟國的關係。特朗普對戰爭不感興趣，客觀地說，特朗普是美國那麼多年來唯一一個沒有發動戰爭的總統，他不僅沒有發動戰爭，還促進中東的和平，使中東的幾個以色列的敵人跟以色列結交。但民主黨對戰爭很感興趣。以前民主黨反戰爭，但是從克林頓時代開始，民主黨對戰爭非常感興趣。別忘了在南斯拉夫問題上，人權高於主權是民主黨提出來的，當時美國總統是克林頓，英國首相是布萊爾，這些人以前是反戰的，以前他們代表工人階級利益，後來變得對戰爭比較熱衷，我們不要對他們抱任何的幻想。

在這樣的情況下，中國怎麼辦？我們要看到自己的優勢，不要用自己的短板來與人家的優勢競爭。我們的優勢在經濟，我們的開放潛力非常大。根據美國一個非常有名的智庫統計，前兩年在中美貿易戰情況下，美國還有 6 000 億美元流入中國金融市場。英國《經濟學人》統計 2020 年前 10 個月有 2 000 億美元流入中國市場。近年中國因為金融開放，稍微開了一個口子，就有大量外資流入。我們很多地方還沒有開放，有些地方開放不足，也就是說中國的開放可以改變世界資本的流向，這個潛力非常大。為什麼這麼大？因為中國有市場規模。中國今天有 4 億中等收入群體，相當於美國的總人口。所以，我跟美國駐中國商會、美國駐香港地區商會討論的時候，發現沒有一個美國企業想離開中國。有些美國企業可能迫於政府壓力會離開中國，但大部分企業不會離開，只要中國政府不把它們趕走。就像在美國的中國企業一樣，如果美國政府不趕，中國企業是不會走的，像華為。中國的市場還在擴大，十九屆五中全會提出，下一階段要把中等收入群體做大，這是非常重要的。如果到 2035 年中國有 6 億～7 億中等收入群體，這樣的規模是人類歷史上從來沒有過的。

改革開放 40 年，我們基本形成了比較完整的產業鏈供應鏈，雖然有短板，但是比起其他國家，我們的產業鏈供應鏈還是比較完整的。更重要的是，中國可能是世界上唯一一個可以保障三個可持續發展的國家。2020 年是最困難的一年，但是中國的經濟也在正增長，其他大部分國家都是負增長。實現可持續的社會穩定，我想中國沒問題。中國還有可持續的制度保障，而西方現在出現很多問題。

在這樣的情況下，我們還是需要進一步實行開放政策，實現單邊開放。為什麼要單邊開放？第一，中國向美國單邊開放是分化美國內部力量最有效的武器，中國如果不向美國開放，美國所有的既得利益集團都會團結起來對付中國。如果開放，我們可以把美國的華爾街拉到我們這邊來，華爾街資本不想放棄中國市場，所以這樣做可以分化美國內部的力量。第二，可以分化美國和西方國家間的關係。美國現在要組建"世界隊"，如果我們開放，日本會跟着美國跑嗎？歐洲那麼多國家會跟着美國跑嗎？只要我們開放，這些國家就不會跟着美國跑，因為利益太大。第三，我們單邊開放還可以團結廣大發展中國家，發展統一戰線。

很多人說，實行單邊開放，我們受得了嗎？我們對很多發展中國家不是單邊開放，而是互相開放，非洲向我們開放，我們也向非洲開放，其他亞洲國家也是一樣。實際上，我們 20 世紀 80 年代的成功就是因為單邊開放。當時我們實行"請進來"政策，把自己的國門打開。那時西方也沒有向我們開放，我們實際上也是單邊開放。因為資本的本質就是開放，所以只要美國和西方還是資本主義國家，中國還是開放的，中國跟美國就不會完全脫鈎，中國跟整個西方更不會脫鈎。美國沒有任何一個領導人，無論是特朗普，還是後面的領導人，都沒有能力改變資本的本性，他們可以限制資本流動和流向，但是要實現真正有效的封閉政策卻很難。

更為重要的是，技術進步的本質就是開放，不開放，技術會落後。從歷史上看，哪一個國家更開放，哪一個國家進步就更快。國家封閉起來，即使本來最強大，也會衰落。所以技術的本質就是兩個方面，一個是開放，一個是市場。

中國歷史有什麼教訓？最近看到英國思想家培根所說的中國三大發明（我們中國有四大發明）——印刷術、火藥、指南針改變了世界。大英帝國就是因為三大發明而崛起，尤其他說火藥跟指南針的結合，造就了英國的海軍力量。中國以前是最強大的，後來封閉起來了，為什麼？最近一個美國教授寫了一本書叫《火藥時代》，就是講中國為什麼會衰落。中國封閉起來了，內部也沒有敵人了，所以大家把火藥用來放鞭炮，轉向娛樂化。指南針，最有用的是在航海上，中國的指南針也娛樂化了，用來看風水。所以我們看風水、放鞭炮很發達，但是我們失去了一個世界。在封閉狀態下，國家只會落後，已經很強大的也會落後。

另一個教訓就是蘇聯，蘇聯剛開始的舉國體制對技術也有促進作用，但是它沒有市場，不開放，它的發明是封閉狀態下的發明，最多就是面向東歐這些國家，沒有面向世界，沒有市場，是封閉性的。所以蘇聯技術崛起之後，沒有實現可持續發展，最後在與美國的冷戰過程中解體了。

在這一點上，中國領導層非常清楚。幾年前特朗普開始搞貿易衝突、經濟民族主義、貿易保護主義的時候，習近平總書記就說我們要繼續開放。之後他多次強調中國要深化開放政策，開放也已經成為中國的基本國策。最近更令人鼓舞的是我們加入了 RCEP，習近平總書記也表示，我們對 CPTPP 也持開放態度，這是非常正確的一個方向。

今天，我們跟美國的競爭不可避免，想躲也躲不了，所以我們應當直面這種競爭。中美關係在未來一段時間會進入一種競爭兼合作的狀態，或者為競爭性的合作，或者為合作性的競爭。但是我們要清楚，中國是一個大國，不能讓美國牽着鼻子走，我們一定要自己設定自己的議程。我個人覺得，一定要盡量避免跟美國的軍事競爭。儘管我們要加快國防現代化，但是不要跟美國進行軍事競爭。

同時，我們要強化跟美國的經濟競爭，在競爭中合作。軍事上的競爭沒有合作可言，以前美國跟蘇聯進行軍事競爭，所謂的合作就是核談判，用核武器互相威懾，所以這種軍事合作是非常差的合作。但是經濟合作是我們需要的，最近簽訂的 RCEP 就非常重要。美國奧巴馬時代提出了 "重返亞洲" 政策，特朗普改成印太戰略，但本質上都是一樣的，都是針對中國。拜登上台，有人說他會回到奧巴馬 "重返亞洲" 的政策，有人說他會延續特朗普的印太戰略，也有人說他可能有新的名詞，但不管怎麼樣，美國的本質不會變，美國的印太戰略還是針對中國的。所以中國需要努力把跟美國的競爭從軍事軌道拉到經濟軌道，因為經濟競爭是雙贏的。

我舉一個例子，20 世紀 90 年代，中國跟東盟進行自由貿易區談判，結果日本着急了，韓國也着急了。因為中日韓這三個國家不團結，所以形成了三個 "10+1"，中國跟東盟的 "10+1"，日本跟東盟的 "10+1"，韓國跟東盟的 "10+1"。這三個國家互相在東盟競爭，結果就形成了今天我們所看到的 "10+3"。"10+3" 的體制也不錯，經濟競爭是共贏的，有可能減少衝突。所以，"重返亞洲" 也好，印太戰略也好，美國現在還是強調軍事競爭，如果我們有力量把它轉換成經濟競爭，我們就會取得一個制高點。這是有可能的，因為我們已經簽了 RCEP，並表示對 CPTPP 感興趣。

利用外循環進行技術和規則競爭

我們一定要正確理解今天所面臨的雙循環。到現在為止，很多地方領導人、專家把雙循環理解錯了。習近平總書記說以國內循環為主，是說國內消費對中國經濟增長的貢獻佔主體，而絕不是說外循環、國際大循環不重要。

　　現在大家都在說內循環不足。長三角、珠三角是中國經濟的重中之重，兩個"三角"如果出現問題，整個國民經濟都會出問題，這兩個"三角"也是民營經濟最發達的地方。這兩個"三角"就是從改革開放、全球化中崛起成長起來的，也是中國海洋經濟的主體。如果這兩個"三角"也走向內循環，我們國家怎麼實現可持續發展？美國正跟中國搞脫鉤，長三角、珠三角如果再轉向內循環，脫鉤馬上就實現了。所以外循環還是非常重要的，尤其對廣東來說。

　　對海洋經濟來說，高質量發展經濟，技術是關鍵。但我們也不能忽視一個事實，近代以來大部分原創性的技術都是來自歐美國家。我們今天說舉國體制搞技術，這是正確的，但是舉國體制也要開放。蘇聯就是一個很好的例證，它的舉國體制讓當時技術進步非常快，但是因為不開放，沒有競爭，馬上就衰落了。今天的俄羅斯除了軍事工業上還有蘇聯留下來的一些技術，連基本的民生經濟技術都沒有，經濟結構非常單一，經濟總量跟廣東省差不多。其實蘇聯、俄羅斯不是成功的典範，而是民族主義的典範。所以技術肯定跟海洋國家有關係，這個基本態勢不會改變。

　　深圳的科技公司，像華為這樣的企業是中國高科技公司裏面的佼佼者。即使是華為，也有 30% 左右的技術依賴進口。我們的短板在下一階段肯定會補起來，但是新技術什麼時候出現並不是幾個人說了算的，也並不是一些學者想有就有的。有的學者說美國封鎖什麼，我們就創造什麼，這是理想，不是現實。我們向西方開放，這是互利的。20 世紀 90 年代以來，我們是技術應用大國，但原創性技術還是太少，這是基本事實。我們從一個技術應用大國轉向原創性大國，還需要很長時間，需要我們繼續開放，繼續搞國際大循環。技術的競爭需要開放，需要我們成為一個海洋大國。

中美之間除了技術競爭，更重要的是規則競爭。美國說中國在南海挑戰美國的規則，貿易上在 WTO 挑戰美國的規則，技術上，美國要封鎖華為。美國為什麼是規則的制定者？跟它控制海洋是一樣的，控制陸地永遠制定不了規則，控制海洋才可以制定世界規則。所以我們要從這個角度來考慮，英美為什麼能把它們的經濟體量轉換成規則，中國消費世界上大量的東西，為什麼形成不了規則？

我們必須嚴肅考量下一步中美的規則之爭。我覺得無論是長三角還是珠三角，國內的規則一定要統一起來。現在長三角的規則跟珠三角的規則不一樣，粵港澳大灣區 11 個城市的規則都不一樣，投資貿易的規則也不一樣。歐盟為什麼強大？歐盟不是抽象的歐盟，歐盟有一套統一的規則。

我們下一步怎麼走？如果利用內循環把國內的規則統一起來，利用外循環跟國際接軌，並且積極參與國際規則的制定，那麼到 2035 年或者 2050 年，中國一定會在實力上更加強大。

做強內需並堅持開放，就會有新繁榮 ①

增強發展新動能

2020 年政府工作報告提出，要依靠改革激發市場主體活力，增強發展新動能，那要如何才能增強發展新動能呢？

中國是從計劃經濟走過來的，十八屆三中全會提出使市場在資源配置中起決定性作用。面對當前國內國際環境，要發展經濟，就要發揮市場主體的作用，否則，十八屆三中全會所說的市場起決定性作用從何談起？至於該怎麼做，也只能通過進一步深化體制改革。市場主體性、企業主體性必須落實到制度層面。

2020 年兩會的很多內容都很重要，例如審議首部《民法典》、推

---

① 本文整理自《21 世紀經濟報道》對作者的獨家專訪，2020 年 5 月 29 日首發於 "21 財經" 客戶端。

進要素市場改革、"新基建"等。"六穩""六保"[1]非常重要,但制度性改革也非常重要。如果沒有制度性改革,很多事情會很難辦。目前來看,制度建設正在進一步往前走。

拿國有企業與民營企業來說,從現實來看,一些民營企業仍較難與國有企業競爭,因為相關競爭的制度條件仍需優化。我們要實事求是。競爭越激烈,進步動力越大。政府應當創造制度條件,讓它們不斷走向良性競爭。從制度角度來說,還有很多功課需要繼續做。

政府工作報告提出要圍繞保障和改善民生,推動社會事業改革發展。而改善民生需要從硬基建和軟基建兩方面發力。

硬基建當然非常重要,國家經濟要起飛,必須有這些硬基建。到了今天,中國的硬基建建設還會繼續,如更新與維護。現在,我們投資的重點是"兩新一重",就是新型基礎設施、新型城鎮化和涉及國計民生的重大項目。

什麼是軟基建?社會建設都是軟基建,面對醫療、教育和住房難題,我們要有更多的醫院、養老院。我們的舊城改造需要不需要?我們有多少停車場?像新加坡差不多每一個主要的社區都有立體停車場。這是硬基建還是軟基建?這些也是可以賺錢的。可以把新基建的很多內容結合起來,建設內需社會。軟基建是內部建設,是為了建設內需社會。中共十八大以後做了兩件很好的事情,一是解決環保問

---

① 2018 年 7 月,中央經濟工作會議首次提出"六穩"方針。2020 年 4 月,中央又提出"六保"的新任務。"六穩"指的是穩就業、穩金融、穩外貿、穩外資、穩投資、穩預期,涵蓋了中國目前經濟生活的主要方面。"六保"指的是保居民就業、保基本民生、保市場主體、保糧食能源安全、保產業鏈供應鏈穩定、保基層運轉。——編者注

題，現在環境好多了，還有一件就是精準扶貧，這些也是社會建設的內容。

西方也好，日本、亞洲四小龍也好，中產階層很重要。建立消費社會必須有龐大的中產階層。

習近平總書記強調，一分部署，九分落實。各地區各部門各方面對國之大者要心中有數，強化責任擔當，不折不扣抓好中共中央決策部署和政策措施落實。（《人民日報》2020 年 5 月 24 日 01 版）頂層設計的落實非常重要，要確保中央政策在執行層面有效落地，中央與地方以及地方之間的關係就要處理好。哪些權力是由中央來掌握，就一通到底，不要地方干預。有些事情確實屬於地方政府的責任，就讓地方政府去做。處理好中央和地方的關係應遵循以下原則：第一，權力跟責任必須相匹配，責任與權力不能錯位；第二，決策要科學，政策本身要科學，要有可執行性，決策的時候要考慮到地方差異；第三，監察權跟執行權之間一定要有邊界。

推進公共衛生治理

公共衛生治理這個短板討論了很多年。如何建立更好的公共衛生體系，世界上有太多好的經驗，做得較好的有像新加坡、韓國、德國這樣的體制，它們叫社會市場，政府與市場是相對均衡的。它們沒有像其他西方國家那樣放任自流，完全讓社會去做。能不能走一條中間的道路，讓社會力量跟政府力量、市場跟政府互相配合，達成一種均衡，這是我們要思考的。

一言以蔽之，體制建設應該多一點科學，多一點技術，科學知識和專業判斷要在治理的每一個環節發揮作用。

美國為什麼防疫做得不好？美國政府部門跟科學家團隊經常吵架。再看德國，它的科學團隊很強大。

公共衛生支出、專業人員短缺、物資的存儲調配等技術層面的問題可以完全由社會市場消化。政府需要建立一套真正的公共衛生體制，社會跟政府一起共治，就像新加坡一樣，讓社群機制發揮作用。進行制度建設時，要把社會組織納入進來，讓政府和社會組織發揮互補作用。

做大內需，堅持開放

做好"六穩""六保"至關重要。"六保"是中國應對各種風險挑戰的重要保證。要全面強化穩就業舉措，強化困難群眾基本生活保障，幫扶中小微企業渡過難關，做到糧食生產穩字當頭、煤電油氣安全穩定供應，保產業鏈供應鏈穩定，保障基層公共服務。

確保產業鏈供應鏈穩定，要從國際和國內兩個角度看。先說國際。客觀地說，產業鏈供應鏈肯定會發生很大變化，首先是疫情的衝擊。中國改革開放 40 年的最大成果之一，就是成為"世界工廠"，也建立了完整的製造業體系。很多西方國家通過上一波"超級全球化"把很多產業鏈供應鏈放到中國。以汽車製造業為例，武漢是汽車配件中心，發生新冠肺炎疫情就對日本、德國、美國的汽車產業產生了較大影響。

我認為，受疫情影響，美國、日本、歐洲會對它們的產業鏈供應鏈進行重構。中美發生貿易戰後，美國已經在做這件事了，主要針對關乎美國國家安全的產業，如高科技和 5G 領域。

從世界範圍看，有些國家如德國已在把醫療物資產業遷回本土。它們會把與國家安全、人民生命健康有關的產業遷回自己的國家，同時不再把所有的雞蛋放在一個籃子裏，而是把很多產業分散到如印度、越南等國。這實際上是一種經濟理性。

中國是世界製造業中心，所以這些舉措對中國的影響立竿見影，但我不認為它們能完全"去中國化"。我不認同很多人的悲觀看法，認為西方會完全退出中國。只要中國自己是開放的，是真正開放的，我想西方就不會放棄這個市場，美國也不見得會放棄中國市場。日本、德國、美國的汽車工業很難把整個產業鏈遷回去，也很難遷到越南或印度。這實際上操作起來非常難，除非它不計經濟成本。

只要美國等西方國家還是資本主義國家，只要中國自己本身是開放的，它們對中國的依存度可能會減低，但不會完全脫鈎。

中國本身要持續地開放，不要關起門來，關起門資本當然就進不來了。我不認為美國會限制它的資本流動，所以這一點不用太擔心。

李克強總理在 2020 年 5 月 28 日答記者問時表示，關起門來搞發展行不通，那就等於回到了農耕時代。中國堅定不移地推進對外開放，這不會，也不可能改變。我們會繼續擴大與世界的合作，自主出台更多擴大開放措施。開放對各國如同空氣對人一樣，須臾不可離，否則就窒息了。(《人民日報》2020 年 5 月 29 日 01 版)

說到產業鏈問題，我們要怎樣看待中國經濟發展面臨的國際環境，包括一些"逆全球化"現象？這次新冠肺炎疫情以後，我的判斷是，美國和歐洲國家會把經濟重點放在內部建設——主權經濟體的建設上，而不像 20 世紀 80 年代那樣搞大規模全球化。

在堅持開放的同時，中國下一步的建設也會轉向內部建設，這也是我們需要的。從長遠來看，中國的經濟增長必須來自內需，中國的內需市場首先必須做大。

世界大變局與中國創新的未來[①]

我們今天面臨百年未有之大變局，這對我們的國家、企業、技術創新意味着什麼呢？百年未有之大變局是由中美關係的變動引起的。大家喜歡也好，不喜歡也好，現實是中美已經陷入了一種深刻的新型冷戰狀態。上一次冷戰，即美蘇之間的冷戰，經歷了半個世紀。所以我們要思考接下來至少半個世紀的事情，而不僅是五年、十年的事情。

不論是學者、政府官員，還是企業家，都必須思考的問題是下一步怎麼走。國際環境的變化也導致國內環境的變化，國家提出了以國內大循環為主體、國內國際雙循環相互促進的新發展格局。在這樣的情況下，我們必須思考未來的方向，對方向性的東西不能誤判。

---

① 本文寫於 2020 年 12 月，原發表於微信公眾號 "IPP 評論"，有刪改。

世界為何進入了大變局時代？

世界大變局的未來發展有幾個大趨勢。第一個大趨勢是中美兩國的技術競爭會越來越激烈；第二個大趨勢是中美兩國的技術脫鉤是不可避免的，但是否完全脫鉤取決於中國自己的開放程度；第三個大趨勢就是中美技術脫鉤也會導致中國和其他西方國家的脫鉤，但脫鉤程度也取決於中國自己的開放程度；第四個大趨勢是中美不可避免最後會走上軍事競賽的道路。

一方面，大家不要害怕軍事競賽，軍事競賽也可以推動技術進步，美國每一次技術的跨越性發展都是跟戰爭有關係的。但另一方面，我們也要意識到，軍事競賽如果搞不好就會置一個國家的國民經濟於死地。所以，下一步中國必須要加緊軍民融合體制的改革，不改革，我們在中美競爭中會處於劣勢。

從長遠來看，我覺得中國會形成一個國有資本和民營資本相結合，以企業為主體的開放性技術市場。珠三角與長三角，在國內甚至在世界舞台上已經形成了一個有競爭力的技術創新體系。這兩大經濟區域在中美技術競爭中扮演着關鍵的角色，提高創新能力不僅僅在於技術本身的進步，更在於創新體制的進步。

我們現在很多 IT（信息技術）企業面臨那麼大的困難，就跟我們以前太注重技術本身的進步而忽視了創新體制有關係，也忽視了地緣政治變動對技術的影響。

今天的世界大變局是由什麼引起的？簡單說，有兩個因素：第一是美國的相對衰落；第二是中國的快速崛起。這兩個國家的變化決定了今天這個世界格局的變動。但我想強調的是，美國的衰落是相對的。美國實際上還是很強大，說它衰落只是因為中國崛起太快了。這幾年我們一直在討論修昔底德陷阱，也就是一個新興大國會不會挑戰一個現成的老牌大國。現在美國擔心中國挑戰自己，這造成了地緣政治的大變動。

我把美國今天的對華戰略概括成"四全"模式。"四全"模式是指用全政府、全社會、全世界、全方位的模式來攻擊中國。

美國的這些想法當然是異想天開的，但我們也不能忽視。不管怎麼樣，這是美國對中國的戰略，美國的戰略目標很清楚，就是要再一次中斷中國的現代化進程。中國自近代晚清被西方打敗以後，現代化進程就一次次被打斷，前面幾次我們的現代化都是被日本人打斷的。

今天美國人其實也很清楚：中國太大，很難圍堵中國；中國已經改革開放了 40 年，得到了相當程度的發展，美國圍堵中國也太晚了一些。美國會怎麼辦呢？這兩年我們國內在討論兩個陷阱問題，即中等收入陷阱和修昔底德陷阱。美國現在很明確，如果中國陷入了中等收入陷阱，那麼中國就永遠沒有能力來挑戰美國了，也就沒有修昔底德陷阱了。所以，美國意圖從技術冷戰開始，再延伸到各個領域遏制中國。

中國應如何應對？

美國對中國的策略會不會達到預期目標，主要取決於中國怎樣回應。如果美國一拳打過來，中國毫不思考地反擊一拳，會是一種情形；如果根據中國古典哲學（像太極拳的原理）那樣回擊，又會是另外一種情形。我覺得中國要思考如何理性地去應對美國，而不能被情緒主導。

首先，我們要對美國有一個客觀評估。美國的衰落是相對的，它沒有絕對衰落，而是還在進步。美國媒體報道美國的負面新聞，中國媒體也報道美國的負面新聞，所以很多人容易產生錯覺，以為美國已經不行了。但實際情況不是這樣的。

從歷史經驗看，一個大國的衰落需要一個很長的歷史階段，不會一下子衰落。中國工信部部長苗圩曾表示，美國還是世界製造業的第一梯隊，日本和歐洲是第二梯隊，中國處於第三梯隊。經濟上，美元的霸主地位沒有被替代。軍事上，美國的軍事力量依然是世界上最強大的。

美國今天的問題主要是治理體制問題。從 20 世紀 80 年代到 2008年，世界經濟經歷了一波超級全球化，美國是超級全球化的最大獲益者，但美國的老百姓中很大部分人不是受益者。因為美國內部治理不善，收入和財富分化，美國已經由引以為傲的中產社會變成現在的富豪社會，從全球化獲得的巨大的利益落到了少數人手裏。

從二戰後到 20 世紀 80 年代，美國的中產階層一度達到人口的70%，但今天的美國中產階層不到 50%，20 年時間下降了 20 多個百分點，這在任何一個國家都說不過去。奧巴馬總統在位 8 年，美國中產階層比例下降尤其嚴重，沒有奧巴馬就不會有今天的特朗普。新冠肺炎疫情以來，大量美國人開始罵比爾·蓋茨，現在美國人的仇富心態可見一斑。

從社會治理看，美國以前是西方民主的典範、精英治國的典範，為什麼會墮落到今天的程度？就是因為社會不公平，所以這是治理體制的問題。近代以來，西方發展最主要的一個特點就是政治跟經濟分離開來。

今天美國經歷的危機當然很深刻，但是可能還比不上 20 世紀 60 年代發生越南戰爭和馬丁‧路德‧金領導民權運動的時期。中國媒體熱衷於報道美國社會的負面新聞，導致大家容易產生誤判，認為美國已經衰落了。但實際上中國跟美國的差距還是巨大的。

其次，從技術創新看，我們應該承認中國還只是技術應用大國，而不是技術原創大國。近代以來大部分的原創技術都來自西方，包括我們的 "兩彈一星"，如果沒有錢學森這些優秀知識分子回國的話，我們可能需要更長時間才能研製出來。在未來很長的一段時間中，我們依然會處於技術應用階段。從應用到原創需要很長一段時間。

再次，美國的脫鈎政策有兩個領域可能成功。一個是所謂的國家安全領域，美國會以保護國家安全的名義要求甚至強制高科技企業回歸。還有一個可能是醫療物資領域。醫療企業的回歸已經開始了，我們很多人把這理解為 "去中國化"，但我覺得醫療物資是和老百姓生命相關的，不可以全部放到海外生產。根據美方的估計，美國 80% 以上的醫療物資依靠中國供應，97% 的抗生素依賴中國，這是不合理的。

但其他領域的產業轉移，不能說是脫鈎或者 "去中國化"。在中美貿易戰之前，西方一些企業已經從珠三角和長三角轉移到其他國家去了，因為中國的勞動力成本和土地成本升高了，我們的環保意識增強了，這是正常的經濟行為。所以，我們對中美關係變化的解讀不能太民族主義化。

中美競爭的本質是技術競爭

有一個重要的內容我們必須搞清楚，中美競爭本質上就是技術競爭，不是像以前那樣所謂的陸地之爭，美國沒有任何意向，要像侵略其他國家一樣侵略中國。美國對中國的圍堵能不能阻止中國崛起，關鍵還在於高新技術，尤其是信息技術。中國的短板就在於原創性技術不足。

20世紀80年代以來我們很自豪，因為我們已經成為一個世界製造業工廠。但是，有一個概念需要糾正。中國從20世紀80年代以來基本上是一個技術應用大國，珠江三角洲地區成為世界製造工廠，更確切的說法其實是世界組裝工廠，我們下一步要思考如何從組裝轉型成為原創，原創的東西才是習近平總書記所說的大國重器。我們要思考怎麼樣進行原創性的技術創新，技術創新需要什麼。

技術的本質就是開放與市場，技術一定要在開放狀態下才能進行創新。這一點，中國本身就有很深刻的教訓，中國古代四大發明就是巨大的遺憾。英國哲學家培根說，印刷術、火藥、指南針這三種發明在全世界範圍內改變了事物的全部面貌。印刷術導致了西方的宗教革命；火藥改變了戰爭的形態；指南針在航海方面的應用開啟了世界的新篇章，火藥跟指南針的結合帶來了西方的大航海時代，使西方強大起來。遺憾的是，儘管四大發明是中國的，但中國因為明清以後的閉關鎖國而沒有讓四大發明發揮出更大作用。

蘇聯的教訓距離我們這個時代更近。蘇聯也有技術創新，但它是封閉式創新，沒有市場。蘇聯的封閉式創新早期也取得了很多成果，但因為缺少應用市場，創新很難持續。美蘇冷戰總體來說就是開放打敗了封閉，市場打敗了計劃，這兩點是最基本的。當然，在蘇聯的失敗中，戈爾巴喬夫的判斷失誤也是一個因素，但基本上還是因為蘇聯不開放、封閉性地發展。

另外一個原因是沒有市場，技術開發需要大量投入，技術有了，但沒有市場就很難收回投入。美國做到了開放式創新，擁有市場，所以它是可持續發展的。蘇聯是封閉性的，沒有市場。

中國的技術創新需要什麼？

中國需要吸取蘇聯的教訓。中美軍事競賽可能難以避免，中國不怕跟美國進行軍事競賽，但必須堅持開放和市場這兩個原則。所以我們一定要改革我們的經濟體制。從歷史上看，每一次戰爭都有效推動了美國的技術進步。

中國的經濟體制怎麼改革？國企要不要競爭？我覺得國企必須競爭，但國企不能跟民企競爭。最近有人在討論競爭中性，這是非常理想化的，我不認為國企跟民企之間能做到競爭中性。我們要承認這個現實，國企只有跟國企競爭才可以說競爭中性。按這樣一個思路，我覺得要思考國企民企的邊界怎麼劃分。

很多人在說要學新加坡的淡馬錫模式。淡馬錫模式有科學的地方，也有不科學的地方。我們要學習淡馬錫科學的地方，比如堅持市場商業原則。但中國的國企如果複製淡馬錫的投資模式，我覺得結果會很糟糕，可能會把所有民企都扼殺了。淡馬錫就像個投資公司，看哪一個公司好國家就投資。新加坡的民企非常弱小，中國如果在這方面學新加坡的話，會馬上走向衰落。

中國一定要做到三層資本之間的均衡。西方污衊中國是國家資本主義，其實中國既不是西方所說的國家資本主義，也不是西方這樣的自由資本主義，中國是個混合經濟體。如果大家有足夠的歷史知識，就會看到中國從漢朝到今天一直是三層資本、三層市場，頂層是國有資本，底層是龐大的中小民營資本，中間是國有資本與民營資本的互動層。

中國的三層資本發展均衡時，國家的經濟發展就好。如果出了偏差，國家經濟就出現問題。在很長的歷史時期，中國都是三層資本有效分工合作。這是中國的文明性。

國有資本的控制與民營企業的邏輯不一樣，國有企業的邏輯應用跟民營資本的應用邏輯也不一樣。有些領域可以交給國企去做，例如公共服務、自然壟斷領域，但必須是多個國有企業競爭，不能一家壟斷，壟斷會導致不再進步。更多的領域需要開放給民營企業去做，讓民營企業互相競爭。國企和民企分領域改革可能是一個比較好的方向。

這麼多年來，西方在知識產權問題上對中國耿耿於懷。我們確實要意識到，我們在技術應用方面遇到了瓶頸，原創性技術必須有知識產權的保護。因為研發投入很大，如果沒有知識產權保護，我們的模仿能力又強，就沒有企業會去投資技術研發。研發的資金比例要提高，知識產權保護力度也同樣要加大才行，否則沒有企業有很大的積極性去投入研發。

技術創新需要依靠中產階層，要把中產階層的規模做強做大。對吃不飽穿不暖的人來說，環保可能沒那麼重要，但對中產階層來說環保很重要。技術創新也是如此，搞原創性的東西一定有風險，只有中產階層才能承擔這種風險。但中國的中產階層還太小，只有 4 億人口，佔總人口的 30% 都不到。

當中產階層達到總人口的 60% 及以上的時候，技術創新才可能會蓬勃發展起來。在這個意義上，我們需要搞軟基建而不是新基建，醫療、教育、住房、社會保障等方面都需要做強。通過軟基建建設讓中產階層壯大起來。中產階層是創新原創性的非常重要的抓手和主體。

在下一步的發展中，知識經濟的核心就是技術，而技術又跟中產階層相關。技術創新是中國通往 2035 年目標的關鍵，也是 2050 年中國全面實現現代化的關鍵。

第二章

發展新引擎：灣區發展邏輯

粵港澳大灣區與中國的未來 ①

大灣區是什麼？

今年是中國改革開放 40 週年紀念。我們可以把這 40 年稱為 "當代中國"。如果這樣，當代中國的開放就是從廣東開始的，就是從沿海經濟開放特區開始的。在眾多的沿海開放特區中，深圳是典型的代表。這是一個從一個小漁村到世界大都市的成功故事。40 年前，沒有任何人想到 "北上廣" 三大一線城市會演變成今天的 "北上廣深" 四大城市。

這個成功故事背後也折射出了中國複雜的政治史。從早期的 "新租借" 理論到 20 世紀 90 年代的要廢除 "特區"，開放過程中的多元聲音從來就沒有間斷過。當然，這些不僅僅反映了來自學者或者政策圈的不同聲音，而且反映了不同社會力量的較量。也就是說，一不當心，特區的發展方向就會出問題，在今天尤其如此。中國總體上還是

---

① 本文根據 2018 年 8 月作者在 IPP 國際年會上的發言整理。

一個比較貧窮的社會，民粹力量的社會基礎雄厚，稍不注意，就很容易逆轉事物發展的方向。

從這個背景來看今天的粵港澳大灣區，我們可以至少從兩個層面來看問題。

第一，就珠三角本身的發展來說，大灣區可以說是開放 4.0 版。20 世紀 80 年代的開放可以說是 1.0 版，90 年代初鄧小平南方談話之後珠三角很快成為世界製造業中心，那個時代可以說是 2.0 版，但把 "世界製造中心" 改稱 "世界組裝中心" 更為科學。2008 年世界金融危機之後，廣東實行 "騰籠換鳥" 政策，這之後可以說是 3.0 版。現在要進入 4.0 版了。"騰籠換鳥" 的過程很痛苦，但這麼幾年下來，取得了很大的成就，並且，這一政策也是客觀條件所需。

那麼，之前的 1.0 版到 3.0 版具有怎樣的共同特徵呢？認識這些特徵很重要，認識到這些特徵才會意識到 4.0 版的重要性和必要性。

第一個特徵是進步的漸進性。相較於其他地區，這個區域一直在進步。儘管進步有時快有時慢，但沒有退步過。進步的速度既取決於內部環境的變化（例如意識形態、領導層變化、勞動生產要素等），也取決於外部環境的變化（例如 1997—1998 年的亞洲金融危機和 2008 年世界金融危機）。

第二個特徵是經濟形態以加工業為主體。從 20 世紀 80 年代的 "兩頭在外" 到今天，這個形態沒有本質性變化。加工業使得珠三角吸收消化了大量的農民工，造就了中國新一波工業化。但從國際經濟體系的角度來看，則造成了一個依附性工業體系。顧名思義，加工業就是為他人做加工的。這就是為什麼說珠三角是 "世界組裝中心" 更為確切。加工業的發達解釋了原創性技術少之又少。即使深圳是今天中國最為發達的創新型城市，但大多創新還是停留在應用層面。應用就是對西方原創性技術的應用，同時這也意味着對原創技術的依附。

第三個特徵是附加值較低。加工業主要利用的是中國廉價的勞動力和土地成本。在早期，勞動力和土地成本比較低的時候，產業的附加值比較高。但到現在，很多企業所能夠賺取的利潤越來越微薄，可持續性成為大問題。

第四個特徵是制度現代化不足。經濟現代化並沒有導致各方面體制的現代化。雖然現行體制在很長一段時間裏發揮了正面的作用，但現在已經成為經濟進一步發展的阻力。確切地說，珠三角的政府比較 "親商"， "親商" 推進經濟發展；但 "親商" 政府掩蓋了政府本身也需要轉型這個事實。很多地方政府都有所改革，但沒有大的結構性改革。受制於總體大環境，地方層面的進步和更高層級的進步不能配合，結果地方只能半途而廢。

第五個特徵是從城市化的角度來看，存在着兩方面問題：大城市化過度，小城市建設不足；城市化過度，鄉村建設不足。這是中國城市化的通病。我覺得，中國城市化的設計者主要是經濟學家和工程師，前者看重的是經濟效益，而後者論證的則是技術上的可行性。城市越大，經濟交易越頻繁，GDP 就越高。政治人物也往往看重政績，卻忽視了環保、社會公平、社會穩定等問題，發展不可持續。今天，大城市規模越來越難得到控制，中小城市情形惡化。

第二，就大灣區的發展來說，今天已經進入 3.0 版。香港於 1997 年回歸祖國，澳門於 1999 年回歸祖國，大灣區的發展成功進入 "一國兩制" 背景下的 1.0 版。但回歸並非 "回歸" 的結束，而是 "回歸" 的開始。一般所說的 "回歸" 就是從英國人和葡萄牙人手中回歸，而香港人和澳門人的“回歸”則剛剛開始。為了解決圍繞着政治認同的一系列問題，大灣區的發展進入了以“更緊密貿易安排”為核心的2.0版，試圖通過經濟利益分配的方法來淡化甚至解決政治認同問題。不過，2.0版在解決了一些問題的同時，也導致了更多的問題。在我看來，主要表現在幾個方面。

首先，社會分化和收入差異加大。這是全球化時代的普遍現象。但就香港來說，全球化的影響要置於和內地的經濟關係中來討論。“更緊密貿易安排”的好處主要流向了少數進入這個“安排”的群體，而大多數人沒有得到足夠的好處，有些甚至受到負面的影響。同時，內地本身的富人也湧入香港，儘管他們對香港的發展也做出了貢獻，但對香港的中產階層產生了“擠壓”效應。雙方的這種互動也導致了社會層面人與人之間的摩擦，認同問題更為突出。

其次，雙方對等關係。為了尊重香港，北京和香港基本上處於對等談判狀態，這樣產生的問題是可以預測的。因為這對關係的高度不對稱，香港很難消化來自內地的壓力，儘管內地已經非常克制。再者，因為是對等談判，一到香港，馬上就轉換成政治問題。一旦成為政治問題，意識形態化不可避免，不但很難推進兩者的關係，更惡化認同問題。

再次，“好意成不了好事”，反而惡化問題。對內地來說，所有這些安排是為了香港的利益，但為什麼香港的一些人不接受呢？這導致了對“一國兩制”的重新解讀。從前，人們一直以為“一國”和“兩制”是平衡的，但現在的解讀是“一國”優於“兩制”，“兩制”是“一國”之內的，因此“兩制”應當服從“一國”。不過，在原則和理論上釐清兩者的關係並不等於在實踐上理順了兩者的關係，原則和理論很難解決兩者關係之間的諸多重大問題。

　　不管從哪一角度來看，粵港澳大灣區的確立都表明其在"一國兩制"的背景下要進入 3.0 版了。建設大灣區就是把珠三角的下一步發展和香港、澳門的下一步發展一同來考量。從這個角度來說，我們把大灣區稱為"內部版歐盟"。

大灣區不僅僅是什麼？

　　珠江三角洲是中國最重要的經濟區域之一，而香港和澳門不僅具有經濟方面的意義，而且具有政治方面的意義，這些都說明了大灣區改革的成本很高，政策不能失敗，只能成功，否則就會影響整個國民經濟。也就是說，大灣區的改革只能做加法，不能做減法。

　　如果說大灣區是"內部版歐盟"，那麼大灣區具有經濟、政治和社會各方面的含義。從這個角度來說，我們要提出"大灣區不僅僅是什麼"的問題。提出這個問題很重要，它會提醒人們在推進大灣區建設的時候，要避免可能出現的差錯。

　　第一，大灣區不僅僅是經濟項目。大灣區自然要通過全方位的整合來推進經濟發展，以實現可持續發展。但如果把灣區僅僅視為一個經濟發展項目，那麼灣區的整合必然很難實現，最終會反過來制約經濟的發展。這些年來，粵港澳三地也一直在努力推進三地的融合，但為什麼三地融合非常有限，遠遠不及由主權國家組成的歐盟？這主要是因為各地政府都局限於一些經濟發展項目，而忽視了體制上的整合。在沒有體制創新的情況下，經濟發展項目很快就會遇到瓶頸。

　　第二，大灣區不僅僅是交通上的互聯互通。大灣區內部的整合最容易被簡單理解成交通設施的互聯互通。這種物質意義上的互聯互通自然很重要，但更重要的是制度上的互聯互通。因為地方政府沒有權限來做制度上的互聯互通，因此只能把重點放在交通意義上。但是，如果沒有制度上的對接和互聯互通，交通意義上的互聯互通又能做什麼呢？例如港珠澳大橋是典型的交通互聯互通，但如果沒有歐盟那樣的通行制度，誰來使用這座大橋呢？又如港口和航空港之間的互聯互通，如果沒有三個關稅區之間的對接，如何實現貨物自由通行呢？

第三，大灣區是區內 11 個城市之間的合作，更是企業、社會之間的合作。大灣區的主體是市場，是企業，是社會。當我們討論大灣區的合作時，往往想到的是政府之間的合作，而其他方面的合作被視為次要的。實際上則不然。在大灣區內，真正影響甚至阻礙合作和整合的便是政府的行政權力。從政府來說，灣區內不僅是"一國兩制"，而是"一灣十一制"，就是說 11 個城市都有自己的體制。如果政府成為灣區整合的主體，那麼整合和融合可以推進一些，但可能不會有很大的成功，到了一定的階段就會出現瓶頸。如何克服這種來自行政的阻力呢？還是要依靠行政力量，要解決誰來統籌大灣區的問題。

第四，大灣區不僅是特大城市群，而且要讓分散性城市群實現均衡發展。不可避免的問題是，大灣區內的各個城市尤其是主要城市，包括廣州、深圳和香港，都會來爭搶"老大"的位置，這種現象在"大灣區"概念提出來之後實際上已經發生。儘管大灣區內各個城市的比較優勢不同，會形成自然的等級性，但這並不意味着所有資源都要置於這些主要城市。把資源集中在幾個主要城市的做法已經導致了無數問題，主要是大城市的規模失控，而中小城市發展不起來，甚至衰落。大灣區既要追求基於比較優勢之上的合理勞動分工，又要追求均衡的發展，尤其是社會公平，這樣才會實現可持續發展。

大灣區與中國的未來

那麼大灣區對中國的未來可以有什麼樣的貢獻呢？如上所說，當代中國改革開放的歷史離不開廣東。廣東人也一直自稱是中國改革開放的"排頭兵"和"先行者"，並且引以為傲。正如 40 年前，今天的內外部環境變化表明中國又處於一個改革開放的關鍵時期。廣東如何繼續扮演"排頭兵"和"先行者"的角色？廣東要做什麼才能扮演這個角色？廣東如何和香港、澳門一起來扮演這個角色？這些問題都沒有現成的答案，需要人們探討。不過，如果從中國所面臨的內外環境出發來定位大灣區未來的發展，那麼如下四個方面不僅不容忽視，而且應當是人們追求的方向。

第一，一個世界級經濟平台。把大灣區建設成為世界級經濟大平台，既是灣區內部可持續發展的需要，也是對急劇變化的國內國際環境的回應。

就灣區內部來說，無論是廣東本身，還是香港和澳門，都面臨可持續發展的挑戰。如前面所說，廣東進入開放 3.0 版以來，儘管取得了一些成績，但未來發展動力不足。數量型經濟增長已經遇到瓶頸，而質量型經濟增長模式有待發展。香港和澳門也如此，自回歸以來，大多數產業已經轉移到珠三角地區，本地產業結構單一，技術創新既乏力又缺少空間。灣區的融合就是要突破三地現在的瓶頸，把經濟提升到一個新的台階。歐盟的歷史表明，整合和融合能夠有效促進經濟發展。歐盟能夠做到，為什麼"一國兩制"下的大灣區不能做到呢？

就外部環境來說，中國目前面臨着越來越嚴峻的國際經濟形勢。美國全面實行貿易保護主義和經濟民族主義，與中國進行貿易戰。儘管貿易戰既非中國發動，在很大程度上也不可避免，但中國必須避免中美貿易全面脫鉤的情況。原因很簡單，中美貿易一旦脫鉤，那麼中美關係就很有可能演變成為昔日美蘇冷戰的狀態，這對國際政治和中國本身的衝擊將是巨大的。在美國不歡迎甚至禁止中國到美國投資的情況下，唯一的方法就是中國通過自己"單邊"的開放政策，吸引和留住美國的資本。中國最近宣佈的一系列開放舉措就反映了這個方向。不過，要實現這個目標，中國需要做很多事情。其中，中國需要構建幾個大的經濟平台，就如改革開放初期的經濟特區。粵港澳大灣區就是這樣一個經濟平台。平台必須具有強大的吸引力來吸引外資。這既是中國避免和西方發生冷戰所需，也是中國的質量型經濟發展所需。

第二，一個南方共同市場。建立南方共同市場也是實現內部可持續發展所需。發展既需要來自外部的競爭，更需要來自內部的競爭。中國近年來發展動力不足，一個主要原因就是內部競爭動力不足。在學術界，人們往往把地方政府之間的競爭視為經濟發展的一個重要動力。中國現在已經形成了京津冀、長江三角洲和珠江三角洲等幾個大經濟板塊。人們也可以把這些經濟板塊理解為大經濟平台。要實現可持續發展，這些經濟板塊之間的競爭非常重要。這些板塊之間存在着很大的差異，差異化便是進步的動力。很難對這些板塊實行統一的經濟政策，也不能用行政權力來促成這些板塊的一致化。相反，必須強化這些板塊之間的競爭。

在中國，往往出現一個奇怪的現象，即沒有外來的壓力就不會有進步。問題在於我們要等外來的壓力嗎？外在的壓力，就如今天的中美貿易戰，應對不好往往就會演變成災難。近代以來，日本進步的動力表面看來自外部，但實際上是內力。來自外部的壓力不可避免，需要理性應付，但創造內部競爭機制更為重要。如果內部失去了競爭，那麼就會缺失進步的動力。

人們往往擔心內部的競爭會導致權力過度分散，從而影響國家的統一。就歷史經驗來說，的確是這樣。但今天的條件已經不同往日了。高度集中的中央制度構架，中央牢牢控制着的人事任命權，便利快速的交通、互聯網和社交媒體等已經賦權中央政府。傳統意義上的"分"在今天已經不可能。相反，今天人們應當擔憂的是過度的集中導致的地方競爭的缺失。

第三，一個全方面制度現代化的樣本。大灣區建設不僅僅是經濟發展所需，更是國家現代化所需。20 世紀 80 年代的人們曾經熱衷於討論制度現代化，但後來將重心轉移到經濟發展，久而久之，似乎經濟發展取代了制度現代化。不過，在實際層面，國家面臨的制度現代化挑戰越來越嚴峻。制度現代化不僅關乎可持續的經濟發展，更關乎文明的進步。衡量一個國家崛起的最主要指標就是一套新制度的崛起，經濟發展是一個重要的方面，但其本身不能取代制度建設，尤其是新制度的創新。

制度崛起當然不是制度的西方化。近代以來，刻意追求制度西方化的國家沒有幾個是成功的，大多數都失敗了。成功的都是把自己的文化傳統、國情和向西方學習有機結合起來的國家和地區。就制度現代化來說，大灣區最有利於制度創新。這裏是"一國兩制"，道理很簡單，同一制度下不同因素的互動只能產生物理反應，而不同制度下不同因素的互動就會產生化學反應。所謂的制度創新更有可能來自不同制度的互動。香港和澳門回歸祖國以來，基本上維持着"一國"和"兩制"之間的互動，就是說雙方實際上維持在兩個較為獨立的"單元"。而大灣區內部的整合和融合就不一樣了。大灣區就是"一國"之內"兩制"的緊密互動，通過互動得到整合和融合。這種互動是化學反應式的，可以導向制度的現代化。

因為香港內部的一些變化，尤其是少數"港獨"力量的出現，人們對香港的看法趨向於政治化和意識形態化。不過，就制度現代化而言，香港和澳門遠遠處於領先地位。這兩個地方的現代化較珠三角其他地方處於先行位置，並且已經把西方的經驗和中國傳統文化結合起來了。儘管這兩地並非在所有制度領域都是成功的，也有不成功的地方，但從總體上說，這兩地可供珠三角學習制度現代化的地方仍然有很多。

第四，一個國家統一新模式。除了香港和澳門所面臨的進一步整合問題，我們仍然面臨着如何實現台灣統一的問題。儘管人們不排除"武力統一"的選項，但這一選項更可能只是對"獨立"起到一個阻嚇作用，很難實際使用。如果使用武力，且不說其他方方面面的影響，對中華民族必然是一個巨大的傷害。

不過，還存在其他很多實現統一的方法，那就是用社會經濟的方法。歐盟就使用社會經濟的方法。歐盟出現問題在於歐盟是由眾多的獨立主權國家組成的，缺少一個有效的協調者。大灣區則不同，已經同屬一個"國家"，存在一個強有力的協調者。再者，相對於港澳台地區，中國大陸（內地）是一個巨大的市場，兩者之間不是一個對稱的關係。不管港澳台如何看待中國大陸，但經濟上大中華地區的整合是一個客觀的現實。在很大程度上，港澳台經濟已經成為以中國大陸為核心的經濟體的內在一部分，這就決定了大陸可以實行單方開放政策來促成融合和整合。

大陸單方政策有點像今天人們所說的“供給側改革”，其有效性在於其無須通過和這些地區進行討論來做決策和實施政策。儘管香港和澳門已經處於“一國”之內，但一旦啟動內地和香港、澳門的雙方談判，事情就容易變得政治化。台灣的情況也類似，早些年“服貿協議”的流產就是雙方談判的結果。而單方開放就是大陸實行單方政策來滿足這些地方的需求。單方政策可以涵蓋各個方面，包括投資、就業、教育、科研、租房、社會保障等領域。這些領域並非直接的政治領域，但一定會對政治產生影響。等這些領域整合了，政治領域就是“最後的一公里”。再者，無論從哪個指標來衡量，大陸經濟體有能力吸收消化單方政策可能引發的負面效應。

在我個人看來，粵港澳的整合是第一步，第二步是把台灣也包括進來。“一國兩制”最先是針對台灣提出來的，是為了解決台灣問題，但在實踐層面被先用於解決香港和澳門問題。“一國兩制”實施多年，不能說它不成功。確切地說，這個政策很成功。世界上還沒有其他國家使用這樣的方法來和平解決國家統一問題。另一方面，我們也必須承認，“一國兩制”政策需要與時俱進，根據客觀現實的變化而調整。在香港和澳門成功了，那麼就可以進一步應用於台灣。實際上，南方共同市場的外延是可以擴大的。台灣的有識之士多年來一直在提倡“兩岸共同市場”。以珠三角為核心的南方共同市場很容易擴展到福建，從而把台灣也包括進來。

　　當然，現實地說，即使實現了社會經濟方面的整合和融合，台灣的"獨立"力量或許仍然會存在。人們可以假定"獨立"力量會繼續存在，但如果實現了社會經濟的整合和融合，那麼"獨立"者肯定是少數，並不難管控。一句話，社會經濟方面變成共同體了，政治方面的統一就很容易解決。不管怎樣，在世界歷史上，從古到今，國家統一都是充滿暴力和血腥的，並且即使通過暴力完成了國家的統一，也難以避免"獨立"力量的再次出現。從這個角度來說，我們有責任和義務探索一條新的國家統一道路。這是一份對人、對社會、對國家、對文明的責任。

粵港澳大灣區與制度創新 [①]

大灣區建設不僅僅要追求可持續的經濟發展，也要追求港珠澳地區的進一步整合和國家的統一，加快社會經濟的整合，通過社會經濟方法實現國家的真正統一。

大灣區與國家的整合統一

粵港澳大灣區由廣東境內的 9 個城市和香港、澳門兩個特別行政區組成。這不僅僅是中國的巨大城市群，也是世界範圍內的巨大城市群，這 11 個城市的國民生產總值相當於世界第十大經濟體。

為什麼中國高層要提粵港澳大灣區？這至少有以下幾個層面的意義：第一，大灣區建設就是要實現灣區本身的可持續發展；第二，實現國家的進一步整合；第三，把灣區建設成具有國際競爭力的國際化經濟貿易、科技創新平台。

---

① 本文原發表於 2017 年 6 月 27 日新加坡《聯合早報》。

　　首先，如何實現大灣區內部的可持續發展？今天，廣東全省、香港和澳門都面臨經濟發展和轉型問題。珠三角已進行"騰籠換鳥"多年，儘管初見成效，但仍然面對巨大的內外部壓力。中國其他城市群（主要是長江三角洲城市群和京津冀城市群）和世界其他國家都在加緊轉型，並且在很多方面都比廣東快速。

　　中國很多城市的創新能力已經或者正在超越除深圳外的廣東其他城市。香港和澳門產業單一，面臨就業、住房等方面的巨大壓力。儘管兩地領導層決心大，多年努力轉型，但都沒有取得令人滿意的成就。再者，儘管港澳兩地都有自身的很多優勢，但兩地市場極其有限，優勢不能充分發揮出來。通過進一步整合，可以促成 11 個城市之間的優勢互補，各方面資源的有效配置。

　　大灣區的發展也要帶動整個國家的發展。自改革開放以來，廣東"先行一步"，一直在引領中國的發展，做出了巨量的貢獻。廣東的高速發展很顯然也離不開香港和澳門的貢獻。中國下一步的發展任務艱巨，不僅要避免陷入中等收入陷阱，全面建成小康社會，還要把國家提升到發達經濟體水平。

　　從世界經濟史來看，光是規避中等收入陷阱就不容易。在這個過程中，大灣區如果缺少動力，整個國家的壓力就會變得更大。對大灣區來說，不僅自己要達到高收入水平，也要對周邊地區乃至整個國家起到輻射作用，也就是繼續做經濟發展的引擎。

　　就國家的整合和統一而言，大灣區建設也具有重要意義。近年來，香港少數人開始搞認同政治，甚至搞"港獨"運動。澳門儘管情況比較穩定，但從長期看也不能掉以輕心，因為少數人也開始搞認同政治。因此，大灣區建設不僅僅要追求可持續的經濟發展，也要追求港珠澳地區的進一步整合和國家的統一，加快社會經濟的整合，通過社會經濟方法實現國家的真正統一。

"一國"和"兩制"之間並不是平衡的，因為"兩制"是"一國"之內的"兩制"，大灣區就是在充分發揮"兩制"優勢基礎上的"一國"建設。客觀地說，在很長一段時間裏，"一國"建設不夠，才導致香港今天的局面。

"一國"之內的世界級經濟平台

就國際性平台建設而言，大灣區有望成為國家主導的一國之內的國際經濟大平台。特朗普當選美國總統後，美國退出《跨太平洋夥伴關係協定》（TPP），在客觀上為中國減輕了國際壓力。不過，如何打造新的國際合作平台對中國是個考驗。中國現在已經是世界第二大經濟體、最大的貿易國，迫切需要推進經濟全球化，在實現內部可持續發展的同時，引導國際經濟的發展。這並不容易，RCEP 在進行過程中，因為一些國家的阻力，進展並不會很順利。

而中國倡議的亞太自由貿易區過大，各國之間連基本共識都沒有，相信也不會很容易落到實處。在國際層面上，從前西方國家領導全球化，但在今後很長一段時間裏，西方很難繼續扮演這個角色，因為主要西方國家都面臨很大的內部問題。貿易保護主義、經濟民族主義、反移民思潮的興起是西方內部問題的外部反映，他們首先必須解決這些問題，否則很難在國際上有所作為。

在解決眾多內部問題之前，西方希望在國際層面進一步推進貿易自由化並不實際。中國通過"一帶一路"引導國際層面的發展，做"領頭羊＂，不過也要意識到，中國的主要任務仍然是國內發展。如果沒有國內的可持續發展，中國的國際角色也很難持續。從前的大國（包括現在的美國）無一不是如此。

粵港澳大灣區有望成為＂一國＂之內的世界級經濟平台。作為自由貿易區，大灣區已經具有諸多優勢，包括巨量的經濟總量、優質的基礎設施、互聯互通、世界級製造業基地、優質金融制度、優質服務業、教育科研等。灣區內部的一些城市的創新能力已走到世界前列，例如 2016 年深圳所獲得的國際專利超越法國、英國，華為公司連續兩年居世界知識產權組織專利申請量第一位。

不過，各地的優勢沒有整合與利用，也就是沒有做到資源有效配置。其中原因很多，但可以從＂一國兩制＂構架中來理解。第一，＂一國＂的意識不強。一旦涉及具體利益問題，內地、香港和澳門三地可能糾纏不清，誰也不讓利，一點小問題糾纏多年而無法及時解決。第二，沒有利用＂兩制＂優勢，各搞各的，造成重複建設和巨大的資源浪費。例如香港具有金融、教育和科研資源，澳門具有優質服務業資源，但是這些都沒有和珠三角其他地方整合起來，通盤考慮。

廣州和珠海多年來發展教育，尤其是在高等教育方面已投入大量人力物力，但發展效果並不符合預期。廣東為什麼不能充分利用香港的教育資源呢？因為在＂一國＂構架下，廣東和香港的教育資源整合完全是可以做到的，只是人們沒有這個思想意識。香港的金融制度已很成熟，在世界領先。這些年，廣東為了照顧香港的發展，本身沒有發展金融體系，但廣東也沒有充分利用香港這個金融平台，造成巨大浪費。

行政主導地位過強壓制企業

在大灣區內，行政分割過於嚴重，很多問題都是由此造成的。這裏不僅僅是"一國兩制"，而是"一國十一制"，也就是說，每一個城市都有自己的制度。不僅內地 9 個城市和香港、澳門之間缺乏有效協調，內地 9 個城市之間也沒有有效協調。廣東很多年前就開始做"同城化"的努力，在很多方面（主要是交通）已經互聯互通，但仍然有巨大的改進空間，尤其是在社會保障等社會政策方面，還沒有有效地互聯互通。

相對於中國其他地區，廣東創新發展的主體一直是企業，政府起輔助作用，但因行政主導地位過強，企業和市場的主體地位沒有凸顯出來，企業仍然面臨行政分割導致的巨大制約。在世界其他大灣區，企業在灣區的經濟乃至社會整合方面扮演重要角色，但在廣東，企業的這個作用被行政分割，起不到整合作用。

怎麼辦？因為是"一國兩制"，相較於其他大灣區，粵港澳大灣區的整合有其難度。但因粵港澳大灣區存在一個強大的中央政府，行政分割造成的困難也不是無法克服的，有幾方面路徑可以考量。

第一，優質城市建設。灣區可以對標國際一流城市建設來進行。很多年前，廣東已經提出"叫板"新加坡、首爾等城市。"叫板"不僅僅是在基礎設施建設方面，更是在"軟件"方面。灣區內部很多城市的基礎設施已經跟上，甚至不亞於港澳，但管理水平遠遠沒跟上。在這方面，灣區各城市通過服務業的整合快速得到提升。應當指出的是，廣東現在的服務方式和水平本來就和港澳經驗相關。

第二，城市群建設。城市群建設已經提升為國家計劃，灣區可以參考其他國家的灣區建設經驗，例如東京灣區、舊金山灣區、紐約灣區等。除了要參考這些灣區的基礎設施建設，更重要的是研究這些灣區如何克服行政分割的限制，讓企業和社會在灣區整合方面起主導作用。

第三，灣區範圍內的制度整合。這裏要建設的是筆者所稱的內部版的"歐盟"。歐盟具有很好的理念，有效推動了歐洲的經濟社會發展。現在出了問題，並不是理念不對，主要是因為缺少一個強有力的中央協調者，因為歐盟由主權國家組成，各國之間的利益很難協調。

粵港澳大灣區則不同，有強大的中央政府作為協調者。灣區內部現在的整合情形遠不及歐盟，例如在勞動力市場、人員流動、關卡管理、科研合作等方面，都與歐盟差很遠，甚至還沒有開始。在這方面，有很多灣區"共同市場"有待建設，包括共同製造業基地、共同金融市場、共同勞動力市場、共同房地產市場、共同教育市場、共同服務業市場等。如上所說，香港的金融、教育、科研優勢為什麼廣東不能用？如果這些灣區共同市場建成了，就可以實現灣區內部資源的有效配置。

第四，世界性貿易平台建設。在這方面，灣區要深入研究成功的案例，結合灣區的現實，打造世界級自由貿易平台。歐盟的經驗、北美自由貿易區的經驗、TPP規則等都是可以借鑒的。這不是說把這些自由貿易區的規則簡單抄過來，而是研究這些經驗，把這些國際多邊主義的規則內化，變成"一國"之內大灣區自由貿易區的規則。因為這些規則具有國際性，也比較容易為國際企業所接受。

再者，在"一帶一路"倡議的背景下，這樣做尤其有意義。"一帶一路"倡議並非單向道，而應當是雙向道。這表明不僅中國要通過

"一帶一路"走出去，國際大企業、國際技術、專業人才也要通過"一帶一路"進入中國，成為中國和世界的永恆關聯。從經濟總量等各方面來看，大灣區在"一帶一路"倡議中的作用，不是中國其他城市群體能比的。

第五，中央高層組織協調。鑒於"一國兩制"的複雜性和城市之間的嚴重行政分割，這 11 個城市本身或廣東省這一級很難產生有效的協調機構。如果沒有有效的協調，本來很容易解決的一些具體利益問題就會被放大，進而阻礙灣區的整體整合。因此，可以參照京津冀協調模式，由高層組織協調機構。沒有這樣一個頂層設計，很難達成上述幾個方面的目標。

"雙循環"、RCEP 與大灣區的未來[①]

廣深 "雙城聯動" 的關鍵是優勢互補

深圳在我們國家的發展中佔據着非常重要的地位,是一個具有使命性的城市。40 年來,深圳成功從一個小漁村發展為世界級的大都市。不僅在中國,在整個世界地圖上,深圳也是一個生機勃勃、充滿生命力的城市,是科技創新和製造業的中心。無論從哪一個角度來說,深圳的故事都是中國成功故事的一個縮影,是最好的發展樣本之一。

如果我們將深圳與國際上其他地區比較,則更能看到它的成功。20 世紀 80 年代至今,美國一些城市帶(如 "鐵鏽帶")逐步衰落,導致了民粹主義的崛起。從深圳的例子來看,改革開放基本實現了可持續的經濟發展與可持續的社會穩定,這是因為有很多的制度創新。中國到今年已經基本實現全面建成小康社會的目標,對於 2035 年乃

---

① 本文整理自《21 世紀經濟報道》對作者的專訪,2020 年 12 月 4 日首發於 "21 財經" 客戶端。

至更長遠的 2050 年發展而言，制度創新至關重要。所以關於下一步中國怎麼走，國家把探索的使命交給深圳，讓深圳先行先試。這是深圳新的使命。

深圳這座城市的生命力在於它有幾種文化的交匯融合。有些人說，深圳是一個科技城市，人文精神不夠深厚。當然，從歷史來看，深圳確實難以跟廣州、上海、北京相比，在幾個一線城市中，深圳是最新的城市。但是深圳之所以能發展起來，其實也與其背後的文化密切相關。首先是嶺南文化，具有實事求是、不務虛而務實等特質。其次是移民文化，深圳基本上是一個普通話的世界，因為常住人口來自各個地方。再次是國際化，深圳靠近香港特區，受國際文化影響很深。所以，深圳在多種文化的推動下，成了一個創新型城市。我們不能光以傳統文化的概念來判斷一個城市的文化氛圍。深圳擁有全新的文化氣質，這也是它的生命力所在。

關於廣深“雙城聯動”，從最低目標來看，廣州、深圳都是廣東省的城市，要避免不良競爭，比如在招商引資方面。就中間目標而言，兩座城市都要意識到自己的比較優勢在哪裏。比較優勢是在歷史中形成的，不可能一下子改變。比如，廣州自近代以來一直是世界級的商貿城市，而深圳經過 40 年改革開放，成長為以科技創新和製造業聞名的城市，兩座城市是優勢互補的。“雙城聯動”的最高目標是兩個城市既合作，也進行良性競爭。這並不意味着廣州不發展科創、深圳不發展商貿，而是要找準定位，即一個是商貿中心，另一個是科創中心。如果能意識到這一點，兩座城市的合作就能提高到新的水平。

從發展數量經濟轉向發展質量經濟

在培育科創土壤方面,大灣區還應該下功夫。我們都希望廣州和深圳發展成世界性的產業集群,但這是一個系統性工程,不僅僅是產業升級的問題。我一直認為要把以廣州、深圳等城市為中心的城市群,建設成為地域嵌入型的世界級經濟平台,吸引全球優質資本、優質技術、優質人才並使之留下來,在這裏不斷升級。這是一個地方可持續發展的基礎。這涉及政府跟市場之間的關係問題、國家跟社會之間的關係問題,還有教育系統、土地制度、勞動制度等方面的問題,要求城市整體升級。每個城市都是一個經濟平台,這個平台中誰是主角、誰是配角,需要明晰。政府應搭好這個平台,發揮協調、支持作用,吸引產業進來,而主體則是企業。

改革開放初期,國家的主要目標是發展經濟,集中發展單一產業。那時候經濟總量小,一座城市若有一兩個優勢產業,GDP 就能實現快速增長。但是現在發展基數變大了,更需要搭平台、講規則,從數量經濟步入質量經濟,從以項目經濟為主轉向以制定規則為主。我們要制定開放的規則,制定有利於優質的資本、優質的技術、優質的人才進來的規則,這樣才能形成競爭力。珠江三角洲發展態勢比較好,多個城市人均 GDP 已經達到約 2 萬美元,但這還不足夠。下一步,大灣區城市如何實現再提升,質量經濟如何發展,是企業、政府應該一起思考的問題。

大灣區在增強對年輕人吸引力方面應該做些什麼?

與世界其他三大灣區相比,粵港澳大灣區經濟總量不小,但人才吸引力還有一定差距。從區域內幾所大學的外籍教授數量可以看出,大灣區的國際人才還比較少，國際化程度尚待提高。這表明大灣區還有很大的發展潛力。比如，香港有不少優質大學，但是缺乏發展空間，而珠江三角洲發展空間大，但頂尖大學不多，或許可以將二者的優勢進行整合。

再者，如何建立學校系統是一個很重要的問題，不能僅僅關注大學的建設。對於人才而言，從博士畢業到四五十歲是黃金年齡，這意味着其子女從幼兒園到高中階段的學校配套很重要。因此，如果要吸引人才，就必須有優質的幼兒園、小學、初中、高中。世界上發達的國際化城市，都有大量能吸引國際化專業人才的國際學校，讓人才真正留下來。吸引人才不能只停留在提供食宿以及研究經費方面。人才都有家，如果能讓他們把家也搬過來，才算穩定下來。

當然以上只是其中一個方面，還有環境、醫療保障系統等問題。所以，GDP 和產業已經不足以評價一個城市了，我們要看質量，從質量上把這個短板補起來。公路、橋樑、體育館等為“硬基建”，是比較容易規劃的，難的是“軟基建”，也就是社會保障、醫療、教育、公共住房等。中國的“硬基建”已經做得很完善，但還需要有一定程度的“軟基建”。教育、醫療、公共住房、社會保障，這些解決好了以後，大家就會生氣勃勃地去創新。所以，創新城市的培育是一個綜合工程，並非容易之事。“十四五”規劃不再強調經濟增長的具體目標，那麼廣州、深圳等城市相應也要轉變思路，不應再單純追求GDP，要以另外一套指數來衡量城市的高質量發展。

推動大灣區與 RCEP 平台對接

當前的國際新挑戰會對大灣區的發展有哪些影響？

其實 2007 年、2008 年我們已經經歷過一次挑戰，那時候採取了 "騰籠換鳥" 的措施，應對從美國開始的全球金融危機。當前我們面臨百年未有之大變局，中美貿易戰加上新冠肺炎疫情，對於大灣區而言是各個方面的 "大檢測" "大考驗"，在這當中就暴露出了一些問題，包括科技公司、芯片、就業、來料加工等方面的短板。那麼我們如何把這個短板補齊？過去那種 "沒有芯片就向國際社會採購" 的想法在今天已經行不通了。我們並非不能自主製造芯片，也許早期產品在質量上有差距，但是可以不斷改進。當前很多企業都碰到這種困難，在百年未有之大變局面前，要思考怎麼去改變。

"雙循環" 戰略強調以國內大循環為主，但我們不要認為國際循環就不重要，尤其珠江三角洲是在改革開放中成長起來的，是在全球化過程中成長起來的。RCEP 簽署後，對於珠三角企業而言，關稅、政府補貼等都將發生變化。

一方面，RCEP 為中國的企業提供了更廣闊的市場。另一方面，競爭壓力也隨之增大，企業要增加自己的競爭能力。可以說，RCEP 是一個大平台，要推動粵港澳大灣區這個經濟大平台與 RCEP 這個經濟大平台的對接。中國與東南亞國家以及東北亞的日本和韓國都有緊密的貿易關係，在實施零關稅以後有什麼影響？我認為，大灣區的企業都要自主評估下一步路徑。

中國現在是世界第二大經濟體，在制定世界規則方面要主動參與，甚至在有些領域要主導標準的制定。這要求我們進行制度改革創新。大灣區的建設重點不僅是區域內城市之間的整合，它是中國的一大經濟平台，同時也是國內國際雙循環的關聯點。制定規則還要考慮到國際適用性，做一個負責任的大國。這也是為什麼我們強調深圳的先行先試經驗要可複製、可推廣，正是希望這些先行探索不僅適用於深圳這個地方，也可以複製到其他城市、其他地區。

灣區龍頭深圳能夠形成何種借鑒意義？[①]

40 年，從一個小漁村成長為國際大都市，深圳的崛起無論從哪個角度看，都是一個奇跡。

俄國大文豪托爾斯泰言："幸福的家庭都是相同的，不幸的家庭各有各的不幸。" 這句話其實也適用於一個城市的興衰。從經驗來看，無論成功還是失敗，一個城市的發展總有其自身的邏輯。深圳是成功的，她的成功邏輯便是中國整體故事的一個折射。

從當代中國的發展進程可以看到深圳崛起的邏輯，而看深圳的崛起更可以加深對當代中國發展的認知。再者，如果從世界範圍內比較而言，人們能夠更為清楚地看到中國作為一個整體是如何強勢崛起的。

深圳的成功，有哪些可供其他城市借鑒的經驗呢？至少可以從如下幾個方面來說。

---

① 本文原刊發於 2020 年 10 月 14 日香港《明報》，標題為《深圳的崛起是當代中國的縮影》，有刪改。

發展便是責任，責任驅使執政主體不停步

深圳的成功，領導力是首要原因。無論是一個國家還是一個城市，領導力對發展的影響無疑至為關鍵。

西方盛行新自由主義，相信"自由就是發展"，把"自由"和"發展"等同起來，並且把"自由"等同於沒有政府的干預。深圳的發展和這一信條格格不入，甚至相反。

人們可以說，深圳在 20 世紀 80 年代以來的成功是因為遇上了哈佛大學的丹尼·羅德里克教授所說的"超級全球化"的機會。這個觀點並沒有錯。不過，機會是平等的。放眼全球，在這一波"超級全球化"下，有幾個城市像深圳那樣崛起了呢？成功的城市屈指可數。與此同時，有多少城市眼睜睜地衰落了呢？美國的鐵鏽帶城市便是典型。亞洲不少城市要麼長期陷入"中等收入陷阱"，要麼在進入高收入階段後受困於國內撕裂的政治而停滯不前。

深圳則不同。深圳不僅抓住了"超級全球化"這個機遇，並且有效克服了兩波經濟危機（1997—1998 年的亞洲金融危機和 2007—2008 年的國際金融危機），在困境中不斷升級，超越自己，不僅提前實現小康社會，也提前進入了高收入城市行列。這背後就是領導力。

領導力來自一個具有使命感的執政主體。對這個執政主體來說，發展便是責任，責任驅使這個執政主體永不停步。實際上，深圳繼日本和亞洲四小龍之後再次創造了東亞奇跡，但深圳並不缺乏危機，因為具有堅強的領導力，每次危機都為深圳提供了新的機遇。深圳的產業升級和危機不可分，1997—1998 年的亞洲金融危機和 2007—2008 年的國際金融危機都促成了深圳的產業升級。

深圳處理好了幾個重要的關係

第一，深圳的領導力離不開有效的中央與地方關係。在過去 40
年裏，中央充分授予深圳方方面面的權力，無論是法律層面還是實際
政策操作層面。有了充分授權，深圳才能發揮出巨大的地方創新能
力。同時，中央提供了強大的政治保障，不然，深圳的地方創新要獲
得成功會變得異常困難。

深圳當然也沒有辜負中央賦予的使命，不僅獲得了自身的成功，
而且充分展示了區域經濟輻射和擴散效應，使更多的地方受惠於深圳
的發展。

更為具體地說，深圳處理好了幾個重要的關係：首先是市場與政
府之間的關係。中共十八屆三中全會提出了中國經濟發展的一個普遍
原則，即市場在資源配置中起決定性作用，政府起更好的作用。實際
上，這個普遍原則來自深圳等改革開放先驅的實踐經驗。

作為特區，深圳是社會主義市場經濟的先行者，但深圳並沒有走
向西方新自由主義或者市場原教旨主義，而是找到了市場與政府之間
的平衡點。主要體現在國有企業和民營企業的平衡，大型企業和中小
型企業的平衡，親商與親民之間的平衡，等等。

深圳的國有企業幾乎擔負了一個大型城市需要的所有基礎設施建
設。這些基礎設施投資週期長、回報低，具有很大的不確定性，民營
企業缺乏足夠的動機來承擔這些建設。所以，即使是西方經濟自由主
義鼻祖亞當・斯密也主張國家承擔基礎設施建設的職能。

政府的作用更體現在政府為企業提供的優質服務上。"政府更好
的作用"使深圳國企強，民企更強。深圳已經集聚了眾多的大中小微

型民營企業，它們在政府提供的平台上運作，互相競爭合作。作為製造業中心，即使從全球來看，深圳的產業完整性和產業鏈的齊全性也是其他城市不可比擬的。

第二，深圳確立了有效的政府與社會的關係。無論在國家層面還是城市層面，一個最難處理的關係便是經濟發展和社會穩定。在當今世界，一些地方經濟發展了，但社會處於不穩定狀態；在另一些地方，經濟得不到發展，社會落後不穩定；也有些地方，無論是經濟還是社會，始終處於停滯不前的狀態。

而深圳則獲得了兩個可持續性，即經濟的可持續發展和社會的可持續穩定。從歷史上看，發展並不等於穩定，大規模的不穩定往往出現在一個社會的高速發展過程中，或者在獲得相當的發展之後。深圳的社會穩定來自對社會公平的追求，來自深圳居民的真實獲得感，來自社會機會的開放性。

深圳是一個典型的移民城市，來自不同地方、不同社會背景的人具有不同的訴求。西方總說中國是"一黨專制"，社會影響不了政府的政策。但實際上恰恰相反。在西方，人們週期性（每隔幾年）投完票之後，政治參與就結束了，政治人物要麼不能兌現選舉時的承諾，要麼置民意於不顧。這也是今天西方民粹主義崛起的根源，反映出來的是普通民眾對精英階層的仇恨。但在中國，社會對政策的參與具有連續性，社會對實際政策的影響是那些走選票途徑的國家不能比擬的。

就深圳而言，人們不難觀察到，政府的很多決策過程是開放的，政策一方面受社會影響，另一方面又不會被一些特殊的利益或者特殊的"民意"挾持，因為政府需要通盤考慮社會整體的利益。這就有效避免了西方社會"為了反對而反對"的情況，政府不會因為一些利益的反對而不去追求社會的整體利益。

第三，深圳有效處理了發展與制度創新之間的關係。發展和制度之間的關係在於：發展需要制度創新，但發展的成果需要制度作為保障。因為中央的充分授權，深圳的制度創新一直走在全國的前列。正是這些制度創新促成了深圳方方面面的快速發展。

然而，人們也不應當忘記，制度創新有底線，那就是堅守中國特色社會主義市場經濟原則。制度創新如果不能把握這個原則，便很難實現可持續發展。

第四，深圳也有效實現了外部資本與內部資本的平衡。這一點非常重要，但也往往被忽視。深圳開始時一窮二白，發展從外資起步，沒有外資尤其是港資的進入，深圳早期的發展會變得極其艱難。但在完成早期發展階段之後，深圳充分重視內資的作用，培養了數量龐大的本土企業。一個城市如果外資佔據主導地位，那麼必然深受國際環境的影響，甚至難以抵擋外在環境的變化；但一個城市如果封閉起來，不受外資影響，那麼這個城市也難以趕上時代的步伐。深圳在處理內外資本方面是成功的。

深圳的發展對其鄰居有很深刻的借鑒意義

深圳早期的發展獲益於靠近香港，不僅僅是因為來自香港的資本，更是因為香港轉移出來的產業。鑒於香港的發展空間有限，香港把那些附加值低的產業轉移到珠三角，然後在金融、教育等服務業集中自身優勢。這無疑是符合經濟發展規律的，是大勢所趨。

但近年來香港為"認同政治"所苦，把所有的事情都泛政治化和意識形態化。客觀上說，香港的發展已經離不開珠三角，更離不開深圳。無論是金融還是教育，香港必須有服務對象，那就是粵港澳大灣區。但人為的"認同政治"硬把香港和內地隔離開來。

在社會層面，"認同政治"導致社會價值觀高度分化。香港一些群體尤其是年輕人思想被西方"殖民"，"認同政治"激進化，把自己無限道德化，把"他者"妖魔化。一些人以為掌握了西方"民主""自由""人權"的真理，就可以為所欲為，甚至認為訴諸暴力也是"正確的"。這種邏輯體現在任何形式的激進主義中，而香港尤甚。儘管這種行為與香港的實際利益背道而馳，但因為有西方物質和輿論上的支持，一些人仍然以"道德"來論證自己的暴力行為。

從政治上說，香港的"認同政治"演變成為赤裸裸的"對抗政治"，反對派為了反對而反對。這種"認同政治"直接弱化了香港特區政府的治理能力，甚至使香港面臨長期"無政府狀態"的極端風險。

分化的社會和弱政府使香港缺失一個治理主體。在這種情況下，香港不僅不能充分發揮其作為國際金融中心的作用，也使上述深圳所能實現的諸多平衡變得不可能。

可以說，大灣區建設、深圳的社會主義先行試驗區等重大政策議程是香港的機遇。從經濟來看，只要處理好和大灣區的關係，香港仍然具有發展和更上一層樓的巨大潛力。

香港的挑戰是政治上的。如果政治的分裂使得香港不能抓住機遇，不能接受挑戰，那麼如同世界上其他城市一樣，香港的衰落是必然的。在大灣區內，香港不孤獨，也不能自我孤立起來。香港必須隨着大灣區城市的進步而進步。不進則退，沒有一個城市可以不通過持之以恆的努力取得進步，香港亦然。

深圳的使命與改革目標 [1]

深圳 40 年三次完成使命

40 年前，深圳等地被中央批准成為 "特區"，但改革目標和模式到底是什麼，對於當時的深圳市來說還是未知數。在深圳 40 年的發展經驗和路徑中，我們做對了什麼，或者我們正確地堅持了什麼？

我想這和當時的局勢有關係。至 20 世紀 70 年代末，包括新加坡在內的亞洲四小龍經歷了六七十年代的發展，有了基本的發展經驗和路徑，那就是後發國家和地區如果想實現經濟騰飛，必須依靠資本和技術。

要發展經濟、持續不斷地發展製造業，在經濟發展的基礎上改善民生，我想這是深圳發展 40 年的最大經驗。20 世紀 80 年代，我們將這個目標設計為 "小康社會"，現在我們叫 "美好生活"。這一目標要靠製造業支撐，靠改革發展。

---

① 本文整理自《南方都市報》2020 年 9 月對作者的專訪。

　　但是改革和發展需要找個突破口或者說試驗區，這就必須要依靠在地緣上能夠就近獲得資本和技術的地方。深圳在地理上天然靠近港澳，而當時香港經濟蓬勃發展，有大量資本和技術可以就近獲得，我想這是選擇深圳作為改革窗口的直接原因。

　　讓我來評價深圳 40 年發展，我更喜歡用 "使命" 來解釋這一過程。深圳這 40 年就是三次完成使命的過程，核心是利用市場和要素驅動社會發展與進步。當然，這一條路確實不好走。

　　我們對市場經濟的理解是個漸進過程。1982 年，當時叫 "有計劃的商品經濟"，到 1992 年正式確立 "社會主義市場經濟" 的概念，再到 2013 年，我們提出了 "市場配置要素起決定性作用"。所以，當時深圳有句口號叫 "殺出一條血路來"。這一階段的深圳產業多為 "三來一補" 的組裝型製造業。

　　深圳第二次完成使命是在 2008 年前後，遇到了金融危機，倒逼產業進行升級，當時叫 "騰籠換鳥"，誕生了諸如華為、騰訊等具有世界影響力的企業。

　　2019 年，中央又給了深圳建設 "中國特色社會主義先行示範區" 這樣的新使命。我們怎麼理解這樣的新使命？中央給了深圳原則性的使命，那深圳怎麼完成這個使命？我想還是需要具體細節和改革抓手。比如，深圳可以圍繞着製造業技術，形成一個地域嵌入型的世界級經濟技術平台。

圍繞 "先行" 和 "示範區" 大有可為

　　談到深圳要嵌入世界級技術，這幾年深圳一直圍繞打造良好的市場驅動的發展環境，推動了很多具體的落地舉措，從細節中見精神。政府、市場和社會之間的良性互動形成了一個共生的社會生態。在當前背景下，深圳政府應利用制度創新力和想象力，更好地激發市場活力和改革動力。

2019 年，中央給了深圳新使命，其中有兩個關鍵詞 "先行" 和 "示範區"。圍繞這兩個關鍵詞，深圳有很多可以做的。比如圍繞着世界級製造中心，可以在制度創新和社會治理等領域內進行很多嘗試，這需要新的思想解放。

我們看東京灣區、紐約灣區和洛杉磯灣區的運行機制沉澱了那麼多優質的技術和資本，為什麼這些優質的要素資源沒有流動到世界其他地區，這值得我們思考。現在和 20 世紀八九十年代不一樣了，當時是項目經濟，政府負責招一些大的項目進來，GDP 有了，經濟也發展了。而現在政府應該去打造大型經濟平台，利用平台優勢，去吸引優質資本和技術。

20 世紀 80 年代開始的全球化促成資本、技術和人才在全球流動。這 40 年，我們利用土地、勞動力資源，吸引大量附加值不高的技術進來。為此，我們付出了很大的代價，比如環保、空氣等稀缺資源被透支。

按照新發展理念，這些發展模式肯定不行了，所以，我們要向其他灣區學習如何培育和服務優質企業和技術，如何留住優質的技術和資本，比如提升醫療衛生、教育、公共住房等公共產品供給能力，尤其是軟環境的建設。

深圳要打造世界級技術平台，沒有人才肯定不行，但是這些人才需要很好的軟環境支持，比如好的初高中教育資源、好的醫療衛生資源。這些都是營商環境的軟實力。政府要做擅長的事情，企業和市場最知道哪些是附加值高的技術。如果所有的資本和技術都想進入，通過好的制度讓它們不想走也走不了，這樣才可實現高質量的可持續發展。這就是我一直強調深圳的新使命的原因。

構建產業生態，形成南方共同市場

經歷 40 年改革開放，廣東珠三角地區成為中國最為富裕的地區。在推動珠三角城市化、工業化的過程中，深圳發揮着重要的引領作用。2019 年 2 月 18 日，中共中央、國務院正式印發《粵港澳大灣區發展規劃綱要》，明確了深圳在大灣區內的發展定位。在這樣的政策背景和發展定位下，粵港澳大灣區如何超越世界其他三大灣區，引領世界？

這就是前文講的建設平台的價值。我們要做頂層設計，這樣才有改革抓手，這就是行動綱領。我們要考察其他三個灣區的做法，知道這些平台的建設價值和路徑。如果我們還按照以前的簡單模式，招商引資發展經濟，資本就像農貿市場一樣，做完生意就跑了。

所以我建議，深圳應該花大力氣，打造一個世界級技術和經濟平台，將粵港澳大灣區和海南自貿區考慮進來，利用中國南方的經濟腹地，形成一個南方共同市場。有了這樣的平台，就能覆蓋完整的產業鏈，附加值既有高端部分也有中低端部分，形成一個產業生態。這個世界級平台有市場空間，有足夠的人口，這樣就有極大的抗風險能力。

我們不能再走過去“頭疼醫頭，腳疼醫腳”的老路，這才是落實新發展理念的做法。我們也可以參照一下新加坡的發展路徑，以前是一個個項目落地，現在是整體平台升級，圍繞產業平台建設進行城市升級。把粵港澳大灣區建設成這樣的世界級經濟平台，我們才能具備強大的競爭力。圍繞這些制度建設，深圳就可以將內容細化成建設先行示範區的行動綱領。

當前形勢下更應明確改革目標

現在國際國內形勢發生巨大變化，深圳更應該明確改革目標，圍繞這些目標制定更具體的行動綱領，在灣區一體化過程中，繼續保持領頭羊的價值。

現在外部環境發生了變化，對深圳來說，儘管內需比重越來越大，外貿不再像 20 世紀 90 年代或 21 世紀頭十年那樣佔那麼大比重，但外循環的重要性仍不容低估。20 世紀八九十年代，深圳雖然吸收大量西方技術，但創新能力不強，創新能力在這些年才引起了人們的重視。所以，現在國際經濟環境的變化對深圳影響很大。像華為，中國最好的科技企業之一，它相當比重的技術，如芯片、操作系統仍依賴於外部供應，成為讓人頭疼的短板。

客觀地說，一方面，我們非常需要發展內需；另一方面，我們還要有外部循環。就深圳而言，外部循環也非常重要。中央強調我們要逐步形成以國內大循環為主體、國內國際雙循環相互促進的新發展格局，這一點我們要記住。

我們的技術還處於下端，很長一段時間內，包括深圳在內的粵港澳大灣區城市，還應廣泛運用西方技術發展自身，因為西方技術也在不斷進步。所以開放很重要，這樣才能可持續地打造世界級經濟平台。

深圳製造業和香港金融業需對接

在粵港澳大灣區發展規劃當中，香港和深圳都有着明確的定位。香港繼續打造國際金融平台，深圳在製造業領域繼續發力。現在深圳的人均 GDP 接近 3 萬美元，香港達到 5 萬美元，兩地產業定位和功能有着明確要求。深圳製造業持續發展需要香港的金融業支持，二者的關係也非常明確。在粵港澳大灣區內，這些資源對於大灣區發展恰恰會起到促進作用。

在粵港澳一體化中，深圳製造業和香港金融業如何對接是個關鍵問題。如果大灣區能通過一體化發展，加上海南自貿區，形成一個南方共同市場，那就能形成廣闊的經濟腹地，帶動大灣區城市發展。

深圳要從“組裝製造”轉變為“創新製造”

逼出來的改革、放出來的活力、摸出來的市場，這三點幾乎貫穿了深圳發展的每一個階段。在當前國際不確定因素增多的背景下，深圳欲進一步改革開放，應該在哪些領域推進重點改革和探索？

我更希望用“輻射”的概念來回答這個問題。比如歐盟共同市場對其他地區就有很強的輻射和帶動作用。我們可以去學習深圳好的經驗，包括當年的改革精神，但不要學習其過去的做法，而且我們不能做簡單的描紅，要深刻理解深圳的經驗。

　　我想深圳接下來的發展，需要完成從"組裝製造"到"創新製造"的轉變。圍繞粵港澳大灣區建設世界級經濟平台，深圳應該在某些技術的重大突破上形成世界級影響力，這樣深圳就有了改革發展的抓手。有了這個目標，包括社會治理、市場驅動等制度創新就有了抓手和內容。

　　深圳 40 年發展遇到的挑戰非常多，成就如此巨大，值得世人尊敬，但接下來還是需要明確自己的使命和定位，實現可持續發展，繼續為改革開放做新的詮釋。

特區之"特"，是責任不是特權[①]

有信心才有未來

在當前國際國內形勢下，信心要比金子更重要。

沒有信心就沒有未來，沒有理想就沒有未來，個人如此，城市亦然，國家也一樣。習近平總書記在深圳經濟特區建立 40 週年慶祝大會上的重要講話，就是關於信心的新宣言，也是關於未來的新要求。

發展是硬道理。發展的過程有機遇，也有困難和危機。如何應對重大挑戰，抵禦重大風險，克服重大阻力，解決重大矛盾？信心很重要！1978 年中國做出改革開放的決定，主要來自鄧小平等領導人的信心，對和平與發展這兩大世界主題的信心。

信心也是判斷力、領導力。深圳用 40 年時間從落後的邊陲小鎮發展成為具有全球影響力的國際化大都市，其成功得益於 20 世紀 80

---

① 本文整理自 2020 年 10 月 26 日《深圳特區報》"經濟特區 40 年先行示範再出發·高端訪談"，有刪改。

年代開始的"超級全球化"。不過,機會是平等的。放眼全球,在這一波"超級全球化"浪潮下,像深圳這樣成功崛起的城市屈指可數。與此同時,有很多城市停留在原地,也有不少城市眼睜睜地衰落了。深圳則不同,不僅抓住了"超級全球化"這個機遇,並且有效克服了 1998 年亞洲金融危機和 2008 年世界金融危機這兩波大危機,在逆境中不斷自我升級、自我超越。兩波危機最後都促成了深圳的產業升級,這背後就是判斷力、領導力。

一個城市要進步,需要強大的信心和領導力,在抓住機遇的同時,也要知道自己的短板在哪裏,如何讓強的地方更強、薄弱環節變強。深圳下一步面臨新的挑戰,外部國際環境的變化和內部發展新要求都向深圳提出了新使命。過去成功的經驗、對發展規律的深刻認識、中國共產黨的核心領導,這些是深圳通往未來的信心之所在。

"特"是特殊使命,不是先行享受

外界普遍認為,習近平總書記在深圳經濟特區建立 40 週年慶祝大會上的重要講話,再次明確了新時代經濟特區之"特"。

但我們要清楚,深圳要做到特區不"特"。"特"是第一步,"不特"是最終目標。所謂"特",是指國家把一些試點舉措放在深圳先行先試;所謂"不特",就是經驗可推廣、可複製,當特區的經驗複製推廣到全國了,自然就"不特"了。

國家一直在發展,深圳的地位始終是特殊的,很多新政策、新試驗首先會放到深圳來。這是一份責任,絕不是特權。40 年來,深圳沒有辜負中央政府賦予的使命,不僅獲得了自身的成功,而且充分發揮了輻射帶動作用，成功經驗在全國比比皆是，很多地方受惠於深圳的發展。國家進入下一發展階段，深圳要繼續當好排頭兵，繼續殺出一條血路來，當然是在更高層面上，比如在原創性技術和製造業升級方面，繼續為全國探路開路。

深圳沒有特權，"特"是特殊使命，不是先行享受。深圳是一座使命性的城市。40 年前中央把經濟特區放到深圳，現在又把建設中國特色社會主義先行示範區的歷史重任交給深圳，就是寄望深圳繼續當先行者，率先走出一個可以引導整個國家發展的模式來。深圳要感覺到壓力，繼續敢闖善創，把經濟特區辦得更好，辦得水平更高，為全面建設社會主義現代化國家、實現第二個百年奮鬥目標做出新的更大的貢獻。

提升技術密度發展質量型經濟

習近平總書記在講話中強調，深圳要堅定不移貫徹新發展理念。新發展理念指向的是高水平發展、質量型經濟。很多國家或城市之所以陷入中等收入陷阱，就是簡單擴張的數量型經濟已經走到底了，卻又沒有找到新的出路。

發展質量型經濟有難度，但如果因此就不做的話，國家發展的基礎就不牢靠。深圳的下一步發展，需要更多高附加值的技術創新。不是什麼錢都要賺，而是要賺應該賺的錢，低附加值的、破壞環保的，該捨棄的要捨棄。

深圳的比較優勢是製造業，未來質量型經濟要靠技術創新、體制創新。深圳對於先進技術的應用速度非常快，製造業、產業鏈供應鏈齊全，但缺少原創性的東西，面臨不少"卡脖子"的問題，像芯片、底層軟件等，都是要去突破的。

經濟發展要注重密度，光有廣度是不夠的。經濟密度越大，質量越高。目前，我們很多產業還停留在勞動密集型、資本密集型，沒有達到技術密集型，技術的空白還有很多。有些東西不是說別人已經有了，我們就不用再去做了，核心技術還是要靠自主創新。深圳的創新氛圍是很好的，硬件配套的條件在全國獨一無二，有能力在發展質量型經濟方面率先突破。現在，有很多技術類高校和科研平台走進深圳，這是非常重要的。

增強暢通國內大循環、聯通國內國際雙循環的功能

建設粵港澳大灣區是國家重大發展戰略，深圳是大灣區建設的重要引擎。深圳應如何積極作為，深入推進粵港澳大灣區建設，持續增強核心引擎功能？就這一問題，深圳要按照習近平總書記的指示和要求，在加快基礎設施互聯互通的基礎上，推動三地經濟運行的規則銜接、機制對接，促進各類要素高效便捷流動，提升市場一體化水平。

物理意義上的公路橋樑互聯互通是不夠的，相比基礎設施的硬聯通，機制和規則上的軟對接難度更大。機構的密度、體制的密度都是需要考慮的，需要在大灣區不同城市間建立統一的規則。規則必須具有普遍性，否則容易導致惡性競爭，也會造成實質上的封閉。普遍性的規則是法律意義上的，如果每個地方都實行特殊化的規則或政策，儘管初衷是好的，給了很多優惠政策，在外人看來也並不是真正的開放。這就顯示出港澳的重要性，因為港澳都非常國際化，其投資貿易

規則已經被國際認可了，有些可以直接對接過來。

這對於深圳加快推進規則標準等制度型開放，率先建設更高水平開放型經濟新體制，深化對內經濟聯繫、增加經濟縱深，增強暢通國內大循環和聯通國內國際雙循環的功能，至關重要。新發展格局不是封閉的國內循環，而是開放的國內國際雙循環，深圳是內外雙循環的重要交匯點。要深入推進粵港澳大灣區建設，加快構建南方共同市場，甚至再輻射到整個東盟，市場潛力會非常大，但前提是要做好規則對接。

深圳本身就是外向型經濟體制，是全球化的產物，未來發展要繼續在開放中進行，深圳是世界的深圳。技術本質上就是開放性的，思想也是流動的，封閉了肯定會落後。一直處在開放狀態下的話，哪怕是比人家落後一點，也知道大趨勢是怎麼走的。國際化對深圳非常重要，深圳接下來應大力引入國際性機構，尤其是技術類研發總部、國際組織、智庫等。

深圳需要什麼樣的大城市化

經過 40 年高速發展，深圳的城市空間結構、生產方式、組織形態和運行機制發生深刻變革，面臨城市治理承壓明顯、發展空間不足等諸多挑戰，要創新思路推動城市治理體系和治理能力現代化。

對此，深圳要走出一條符合超大型城市特點和規律的治理新路子，既需要考慮經濟發展規律，也要考慮社會、安全、環保等各方面問題。

大城市化是個世界級的現象，不可避免。但變成什麼樣的大城市是一個政治考驗，需要考量。在日本，約有三分之一的人口集聚在東京周邊，但有些小城市就不可避免地衰落了。老是圍繞一個中心，安全、交通、環保等方面的壓力很大。

而深圳土地空間有限，可多建一些衛星城。深汕特別合作區就是一個很好的例子，離深圳近，能承接深圳的功能外溢，也能享受到深圳的發展紅利。同時，強化輻射帶動效應也是深圳的責任。

科技創新要有人文基礎

習近平總書記在深圳經濟特區建立 40 週年慶祝大會上的重要講話中特別重申：經濟特區要堅持"兩手抓，兩手都要硬"，在物質文明建設和精神文明建設上都要交出優異答卷。我們理解，這其實是中央要求深圳在發展經濟的同時，更加注重文化的發展和文明的進步，這樣才能做到全面的先行示範。

技術創新離不開人文科學，離不開文化發展。技術問題不光停留在技術上，更是判斷力的問題。在後工業社會和信息技術時代，沒有文化想象力，技術創造變得極其困難。深圳很多 IT 企業遇到卡脖子的問題，是因為他們早期看問題太簡單，認為問題只停留在技術上。其實不是。國際形勢風雲變化、地緣政治不穩定，這些都涉及文化。

發展需要理論支撐。理論不是從天上掉下來的，也不是從西方教科書抄來的，而是從我們的經驗教訓中總結出來的。無論從何種角度看，知識體系的構建都是最重要的。沒有自己的知識體系，就無從解釋自己的社會，無法認清社會的發展趨勢，不知道要如何解決越來越多的問題。只有有了原創性的知識體系，才會擁有真正的原始創造力。否則，只會應用不會創新，國家的可持續發展也會受到制約。深圳的實踐經驗特別豐富，但總結提煉得還不夠，還缺乏理論的高度，需要 "補作業"。

　　深圳作為一座年輕的移民城市，國際化、包容度較高，國際文化、移民文化都很豐富。深圳不用去跟北京、廣州這種千年古城比，不能從考古學的角度來定義深圳文化。深圳不光有地方文化（local culture），更有世界文化（global culture）。這是深圳的特別之處，需要充分發掘好、利用好。

把頂層設計轉化成行動方案

　　習近平總書記的重要講話，為深圳提供了一個面向未來的路線圖和行動綱領。

　　有了藍圖之後，重要的是如何實現。中國人講求知行合一，"知"已經有了，"行"是最關鍵的，需要做很多準備。習近平總書記的重要講話裏面，給深圳提出了很多新要求。也就是說，頂層設計已經有了，大家也有共識了，現在要考慮的是怎麼行動的問題了。深圳一定要有行動方案，思考發展的突破點，把工作做細做實。無論是 "雙區驅動" 還是綜合改革試點，內容都非常豐富，關鍵是如何轉化為細化的政策、具體的行動、實際的成果。

　　習近平總書記特別強調了兩點，即 "摸着石頭過河" 和 "頂層設計"。"頂層設計" 要求深圳不能偏離中國特色社會主義和社會主義市場經濟的發展方向，而 "摸着石頭過河" 則要求深圳繼續探索創新，敢闖敢試，敢於試錯，為自身和國家發展打開新局面。

第三章

立足當下，認清機遇與挑戰

未來 10 年，中國不能掉入這兩大陷阱 [①]

未來 10 年，中國或許會面對一個更加不確定的時代，前方 "陷阱" 重重，中國不能掉入 "中等收入陷阱" 和 "修昔底德陷阱"。對此，我有六點建議。

做好制度建設

在 2020 年的抗疫過程中，有一些值得再深思的地方，許多人討論中央政府足夠果斷，但早期一些地方政府信息披露不及時，光是 "譴責" 地方政府就足夠了嗎？

一般來說，在今天的地方行政機構裏，可以發現三類群體：一類是唱讚歌的，熱衷於講大政治和大話，"口惠而實不至"；一類是不作為的，準時上下班，上班讀書看報寫文件，但沒有行動；還有一類是想作為的。

---

① 本文整理自 2020 年 4 月 "正和島" 對作者的專訪。

三種群體，三個結果。每天吹牛拍馬、唱讚歌的，被上級領導注意到，被提拔了；不作為也不幹活的，不犯錯誤，也有機會被提拔。

那些想作為的卻遇到重重困難，一旦做點事情，就容易觸動到其他人的利益。利益被觸動的人就會變成告狀者，就有人來查。因此，對想作為的幹部來說，不作為便是最理想的選擇。大家都學着吹牛拍馬，都學着不幹活，這就是為什麼這幾年"低級紅，高級黑"多了起來，要從制度上找原因，從制度上去改進。

就人性來說，不管什麼樣的體制，總會出現這三類群體。但要想促成領導幹部有所作為，就必須從制度的角度來分析。體制的設計要克服人性的弱點。最高領導人這幾年也反覆強調要反對"形式主義""官僚主義"。

所以地方政府為什麼"不負責任"？你不能光指着某個領導說：你不負責。

我多次說過，一個國家崛起的核心就是制度崛起，而外部崛起只是內部崛起的延伸而已。沒有一個制度是十全十美的。所以面對未來的不確定，從體制角度來說，中央、地方還是需要改革，目標就在於如何使地方政府更具責任感。

不能光從人的角度來說"你不作為"，要從制度上找到不作為的原因。核心是找到"誰來承擔責任"，中央政府誰承擔責任，地方政府又是誰承擔責任，然後從體制上保證他們能承擔這個責任，而不能光去批評。

我覺得現在中國的情況是，有些該集權的地方沒有集好權，該放權的地方沒有放好權，這樣地方政府的權力就不足。所謂"使命型政黨"不是說不會犯錯誤，但是有使命感就可以自己去糾正錯誤。

在這一點上，新加坡的經驗值得借鑒。不到 600 萬人口的新加坡只有一級政府。中國哪怕像新加坡這樣規模的城市都有三級半政府，需要這麼多層級的政府幹什麼呢？中國從秦朝、漢朝到晚清都是三級政府，現在政府有這麼多級別，還是需要改革的。

另外，怎麼激發公務員、官員的積極性呢？除了強調意識形態，或許還需要物質。新加坡是世界上公務員工資最高的國家。當然不是說中國公務員的工資都要像新加坡這麼高，還是要看自己的經濟發展水平。公務員也是人，也要過體面的生活。

還要講法治，要是太講政治，法治就會受到影響。政治都是比較主觀的，不像法治比較客觀，依法治國是國家現代性的主要表徵。

我一直在說，利益的困局始終是需要利益來突破的。要讓責任跟利益正相關。不能叫人承擔無限的責任，而沒有利益。有多少利益就有多少責任，我想這個道理在整個世界都是適用的。

破除 "唯 GDP 主義"

這次疫情給處於轉型期的中國帶來了更多的不確定性。從國際經驗來看，任何一個處於轉型期的社會，都容易出現社會問題；但如果越來越多的社會問題積累起來，最終就會造成社會失序的局面。

從經驗來看，這不僅是中國的問題，也是許多國家的問題。我們需要重視起來，防止中國未來陷入各種陷阱之中。

目前的中國，主要存在着兩條政策思路：第一條就是盛行多年的 GDP 主義。在改革開放的特定歷史時期，GDP 主義發揮過積極的作用。

但說穿了，GDP 主義就是要把中國社會貨幣化、商品化。可以相信，如果不能改變 GDP 主義的狀況，就會有越來越多的社會領域被商品化、貨幣化，比如醫療、教育、公共住房等。從這次疫情也能看出，中國現在最主要的任務不光是追求 GDP 的增長，還應該搞社會建設。

做大中產階層

2008 年金融危機前，美國中產階層佔 70% 以上，現在已經降到不足 50%。美國、歐洲為什麼現在不穩定？就是因為中產階層變小了。

任何一個政黨，無論是左派還是右派，都要照顧中產階層的利益，這樣就不會走向極端。像泰國那樣，如果 50% 是窮人、50% 是富人，那麼窮人選出來的總理富人不接受，富人選出來的總理窮人不接受，永遠都會是一個鬥爭的局面。

從收入分配的角度來看，中國目前面臨這樣一個困境：少部分人得到了與其勞動不對稱的過高收入，而其他人沒有得到與其勞動相對稱的收入。所以，要做大中產階層的規模。

但培養中產階層的關鍵並不是 "殺富濟貧"，光是分蛋糕的話，這個蛋糕馬上就分完了，所以還是需要做大蛋糕，比較有效的選擇是改善 "一次分配"，而勞動者工資的提高是一次分配過程中最為關鍵的。

輔助好中小型企業

從漢朝到現在，除了幾個很短的歷史階段外，中國呈現出"三層資本"的經濟結構：頂層是以國有企業為代表的國有資本，底層是以中小型企業為主體的民營資本，還有一個國有資本、民營資本互動的中間層。只要這三者的力量是均衡的，經濟發展就會是穩定、可持續的；反之，就會出現經濟問題。

當下要做好的是扶持好中小型企業。對大多數中小型企業而言，目前仍然缺少投資空間。新的空間從哪裏來？一方面需要國有企業讓渡一些自己不作為也很難作為的空間；另一方面需要技術創新。

第二個問題是缺少為中小企業服務的金融機構。因此需要金融系統的結構性改革，比如設立大量為中小型企業服務的中小型銀行。

重視社會改革

中國現在最重要的是今後幾十年社會制度的建設。因為社會秩序、社會穩定有它的制度基礎所在。

像在英國，老百姓的存款率很低，有錢主要用於消費。房子很便宜，看病不需要很多錢，讀書不需要很多錢，那麼存錢幹什麼用？這就是社會政策在起作用。

所以我覺得我們還需要一個更加注重社會公平而不是社會分化的發展方式，比如在一、二線城市外，着力發展三、四線城市，包括產業、衛生、教育等資源和服務，增強國家綜合抗風險能力。

避免陷入"明朝陷阱"

從整個世界史來看，進步需要改革開放。所謂改革開放，就是內部改革、外部開放。

1500 年，世界海洋時代拉開帷幕，擁有着強大海上力量的明朝卻實行了"海禁政策"，中國由此失去了一個時代。但即便是在"閉關鎖國"的狀態下，中國的瓷器也遠銷歐洲，當時中國瓷器受追捧的程度超過了今天的 iPhone。

中國要吸取這個教訓，切勿陷入"明朝陷阱"。在改革開放的道路上不管遇到多大的困難，也要持之以恆地走下去，將改革開放進行到底。

國家領導人這些年宣佈的幾項重大改革，比如海南自貿區、粵港澳大灣區、長江經濟帶等，都必須是在開放的條件下才能做起來、發展下去的。

當下，需要社會上每個人負起責任來。當每個人對社會有擔當時，這個社會才能是一個命運共同體，才可以減少內耗、增進團結，再大的困難也可以克服。

警惕"封閉"，中國應堅持開放[①]

中國的開放來之不易，中國的全球化更來之不易，或者說，無論是開放還是全球化，在中國都並非必然出現。中國歷史上曾經非常開放過，但之後明清數百年一直處於孤立狀態。直到近代，中國被西方帝國主義的槍炮打開大門，被迫開放。但改革開放之前的數十年裏，中國也是處於相對的封閉狀態，只和有限的國家交往，改革開放之後開始主動向西方開放。不過，向西方開放是血的教訓換來的。在 20 世紀七八十年代，當鄧小平這一代領導人決定對外開放時，他們的決策是基於這樣一個事實判斷：封閉就要落後，落後就要捱打。如果近代是因為捱打而被動開放，改革開放就是主動向世界開放。

中國的開放對中國和世界都是一個機遇，這也是開放政策比較順利的原因。這裏面有一個中國和西方世界之間"推"和"拉"的互動關係。中國主動"推"，積極推動自己的開放政策；西方是"拉"，拉一把中國，即歡迎中國加入世界經濟體系。但中國和西方世界的全面

---

① 本文原刊發於 2020 年 4 月 28 日新加坡《聯合早報》，標題為《中國會再次封閉起來嗎？》。

交往和融入，是在加入世界貿易組織之後。

毋庸置疑，中國從一個一窮二白的國家轉型成為世界第二大經濟體，從封閉狀態轉型成為世界最大貿易國家，從農業大國轉型成為世界工廠，所有這些都是中國開放政策的結果。

新冠肺炎疫情會成為中國和西方世界的熔斷器，熔斷兩者之間好不容易建立起來的關聯，導致中國再次封閉起來嗎？

無論在中國還是在西方，一些人可能對此不以為然，因為他們總是認為中國和西方世界已經深度融合，沒有可能被新冠肺炎疫情熔斷，更不用說中國再次封閉起來了。的確，直到美國總統特朗普發動中美貿易戰之前，人們一直相信中國和西方經濟互相依賴的力量。美國的一些人甚至將兩國稱為"中美國"，而中國的一些人則稱二者的關係為"中美婚姻關係"。

中國繼續推進全球化的決心

即使美國開始搞經濟民族主義和貿易保護主義，中國領導層也仍然保持清醒的頭腦，在多個場合表示決心繼續推進全球化。中國也是這麼行動的，通過艱苦的努力和美國談判，達成了第一階段的貿易協議。

但新冠肺炎疫情似乎正在改變一切。儘管改革開放40多年了，儘管人們以為中國已經深度融入世界體系，但突然間，人們發現中國其實還沒有準備好接受世界，西方也沒有準備好接受中國。無論中國還是西方（尤其是美國），勃興的民族主義和民粹主義不僅在促成中國和美國之間"冷戰"的升級，更指向中美局部"熱戰"的可能性。

　　事實上，美國（西方）與中國之間從往日的“拉”和“推”的關係，已經演變成“擠”和“退”的關係，即美國（西方）想把中國擠出世界體系，而中國自己也在無意識地“退”出這個體系。也就是說，中國和西方已經不是相向而行，而是背道而馳了。

　　首先是西方的“擠”。西方對中國的不放心由來已久，這也可以理解。自20世紀90年代初以來，西方盛行不同版本的“中國威脅論”，無論什麼樣的理論，其背後折射的是對中國的不放心。對一個具有不同文明文化、不同政治制度、不同意識形態、不同價值體系的國家，西方國家的這種不放心情有可原。但也正因為如此，西方和中國從來就沒有建立起足夠的政治信任，各種關係皆維持在利益關係上。

　　這也可以理解，國家間的關係都是利益關係，唯有利益是永恆的。不過，光有利益關係並不足夠。如果利益是硬力量，信任就是軟力量。沒有軟力量，硬力量就很容易被理解成一種威脅。實際上，在新冠肺炎疫情之前的中美貿易戰過程中，西方很多人就一直批評中國，把世界和中國之間的經濟依賴度“武器化”，即中國利用這種高度依存關係來追求自己的利益。儘管“武器化”一直是西方對非西方國家慣用的手法，即“經濟制裁”，但因為對中國的不信任，即使中國並沒有“武器化”，西方也認為中國在這樣做。

　　從不相信中國到感覺到中國的“威脅”，到排擠中國，這是西方的行為邏輯。中美貿易戰無疑是西方和中國關係的轉折點。之前，西方總是認為有能力改變中國，通過把中國融入世界經濟體系，把中國塑造成他們想看到的國家。但貿易戰意味着，西方（尤其是美國）放棄了這一西方學者認為“天真”的想法。既然改變不了中國，就轉而排擠中國。

病毒引發的西方（美國）對中國的態度惡化，就是這一邏輯的延伸。從一開始，美國的政治人物就是有其議程的。對疫情在美國的擴散，他們從來就沒有承擔過任何責任，而是一直把責任推給中國。從病毒冠名之爭和關於病毒起源的各種陰謀論，到後來對世界衛生組織的指責和要對中國"秋後算賬"，各種行為都是這一議程的一部分。

很顯然，這種行為邏輯不僅屬於美國，也屬於整個西方世界。儘管中國在本土疫情得到基本控制之後，盡力向包括一些西方國家在內的 100 多個國家提供醫療衛生物資，但西方對中國的不信任不僅沒有降低，反而急劇增加。中國的對外醫療援助被視為"口罩外交"、"影響力外交"和"地緣政治外交"。秋後算賬的聲音在整個西方世界盛行，英、法、德高官也直接或間接地指責中國。

除非在接下來的一段時間，西方和中國的關係出現逆轉，否則西方新一波更大規模的"反華"和"反中"浪潮不可避免，無論是在疫情之中還是疫情之後。

在西方對中國轉向"擠"的時候，中國本身也從"推"轉向了"退"。"退"不是表現在物理和物質意義上，而是表現在思想和態度上。實際上，在物理和物質意義層面，正如"一帶一路"倡議等項目所顯示的，中國近年來剛剛走向世界。然而在思想和態度層面，很多人開始從世界體系回撤，以至越來越多的中國人也持有了如美國人一般的"我就是世界"的心態。

民族主義的崛起與國際化

改革開放無疑促使中國經濟越來越國際化。直到今天，無論從哪個角度來看，中國的經濟都是相當國際化的。就投資貿易開放度來說，中國甚至比西方一些國家更加國際化。

人們的心態則越來越內向，即"向內看"。產生這種傾向的原因有很多，其中一個最為重要的因素是民族主義的崛起。因為國家的快速崛起，人們對國家的崛起變得無比自豪。同時，經過那麼多年的開放，很多人看到西方的體制原來遠非過去所想象的那麼美好，"不過如此"。這無疑是積極正面的。

但是，人民在享受改革開放成果的時候，並不十分了解這成果是如何得來的，國家是如何崛起的。儘管改革開放的成果和國家的崛起是中國人民辛苦勞動得來的，但不可否認的是，這也是中國和西方互動的成果。如果沒有西方"拉"的一面，中國儘管最終也會崛起，但會困難得多。

沒有這個認知，越來越多的人就驕傲起來。在一段時間裏，"超越西方"的聲音盛行，人們相信西方已經衰落，中國已經全面超越西方。當然，也有很多人開始當西方的"老師"了。

但是，一旦面臨日益惡化的外部環境，而物質（尤其是技術）面受到西方大力擠壓的時候，民族主義和民粹主義的力量更傾向於內部化。人們不是像從前那樣選擇和西方互動，向西方學習，而是開始"抱團取暖"，通過團結內部力量來應付惡化的環境。這自然也符合行為邏輯，但顯然是一種惡性循環。

新冠肺炎疫情發展至今，很多人的行為就是如此。民間的民族主義和民粹主義導致社會內部急劇分化，每個人的意識形態認同都"旗幟鮮明"，"自己人"和"他人"之間的關係猶如井水不犯河水。

儒家社會本來就比較保守，比較內向，所以儒家社會的國際化很不容易。在東亞，日本和亞洲四小龍都是高度國際化的社會，但這些社會的國際化都是人為的結果。這些社會都是精英統治的典範，而精英是高度國際化的。因為近代以來，尤其是二戰之後，這些社會屬於西方陣營的一部分，而精英了解西方世界是如何運作的，也努力促成社會和國際的接軌。

但今天的中國似乎不是這樣。不難看到，被視為最了解國際形勢和西方世界的精英，都變成最具民族主義色彩的一群人，他們不去引導民眾，而是主動屈服於甚至訴諸民粹。如此，其後果是不言自明的。

很多官僚部門不作為。人們忘記了，中國是世界第二大經濟體和最大的貿易國，而且經濟深度融入國際，實際上，"國內"和"國際"之間並不存在明顯的界線，也就是說，內部發生什麼都會對外部產生巨大的影響。人們不禁要問，無論是地方政府官員還是從事"戰狼式外交"的人們，他們在說話做事的時候考慮到外部影響了嗎？可能沒有，更有可能的是把中國當成了世界。否則，如何解釋這段時間裏頻繁發生的外交爭議事件呢？

精英部門是這樣，民間更是如此。實際上，精英和民間是互相強化的。在自媒體時代，商業民族主義已經達到一個前所未有的高峰，越來越多的自媒體投入"愛國主義"這一蒸蒸日上的行業之中。媒體操作和資本逐利可以理解，但對類似"××國想回歸中國"那樣愚昧無知又能產生極其負面的國際影響的言論，管理部門難道不應當進行有效管治？

　　一旦有了"退出"世界的心理，人們與世界的心理距離就會越來越遠，和世界隔離的心牆會越來越高、越來越厚。以至一旦走出這堵又高又厚的牆，人們就猶如"外星人"，不知道如何與世界溝通，更不知道與世界溝通什麼。自然，世界也並不認同走出這堵牆的人們了。

"我就是世界" 離封閉不遠

　　從經驗來看，如果有了"我就是世界"的觀念，離再次封閉也就不遠了。歷史上就存在過，筆者稱之為"明朝陷阱"。明朝有一段時間，無論是國家能力（例如鄭和七次下西洋），還是社會能力（例如民間海商力量），在當時都是天下第一。但在"天朝什麼都不缺，哪用得着開放"的心態主導下，明朝實行海禁，最終使中國失去了海洋時代。清朝繼承了明朝的遺產，閉關鎖國，直至近代被西方徹底打敗。

　　但這並不是說，再次封閉是必然的。其實，自始至終，並非整個國家都驕傲了，也有清醒的社會和精英群體存在，尤其重要的是，領導層一直是清醒的。早期，領導層的清醒表現在和西方世界進行"求同存異"的互動，他們不僅發現了和西方世界的共同利益，更發現在一些共同價值觀上，也是可以和西方討論對話的。

　　在一段時間裏，中國和西方也進行了價值觀（包括民主和人權等）的對話。儘管並沒有實質性的進展，因為中國本身具有和西方不同的價值系統，可以對話，卻並不能互相取代，但這種對話本身很重要，因為它體現了人們心態的開放。

這些年和西方世界的對話因為各種原因少了，但領導層在一如既往地全力推動全球化。很顯然，領導層對中國崛起面臨的挑戰具有清醒的認知。就以人們引以為傲的製造業來說，中國所處的現實仍然嚴峻。被視為處於衰落之中的美國仍然遙遙領先，處於第一梯隊，歐洲國家和日本處於第二梯隊，而中國仍然處於第三梯隊，甚至更低一些。

考慮到中國目前所處的地位，是前面所說的中國"推"和西方"拉"的結果，也就是西方技術在中國的擴散效應，中國如果要成為製造業大國，還需要 30 年的時間。簡單地說，美國和西方國家能夠生產大量的整裝產品，而中國的很多產業仍然停留在組裝階段，中國的整裝產品少之又少。

無論美國和西方如何對付中國，中國不會停止發展，更不會滅亡。不過，隨着西方的"擠"和中國的"退"，中國再次封閉起來是有可能的。曾經被拿破崙稱為"東方睡獅"的中國，會不會剛剛醒來不久之後又睡着了呢？沒有人可以對此掉以輕心，這自然也考驗着這一代人。

社會制度的建設已刻不容緩 [①]

重啟社會改革：改革關鍵期的三個群體

改革開放以來，中國一直以經濟改革為主，政治改革和社會改革為輔。近年來，尤其是十八大以來出台了一系列政治改革方案，目前中國正逐漸形成一個以黨領政、內部分工合作的政治體制，然而，對社會改革的重要性卻一直不夠重視。長期以來，中國的社會改革都是融合在經濟改革的進程當中，但是在通貨膨脹、房價高企的經濟背景下，社會改革並未起到真正的社會保障作用。尤其是當經濟改革帶來的增長效應減弱，貧富差距加大、社會階層流通渠道固化的現象開始冒頭時，如何通過社會改革讓人民擁有更切實的"獲得感"，會決定中國未來相當長一段時間的社會發展狀態。

中國社會改革的意義不亞於 20 世紀 70 年代末期以後的經濟改

① 本文整理自 2019 年第 6 期《文化縱橫》對作者的專訪，原標題為《重啟社會改革：改革關鍵期的三個群體》，有刪改。

革，但也遠比經濟改革要困難得多。除了優化社會政策外，中國社會改革最應該關注三個群體，即知識分子、年輕人、中產階層。

知識分子作為社會中的高知人群，應當立足於當下的中國社會實踐，為中國的社會改革提供發展方案；年輕人是任何一個社會發展的動力源泉之所在，沒有年輕人的努力奮鬥和不斷創新，中國的社會改革不可能有長足的動力；中產階層是維持一個社會穩定的最重要的結構性因素，中產階層的規模和狀態直接決定了社會的穩定狀態。然而，在當下的中國，這三大群體的現狀都令人擔憂。

社科知識分子該如何研究中國？知識就是力量。知識為社會帶來的既可以是積極的變化，也可以是破壞性的變化。一個社會發展的成功與否，與知識精英所承擔的知識責任是相關聯的。應當首先說明的是，我們這裏並不想討論科學知識，因為對於科學知識的責任和倫理問題，科學家們已經有很多的討論。因此，本文的知識分子主要指的是人文和社會科學領域的知識生產者，在這個領域人們生產的是社會知識。從歷史上看，社會知識對社會的影響非常之巨大，但是對於社會知識的責任問題，很少有人去討論。

知識分子的社會責任從來不是一句空話，而與我們每個個體的作為密切相關。在教育改革和智庫建設如火如荼的今天，知識分子們在知識貢獻方面的使命尤為凸顯。一個文明的核心就是能夠擁有解釋自己和說明自己的知識體系，也就是自己的知識認同。沒有一個強大而富有生命力的知識體系，何談強大的文明？所以文明的重建，關鍵就是要基於中國經驗重建中國自己的知識體系。這是中國知識界的責任。它本可以促成中國知識界進入偉大時代，但當中國成為世界社會科學界最大實驗場的時候，中國的知識界卻進入一個悲歌時代。

　　中國社會科學界存在的現象之一，是許多學者將研究重心放在理論上，人人都標榜自己是理論家，習慣於理論先行，或通過搜集、羅列一系列現象去論證理論。而事實上，社會科學不存在先天的理論，而是先有實踐，將實踐的內在邏輯進行系統化闡述，才成為理論。

　　古希臘時期，亞里士多德通過比較和分析古希臘各個城邦不同的政治運作方式，形成了偉大的著作《政治學》，這種通過比較和分析所得出的結論被後世稱為"理論"。比如民主，它並非先天的理論，而是一種社會實踐；又如產權等一系列現在被奉為最高理論的制度，也都是社會實踐的概念化。所以，社會科學的理論應當隱含在研究者的觀察當中，而不是用封閉的理論約束研究者本應當保持開放的知識體系，否則很可能是以既有的理論來曲解現實。

　　中國近代的知識體系大多是西方化的產物，社會科學的研究範式均來自西方。用西方的視角看中國，這在很大程度上會歪曲中國。比如，黑格爾以歐洲歷史觀看中國，得出了"中國沒有歷史"的錯誤結論；馬克思把社會發展分為奴隸社會、封建社會、資本主義社會、社會主義社會、共產主義社會，但中國歷史上並沒有經歷過西方那種大規模的奴隸社會階段，秦始皇統一六國後的中國就更難說是封建社會了；馬克斯·韋伯認為新教倫理推動了資本主義發展，而儒家倫理阻礙了資本主義發展，然而日本和亞洲四小龍的崛起卻證明了儒家倫理同樣可以發展資本主義。

　　這種種對中國的曲解，主要是由於中國與西方的哲學觀念不同。西方文明產生的觀念之一是政府不能干預經濟，即政治和經濟是獨立的，而在中國的觀念中，管理經濟是政府的主要責任之一。西方到現在為止，理解中國幾千年歷史基本只有一個出發點：東方專制主義。

現在各種版本的集權主義、權威主義都是從這裏衍生出來的，這怎麼能正確認識中國呢？

導致中國社會科學界被西方理論"殖民"重要的原因之一，是中國知識分子的自我定位出現了偏差。中國古代有"士農工商"四個階層，每個階層各安其分，但近代以後，"士"階層遭遇困境。中國古代講究"學而優則仕"，"士"階層既是知識分子又是政府官僚，科舉制度廢除之後，知識分子做官的通道沒了。晚清以來，康有為、梁啟超等一批知識分子走上了改良改革的政治道路，孫中山創立的國民黨以及毛澤東領導下的共產黨都吸收了大量知識分子為革命貢獻力量，但在和平時期知識分子該何去何從，現在仍在探索之中。

在西方傳統中，追求知識、創造知識是知識分子的終生追求，而中國至今還未形成這種理念。中國的知識分子如今還在糾結依靠誰的問題，要麼依靠政權，要麼依靠資本，心甘情願地成為其他事物的附庸。這種依附型知識分子是當下中國知識分子群體的主體，他們從來沒有把創造知識作為自己的使命，缺乏自己獨立的定位，這是最悲哀的。人類的思維能力是沒有邊界的，但一旦依附於權力和利益，思維就有了邊界，知識就沒有了想象力。中國社會的進步取決於超越權力和利益之外的獨立知識體系的出現，這是中國未來知識體系建設的最低條件。因此，中國的變革和社會進步，需要一大批思想獨立同時又關心社會的知識分子，他們的努力並不是為了權力或者其他利益，而是為了理解和解釋世間萬物。

五四運動、20 世紀 80 年代的思想解放與當代青年

　　從很大程度上說，近代中國知識體系的西方化是從五四運動開始的。2019 年正值五四運動 100 週年，評價五四運動需要從文化運動和政治運動兩個角度來看。"五四"之前的新文化運動提倡白話文、移風易俗，打破了傳統社會不尊重人權的弊病，具有很積極的意義。然而隨着五四運動進入政治化階段，其內涵發生了變化。就像歐洲的文藝復興為 18 世紀的啟蒙運動奠定了文化基礎一樣，早期的五四運動就像中國版的"文藝復興"，但後來卻在沒有足夠文化啟蒙的情況下，直接跳到了政治啟蒙，從而產生了激進化的結果，這導致中國至今仍然沒有確立現代版本的人文主義。中國真的需要一場"文藝復興"。

　　"文藝復興"不是一味排斥西方，而是對西方思想的兼容並蓄和創造性挪用。宋朝時期二程、朱熹就曾將外來的佛教文化整合進儒家傳統，西方的文藝復興也是如此，從古希臘文明中提煉出民主思想，從阿拉伯世界中探索科學理念，從東方世界尋找世俗理性……所以"文藝復興"不應當是單個國家傳統觀念的復興，而應當是開放的、對各種具有普遍價值的人類優秀文明的復興。

　　然而，中國如今的"文化復興"更多是本國傳統的復興，而且沉渣泛起。曾經被五四運動否定的"牛鬼蛇神""封建糟粕"又紛紛湧現，諸如女德班、小孩唸經班等，有些國學教授穿長衫馬褂上課——難道穿西服就不能學國學嗎？反觀日本，曾經所謂的"脫亞入歐"其實是假象，日本只借鑒了西方工具性的內容，對自身的文明保留完善，在現代化過程中堅持了自身的主體性。

　　20 世紀 80 年代被認為是繼五四運動之後，中國的第二次思想解

放高潮。事實上，80 年代的思想解放與五四運動是一脈相承的，如果說五四運動是第一波西方思想在中國大地的文化爭鳴，80 年代則出現了第二波。1949 年以後，共產黨取得了革命的勝利，中國基本排除了馬克思主義以外的西方其他主義；在 80 年代，西方的其他思想重新湧入，又出現了"五四"時期百家爭鳴的局面，但依然沒有形成中國自己的主義。中國的政治啟蒙還是在用西方思想來啟蒙。

近代以來，從戊戌變法到五四運動，再到 20 世紀 80 年代的思想浪潮，主力軍都是青年。可見，青年人的參與是每一個新時期社會改革的內生動力。但今天中國青年的集體狀態卻讓人感到憂慮。所謂的"佛系"青年，體現出很多年輕人在生活面前放棄抗爭的態度，更不關心社會改革和國家命運。日本的情況同樣堪憂，500 萬宅男，不要性生活，不結婚，不要小孩，這些社會現象值得我們深切警惕和反思。

年輕人不關心社會改革的主要原因是大環境的改變。如今社會生活平穩，短時間內不會出現大危機，因此年輕人沒有面臨國家危亡、個人飢飽的問題，不需要再思考宏大命題。另一個重要原因是他們看不到機會，社會越來越固化。這可能是危機來臨的前兆。中國現在的社會是有利於老年人，而非年輕人。中國用二三十年的時間走過西方國家一百多年的路程，這也意味着中國把未來幾代人的資源提前消耗了。所以，當下很多年輕人選擇在家"啃老"，並非因為他們主動"偷懶"，而是因為當下社會並未給予年輕人充分的上升空間以及足夠的發展機會。

現在這代年輕人面臨的社會與以往也大不相同，其最顯著的趨勢是信息過載。年輕人接觸到的信息大都來源於興趣推送，這種所謂的興趣化、個性化的內容推薦，其實類似於一個蠶蛹，不知不覺地將人們裹挾其中。在信息繭房當中的年輕人十分危險。所以未來人群很可能會出現兩極分化，少部分人越來越聰明，大部分人越來越愚昧。當然，並不是說現在每個年輕人都不思考，有些年輕人也在思考，而且最有成就的一定是獨立思考的那些人，但相當一部分年輕人的困境應該被重視。

一個社會、一個國家有沒有前途，在於是否給年輕人前途。我們必須要健全社會政策，要完善住房、醫療、教育等社會保障制度，要給年輕人以機會。阿爾伯特・赫希曼曾在其著作中探討"鐘擺情緒"，書中講到法國 1968 年革命，年輕人在公共空間造反遊行一段時間後厭倦了，退回私人生活中，不再關心社會事務。然而一段時間後他們對私人生活也厭倦了，因此又重回原先狀態。我相信中國也是如此。我不認為當前多數年輕人會一直"佛系"下去，但是這確實代表社會存在問題。如果年輕人放棄希望，這個社會也將沒有希望。

中國民主實施與中產階層的關係

五四運動以後，民主的概念在中國已經深入人心。我認為中國不一定要用西方的方式來滿足民眾的政治參與需求，但民主的推行必須建立在一個龐大中產階層的社會基礎上。從比較的角度更可以看到這一點。和所有傳統社會不同，近（現）代社會最顯著的結構特徵就是橄欖形社會。這個社會結構是近（現）代化的最主要、最了不起的成就。這個轉型和中產階層的形成主要由兩個因素促成：一是資本主義或者市場經濟，二是社會主義。簡單地說，資本主義造就了中產階層，而社會主義保護了這個階層。

資本主義和市場經濟是人類社會迄今為止追求發展和財富最有效的機制。在西方，表現為自下而上的工業化直接導致了中產階層的形成。很多西方歷史學家都曾說明這樣一個邏輯：沒有市場經濟就沒有中產階層；沒有中產階層就沒有民主。這是對西方發展經驗的描述。資本主義大大提高了勞動生產力，為社會帶來大量的財富，造就一個中產階層。但是，如馬克思所說，資本的唯一目的就是把所有社會關係貨幣化，包括中產階層，所以資本主義不能為中產階層提供任何保護。

如何保護社會？保護社會是社會主義在歐洲起源的最重要因素。如果沒有社會保障、醫療制度、教育、勞動保護等社會主義手段，中產階層就不可能生存下來。當然，如果沒有中產階層，政府的社會治理就沒有穩定的基礎。在西方，儘管政治上實行多黨制，但就政策來說，則是"一黨"的。任何政黨，不管是左派的，還是右派的，如果不能照顧到中產階層的利益，都難以執政。西方各國政黨政府輪換頻繁，但政策表現出驚人的連續性，同時政府的更換也沒有導致社會的不穩定，這背後都有中產階層的功勞。

在經濟發展方面，中國一直被視為屬於東亞模式，但在保護社會方面，中國似乎離東亞模式很遠。以比較成功的日本和亞洲四小龍為例，和西方比較，這些社會都屬於後發展經濟，政府在促進經濟發展的過程中比西方扮演了更為重要的角色；而在和中產階層的關係方面，東亞社會的政府也和西方不同。政府不僅要創造一個中產階層，而且也必須為這個中產階層提供有效保護。在亞洲社會，政府花費很大的精力促進經濟發展，同時非常注意社會群體的收入公平，在歐美國家發生過的巨大的收入差異並沒有在亞洲發生。

與此相應，在歐洲發生的大規模的勞工運動在亞洲社會也沒有發生。這些都和政府的作用有關。很多亞洲社會能夠在短短幾十年時間裏走完西方社會花了上百年的時間才走完的道路，這和政府所扮演的角色是分不開的。在西方，中產階層比較獨立於政府，但在亞洲社會，中產階層對政府的依賴性就很強。

在很大程度上說，歐洲的社會主義是通過工人階級運動自下而上"逼"出來的，工人階級通過"選票"或者"街頭運動"等機制把自己的利益表達於政治過程之中，從而促成了原始資本主義向福利資本主義的轉型。但在亞洲，政府一方面大力採用資本主義和市場經濟的發展機制，另一方面又自覺地引入社會主義機制來保護自己培養起來的中產階層。

一些人認為，現在的中國處於中產階層發展的黃金時期。如果從經濟發展速度來看，或許是這樣。但實際上中產階層的生存空間正在受到各個方面的擠壓。第一，以 GDP 主義為核心的經濟增長破壞了中產階層的社會基礎，而中產階層的缺失轉而又變成了可持續經濟發展的瓶頸。沒有中產階層，哪來消費社會？沒有消費社會，哪來可持續經濟增長？第二，社會基礎不穩定，中產階層的缺失意味着收入差異和貧富分化。這就容易造成社會群體之間的互相對立，暴力行為也容易發生。第三，執政的社會基礎變得狹窄。

中國社會的發展需要中產階層來維繫。同時，中產階層也是政治穩定的基礎，缺失中產階層意味着缺失執政基礎。因此，中國政策的最高議程應當是確立社會政策，創造和保護中產階層。無論是經濟的可持續發展，還是社會穩定，都取決於一個健全的中產階層的形成和壯大。所以，社會建設是重中之重。

中產階層是很重要的中國社會主體，我們不必把它高度政治化。總有人覺得 "中產階層" 一定要跟政府分權，實際上則不然。像在日本和新加坡，中產階層都是支持政府的。因為中產階層是政府培養出來的，肯定是支持政府的，這跟西方的模式不一樣。我們是社會主義社會，社會主義就是以社會為主體的。如果我們不去主動地建設社會，比起經濟風險和政治風險，中國社會的風險會更大。因而，社會改革比政治、經濟改革更重要，也更迫切。

結語

今天，中國社會轉型的方向面臨越來越多的不確定性。從國際經驗來看，任何一個處於轉型期的社會都會出現重大的社會問題，但如果越來越多的社會問題積累起來，最終就會造成社會失序的局面。保衛社會，重建社會秩序、開啟中國的社會改革是唯一的選擇。

在中國的社會改革中，如何改變知識分子的現狀、匡正定位，形成中國自己的知識體系和話語？如何為年輕人創造機會，發動年輕人的力量為中國的發展提供動力？如何讓中產階層獲得更強的安全感，擴大中產階層的規模，使中國社會改革的基礎更加穩固？這些問題並非是這三大群體內部能夠自己解決的，而需要政府的重視和投入。

社會改革和社會制度的建設已經刻不容緩，中國如果要取得進一步的發展，必須改革，也必然要通過改革來重建社會。

國家與發展：探索中國政治經濟學模式 [1]

當下的中美貿易戰，儘管表面上看是貿易衝突，但實際上是中西方兩種政治經濟學模式之間的衝突。由於這兩種政治經濟學模式是中西方文明長期演化的產物，它們都具有各自文明的內在合理性和可持續性。不管兩者間怎樣競爭、衝突，也無法改變對方，各自都會按照自己的邏輯發展下去。本文旨在探討中西方兩種政治經濟學模式的起源、發展和現狀。中美之間是和平還是衝突，很大程度上取決於這兩種政治經濟學模式之間的互動。

從更深層次來說，與西方政治經濟體系進行比較也有助於加深我們對中國自身的政治經濟學體系的理解。自近代以來，儘管中國一直在或被動或主動地學習西方，但並沒有在本質意義上和西方趨同。中國在更為本質的一些層面，包括哲學、文化、體制、個體和集體的行為模式等，不僅沒有被西化，反而隨着時間的推移更加中國化了。因此，在話語層面乃至整個社會科學領域，我們就不應該繼續拿西方的

---

① 本文原發表於《文化縱橫》2019 年第 2 期。

概念和理論來評價中國、解釋中國。中國學者需要反思西方中心的話語，找到中國自己的真命題，並努力實現中國現象的概念化和理論化。

西方政治經濟學：政治和經濟的分離

無論東方還是西方，政治經濟學的核心問題都是是否把經濟活動視為政治事務和國家的責任。正如經濟史學家卡爾・波蘭尼（Karl Polanyi）指出的，在近代之前，人類不同的文明曾擁有過相似的政治—經濟關係，那就是，經濟從來就不是獨立的一個領域，而是人類社會諸多領域中的一個領域，並且經濟領域和其他社會領域之間有着千絲萬縷的聯繫，共生共存。

然而西方自近代以來，由於資本主義的迅猛發展，市場經濟逐漸從社會中獨立出來，與社會其他諸領域相隔離，最後發展成為今天的新自由主義經濟形態。西方政治經濟學的發展過程也是政治和經濟的分離過程，這個過程至今仍影響着西方社會的方方面面。政治和經濟的分離既是西方經濟發展的根源，也是其社會問題的根源。而在東方尤其是中國，經濟活動從來就被定義為政府責任的內在部分，政府把推動經濟發展作為己任，同時也從中獲得政權統治的合法性。儘管政府和市場的關係在不同歷史階段表現形式不同，但經濟活動是政府的責任這一政治經濟哲學從古至今沒有發生根本的變化。直至今天，老百姓的文化心理中仍然對政府的經濟責任抱有高度的認同。事實上，如果把西方政治經濟學的源頭追溯到古希臘，我們會發現古希臘人對經濟的看法和中國十分相似：家庭被視為國家的基本單元和基礎，而經濟則是對家庭的管理。這點和中國古代哲學家尤其是儒家的看法非常相似。這一政治經濟概念到羅馬帝國時期也沒有發生很大的變化。

直到邁入近代，西方社會的政治和經濟才分離開來。有兩個經驗事實促成了這種政治和經濟的分離：第一，羅馬帝國的解體和商人的崛起；第二，政治秩序的重建。羅馬帝國時期，帝國境內不同區域之間存在着廣泛的貿易。帝國解體之後，歐洲不再存在統一的政體和政治力量，原來帝國的土地被分割成數量龐大的地方性政體（或者小王國）。宗教成為最重要的力量。經濟活動分散化，寺院經濟就是表現之一。到了中世紀後期，歐洲城市興起。由於不存在統一的"中央政體"，城市表現為實質性的自治形式，而城市的政治主體便是商人。商人不僅在歐洲經濟發展過程中，而且在歐洲近代國家的崛起過程中扮演了極其關鍵的角色。雖然商人（後來被稱為"資本家"）履行的主要是經濟功能，但經濟功能導致了商人的政治功能。由於市場越大，利潤越大，城市商人發展到一定階段就必然產生巨大的動力去衝破城市的邊界，創造更大的市場。而政治人物（國王）出於統治更多土地和人民的目的，和商人一樣也有擴張的衝動。因此，在擴張這一點上，國王和商人共享了同樣的利益：商人需要一個統一的"民族市場"，而國王需要統一的"民族國家"。這兩種力量的聯合，在歐洲形成了巨大的中央集權的動力。歐洲近代的發展首先是這一中央化的過程。

這種政治力量和經濟力量的交易造就了歐洲的民主制度。國王要統一國家，商人要統一市場，兩者走到了一起。國王要統一國家需要商人的財政支持，商人可以出錢，但又不相信國王。於是，商人要和國王簽訂"合同"，保護自己的私有產權，"私有產權的保護"就是國王和商人之間的"契約"。但光有這個"契約"對商人來說還遠遠不夠。如何保證國王在國家統一之後繼續履行這份"契約"呢？商人的第二步就是讓自己成為國王政治權力的根源。這便是西方最早的"人民主權"概念的來源。這裏的"人民"顯然並非指所有人，而是僅指有錢的商人。這種"人民主權"的結果就是商人佔據議會，議會產生政府，也就是商人產生政府。近代歐洲的議會在很長時間裏就是商人的議會。商人馴服了政治權力，商人成為和國王分享政治權力的第一個"人民"群體。在這個意義上，馬克思把當時西方的民主稱為資產階級的民主，而政府只是資本的代理人。

資本依靠國家的力量成長，但當資本成長之後，其固有的擴張衝動便試圖擺脫政治的制約而去尋求自身的獨立發展。資本尋求獨立的過程造成了經濟、政治和社會之間關係的急劇變化。至少在西方，社會的命運和經濟"獨立"過程息息相關。當商人（資本）依靠國家力量得到了統一的民族市場，商人自身也成為政治的合法性基礎，控制了政府過程，就形成了實際上的政治和資本的合一。在這個原始資本主義階段，資本唯利是圖，而社會整體成為資本的犧牲品。雨果、狄更斯、馬克思等人都深刻描述過原始資本主義崛起對社會造成的衝擊性影響。而當社會忍無可忍的時候，反資本的社會運動就不可避免，這也是社會主義運動興起的原因。而當社會主義運動最終以資本和社會之間達成新的均衡而終結時，就誕生了"福利國家"。

從原始資本主義到福利資本主義的轉型過程，是政治力量、經濟力量和社會力量三者互動的過程。三者都有促成這種轉型的動力。就社會來說，就是追求至少是體面的生活，例如更高的工資、更好的工作和居住環境、更多的教育等，也就是實現後來所說的各種"人權"。

社會主義運動開始的時候，人們所追求的就是這些利益。不過，馬克思當時認為只有推翻了資本主義制度、改變所有制結構才能實現這些方面的利益，因此他提倡革命。儘管這種新意識在當時也為很多人（尤其是知識分子）所接受，但至少在歐洲並沒有實現馬克思所預見的革命，只有俄國和其他一些落後社會才發生了革命。這是因為馬克思過於強調社會力量的作用，對政治力量和經濟力量的自身變化估計不足。實際上，當社會主義運動開始時，資本和政治都面臨一個新的環境，也開始了自我變化過程。

資本的自我變化是有動力的。首先，資本需要社會穩定。穩定的社會意味着可以預期的投資環境。為了穩定，資本是可以拿出一些利益來做交易的。在社會高度分化的情況下，單一的法治並不能保障社會的穩定，因此資本也並不反對“保護社會”。世界上第一份社會保障計劃產生在德國俾斯麥時期，這份計劃的目的就是保障社會穩定。第二個變化來自資本本身的矛盾，資本一方面需要剝削工人，但同時又需要培養工人成為消費者，因為資本所生產的產品需要通過消費才能轉化成為利潤。消費市場包括內部和外部的。當內部市場飽和時，西方資本主義就走上了對外擴張的道路，對非西方國家一方面獲取生產所需的原材料，另一方面傾銷商品。培養工人消費者不是資本的善心，而是資本獲利機制的一部分。但在客觀層面，這個培養的過程也滿足了工人階級的利益。

政治變革的動力在於政治合法性基礎的變化。近代以來，早期君主專制的基礎是貴族。如上所述，商人崛起之後開始和貴族分享權力，所以商人是第一個參與到政治過程的“人民”群體，也是近代西方民主化的主力。儘管早期的選民極其有限，主要是有財產者、向國家納稅者，並不包括工人、婦女和少數民族等，但選舉邏輯本身具有某種擴張性，即從少數人擴張到多數人。隨着選舉權的擴張，政治權力的基礎也發生變化。早期，政治權力的基礎是貴族和商人，後來逐漸擴張到工人。這個擴張過程剛好也是工人階級"中產化"的過程。當政治權力的基礎不再局限於資本的時候，政府開始偏向社會。這使得西方福利社會的發展獲得了巨大的動力。二戰之後相當長的一段時間裏，基本上是政治力量和社會力量的結合促成了福利社會的大發展。

福利社會的大發展強化了社會的力量，但同時也壓縮了資本的空間，導致資本、政治和社會三者之間新的失衡。因此，到 20 世紀 80 年代，資本開始尋求新的方式來改變平衡，這就是美國里根和英國撒切爾夫人以"私有化"為核心的新自由主義運動的大背景。這場運動是對二戰以來福利主義的反動。如果說國內的私有化在"一人一票"的選舉政治環境中還遇到了社會的強烈抵制，那麼在國際環境中它則取得了前所未有的成功，造就了長達數十年的新自由主義全球化運動。資本的全球化使資本得以繞開本國政府的控制與國內社會的抵制，在全球範圍內暢行無阻，結果造成了不同國家之間資本、政治與社會的失衡，即收入分配的巨大差異和社會的高度分化。

從歷史上看，這一現象的關鍵就是西方國家政治和經濟的全面"脫鉤"。如前面所討論的，西方民主已經經歷了從傳統的"共和民主"向當代的"大眾民主"的轉型。早期的民主是精英民主，即少數人的民主，或者少數人之間的"共和"。但自 20 世紀 70 年代以來，隨着"一人一票"制度的實現，政治的合法性完全基於選票之上。這一變化導致了以下幾個結果。

第一，政府和發展的分離。儘管經濟議題總是西方選舉的主題，但政府和發展之間的關聯充其量也只是間接的，選票和政治權力之間則具有最直接的關聯。也就是說，經濟表現好有助於候選人得票，但僅僅是有助於而已，並沒有直接的關聯。對候選人來說，有太多其他的方法來獲取選票了。

第二，政治人物即使想承擔"發展"的目標，也缺乏有效的方法來實現發展目標。在西方，政府可以和經濟發生關係的方法無非就是財政和貨幣兩種。但當利率趨於零的時候，貨幣政策就會失效；當政府債務過大的時候，財政政策也會失效。西方政府現在傾向於使用量化寬鬆政策，但量化寬鬆本身並不解決問題，只能緩解或者推遲問題。

第三，因為巨大收入差異造成的社會高度分化使得傳統政黨政治失效，政治失去了主體，越來越難以出現一個有效政府，更不用說一個有能力致力於經濟發展的政府了。在精英共和時代，西方多黨能夠達成共識，因為不管誰當政都來自這個小圈子；在中產階層為主體的社會，多黨也能達成共識，因為不管左右，政黨都要照顧到擁有最多選票的中產階層的利益。但在大眾民主時代，尤其是在面臨社會高度分化的時候，政黨之間只能互相否決，造成的只是更多的社會分化。

在上述這個背景裏，我們不難理解，今天西方盛行的反全球化、貿易保護主義和民粹主義都是西方社會內部政治、經濟和社會失衡的產物。西方如何通過改革使這三者重新回歸均衡？這尚待觀察。但可以預計，在政府不承擔經濟發展責任的情況下，即使政府可以積極履行中間角色（主要是稅收），而把發展責任簡單地留給資本，要走出目前的不均衡狀態，也是困難重重。

中國政治經濟學：發展作為國家的責任

在東方，中國文明演化出了另一類政治和經濟的關係。無論是在知識層面還是實踐層面，中國文明從來沒有把經濟視為一個獨立的領域。確切地說，經濟從來就是國家治理的一個有效手段。在中國最重要的經濟文獻《管子》中，首篇《牧民》就論述了經濟對國家治理的重要性。春秋戰國時代雖然百家爭鳴，但對政府的經濟角色並無異議，各家只是在政府和經濟之間關係的程度上有不同的主張。自漢代《鹽鐵論》以後，中國基本上對政府的經濟責任以及政府如何承擔這個責任有了共識。西方近代以來，很多學者把中國視為"水利社會"，並進而把"水利社會"視為中國傳統專制主義（東方專制主義）的經濟社會根源，這是單純從近代西方經驗出發的，因為如前所述，西方近代以來走了一條政治和經濟分離的道路。事實上，"水利社會"僅僅是中國政府經濟責任的表現之一。

今天，西方把中國看成是"國家資本主義"。但如果我們梳理一下從漢朝到當代中國的經濟形態，就會發現中國幾千年來一以貫之地存在着一個比較有效的政治經濟體制。叫它"資本主義"也好，"市場經濟"也好，中國一直以來都有一個三層市場或者三層資本共存的大結構。頂層永遠是國家資本；底層都是自由民間資本，像今天的中小企業；還有一個中間層，就是國家跟民間互動合作的部分。在這個結構中，一些關係到國民經濟支柱的領域，國家一定要佔主導地位，但是大量的經濟空間會放給民間自由資本；而在中間層，政府和民間資本積極互動，有合作也有競爭。

通過這樣三層的資本結構，政府維持與市場之間的平衡，並履行經濟管理的責任。在中國漫長的歷史中，只有四個比較短的時期走了經濟國家主義化的極端，即國家完全佔據主導地位、市場幾乎被消滅：第一個是兩漢之間的王莽改革時期，第二個是宋朝王安石變法時期，第三個是明朝朱元璋改革時期，第四個就是改革開放前的計劃經濟時期。除了這四個時期，中國的國家─市場關係基本上都是相對平衡的。應當指出的是，即使是在這四個時期，政府壟斷經濟的出發點仍然是更有效地進行經濟管理，促進經濟發展。在中國歷史上，政府承擔發展的責任，這一點是一以貫之的。

上述三層資本共存的結構也決定了，在中國，市場一定要服從國家治理的規制。市場是存在的，但不是西方早期資本主義那樣的完全自由市場，而是被規制的市場。近代以來，西方的市場儘管也是被規制的，但基本上還是資本佔據主導，政府也要服從市場原則。在這個意義上，中國最好的經濟學著作就是《管子》。如果要解釋中國幾千年的經濟歷史，《管子》比西方任何經濟理論都有效。例如，西方經濟學講供需關係，但供需主要是靠市場調節。後來凱恩斯強調政府在這一過程中也要扮演角色，但市場仍然是主體。《管子》不講"供需"，而講"輕重"，調節"輕重"的角色便是政府，而非市場。

近代以來，中國一直面臨的是"國家與革命"的問題。而到1949年中華人民共和國成立後，革命問題轉變成了"國家和發展"的問題。這個順序不難理解，因為只有確立了政治秩序，經濟發展才能提到議事日程上來。在解決"國家與革命"的問題上，近代的各派政治力量都有自己的主張，但日後的經驗證明中國共產黨是最成功的。這個關鍵便是中共接受了馬克思列寧主義。列寧的《國家與革命》要解決的便是在落後國家如何通過革命確立一個新的政治秩序的問題，毛澤東一代的革命家則通過把列寧的學說成功應用到中國革命,在與各種政治力量的鬥爭中勝出,確立了一個新的政治秩序。

中華人民共和國成立之後的一段時間裏,毛澤東也曾經想繼續用"革命"的手段來解決"發展"問題,但並未成功。改革開放以來,中國是當代世界少數幾個成功解決了"國家與發展"問題的國家。實際上,改革在某種層面上可以說是中國傳統政府與市場關係的回歸。從中國歷史的傳統來看,20世紀80年代的改革不是無源之水,而具有必然性。正是這一深遠的政治經濟傳統,使中國與其他國家區分開來。中國與西方區分開來,是因為中國儘管向西方學習市場經濟,但不會放棄國有企業作為有效推動經濟發展的手段,也不會放棄政府對經濟活動的有效干預。中國與蘇聯和東歐社會主義國家區分開來,是因為中國不會像這些國家那樣通過簡單的政治手段(政治開放和民主化)和"大爆炸式"的經濟手段(政府退出經濟活動和激進私有化)來幻想謀求經濟發展。同時,中國也與許多發展中國家區分開來,不會幻想依賴西方經濟來謀求發展。

今天,西方不承認中國的市場經濟地位是從西方的意識形態出發的。但中國怎麼變也不會變成西方那樣的市場經濟。中國還會繼續是上述三層資本、三層市場結構,互相協調着往前發展。相較於西方體制,這一結構有它自身的優劣。中國一些經濟部門(主要是國有部門)的效率會比西方市場經濟差一點。但必須指出的是,西方的公共部門(相當於中國的國有企業)效率也是成問題的。中國經濟的效率和創新能力主要在底層的自由企業和中間層。中國的三層結構經濟體的優勢在於能夠預防大的經濟危機、能夠建設大規模的基礎設施、能夠大規模有效扶貧等。西方資本主義,正如馬克思分析的那樣,不可避免地會爆發週期性的經濟危機，比如 20 世紀 30 年代的大蕭條，1997—1998 年的亞洲經濟危機，2007—2008 年的全球性經濟危機等。中國過去 40 年基本上沒有發生經濟危機，這跟這個政治經濟體制的調控能力有關係。改革開放 40 年以來，中國已經取得了巨大的經濟成就，從鄧小平所說的"貧窮社會主義"躍升為世界第二大經濟體，使 7 億多人脫離貧窮。要理解這一奇跡，首先要理解中華文明的政治經濟觀念及其所演化出來的政治經濟體制。

從廣義上說，東亞經濟模式也是中華文明的衍生。日本、韓國、中國台灣、中國香港和新加坡等東亞經濟體被世界銀行視為"東亞奇跡"。人們發現，二戰之後，在僅有的十幾個成功逃避中等收入陷阱的經濟體中，東亞就佔五個。而這五個經濟體就處於傳統意義上的"儒家文化圈"之內。在儒家文化圈內，一個普遍的意識就是：推動經濟發展是政府的責任。雖然這五個經濟體對政府如何推動經濟發展有不同的看法，但沒有人會懷疑政府負有經濟責任。它們的一個共識便是：發展是硬道理。這五個國家或地區的政府不僅推動了經濟發展，而且努力通過社會建設，培養中產階層，實現社會轉型。今天，其中一些經濟體（尤其是台灣地區）因為效法西方民主，政府和經濟開始分離，政府無力繼續推進經濟發展，結果造成了類似西方的問題。這個趨勢也是值得觀察的。

兩種政治經濟學模式的未來

今天，東西方兩種政治經濟模式都面臨問題和挑戰。但無論從理論上還是經驗上來說，西方面臨的問題需要通過結構性再造來解決，而中國面臨的問題屬於要在現存結構之上進行調整和改進。

在西方，主要的問題是如何實現政治經濟之間的再關聯，也就是說，政治如何再次對經濟行使權力，使經濟在一定程度上配合政治的需要，並且在經濟和社會之間實現再平衡。目前西方內部的民粹主義和對外的經濟民族主義，主要是內部經濟問題的結果。2008 年全球金融危機是西方經濟結構失衡的產物，但這麼多年過去了，其經濟結構並沒有變好。其主要問題是，在政治很難作為的情況下，結構性調整光靠經濟力量本身很難實現。這些年來美國政府在經濟上比較有所作為，包括再工業化、技術創新、保護本國產業等，但並不能從根本上改善經濟結構，從長遠來說也必然產生更多的新問題。北歐少數國家開始試行的"一人一份工資"模式也不是什麼新思路，只是福利模式的擴大版。西方如何能夠像當年建設福利國家那樣再次進行重大的改革和調整，來實現政治、經濟和社會的再平衡，還有待觀察。

而對中國模式來說，經濟發展一直是政府的責任，這一點不僅不會被放棄，而且會更加鞏固。中國可以改進的地方有很多，但圍繞的依然是三層市場之間的平衡這一目標。實現這一平衡需要產權、法治和政策各個層面的共同努力。從產權來說，光強調私有產權的明確和保護遠遠不夠，國有企業的產權、國有和民營合作的產權和私有產權同樣需要明確。從法治來說，法律必須平等地適用於三層資本。在這方面，急需將現有的政治和政策的保護轉化為法治的保護。對政策來說，政府需要根據三層資本的發展情況，尤其是失衡的情況，在必要時對不同資本進行扶持和發展。需要進一步研究和釐清哪些領域需要以國有企業為主體，哪些領域可以大量讓渡給民營企業，哪些領域適合政府和民營企業進行合作。政府需要促成國有企業追求自身的發展能力，而不是通過現有的方法（例如壟斷、政策尋租等）。政府需要更加賦權於社會本身，培養社會自身的發展能力，使社會有能力來平衡資本的力量，而不是僅僅依靠政府來平衡。

作為政府責任的發展是中國國家意識形態的內核。在這一點上，中國仍大有可為。執政黨可以圍繞發展繼續轉型，發掘新的合法性基礎，同時也可以通過經濟發展來重塑中國的社會結構，促進社會穩定。從長遠來看，至少在經濟層面上，這個多層資本複合體制是中國對世界文明的貢獻，也是中國可以為其他國家提供的一個制度選擇。

社會層面，警惕個體道德下沉 [1]

從歷史上看，在世界範圍內，人類社會的整體道德會隨着經濟發展、個人收入和生活水平的提高而提高。古人孟子的"有恆產者有恆心"和管子的"倉廩實而知禮節，衣食足而知榮辱"等都是普遍而永恆的真理。

近代工業文明開始以來，人類道德更是發生了翻天覆地的變化。從前道德的根源在於宗教，近代以來，國家也開始有能力通過經濟社會發展和制度建設，來干預（增進或者阻礙）人類道德的產生和發展。工商業文明的一個顯著特點在於"計算"（"推理"）之上的理性，因為通過理性才會在最大程度上獲得財富。同時，經濟發展和財富的積累為社會整體教育水平的普及和提高、醫療衛生條件的改善、人均壽命的增加等提供了物質條件。

工商業文明的另一個特點，在於人們從農業文明之下互不關聯的"個體勞動"脫離出來，走向了公共空間（市場、工廠、社區等）中

---

① 本文原載於 2019 年 7 月 23 日新加坡《聯合早報》，標題為《當代中國個體道德下沉根源》。

互為關聯的"集體勞動"，人們在公共空間交往和生活，公共空間的擴展也產生了對公共品的需求，同時也發展出公共道德規範。近代以來，政府在社會經濟各方面的角色越來越重要，主要是為了提供足夠的公共品。隨着公共（集體）空間的增加和公共品的供給，社會整體道德水平也隨之提高；或者說，社會整體上變得更加合乎道德了。

總體來說，這些經濟增長和道德發展之間的關聯，也發生在改革開放以來的中國。隨着經濟增長和社會發展，過去由連續不斷的社會政治運動（階級鬥爭）和短缺經濟造成的總體不道德情況已經完全改觀。大多數人已經過上了體面的生活或者小康生活，規模性的餓死、病死、累死現象大大減少，甚至消失。

儘管也有人懷念改革開放之前中國社會的道德水平，但應當說那種道德仍然屬於原始和樸素的道德狀況，是農業文明的反映，甚至是特殊政治條件下形成的集體政治壓力下的道德。隨着工商業文明的到來以及政治環境的開放和多元化，農業社會的道德以及政治性道德變得不可持續，道德領域的巨變是必然的。

不過，隨着社會整體道德環境的提升，個體道德不僅沒有提升，反而出現了巨大的問題，處於下沉甚至解體過程之中。也就是說，整體社會的"趨善"環境，沒有能夠轉化成為個體層面的道德提升。那種在很多發達社會所見到的理性、開放、進步、容忍、文明、平和、簡單等行為方式並沒有出現。很多人變得為了自己的一點點利益而不擇手段。

有學者認為，今天的人是"精緻的利己主義者"，但實際上，在很多場合，人們並不精緻，而是赤裸裸的利己主義者。損人利己，為了達到目標可以不擇手段，目標證明手段正確。在政治領域，人們一直把這種行為稱為"馬基雅維利主義"。不過,"馬基雅維利主義"指的是君主為了達到遠大的目標(例如國家的統一),可以不惜一切手段。馬基雅維利主義顯然也適用於今天的個體。這種手段用過了頭,結果便是損人不利己:自己做不了,也不讓人家做;自己成功無望,也要阻止人家成功。道德的概念變得如此廉價,以致一些人認為道德和人類社會發展已經不相關了。

為什麼會出現這種道德狀況?至少可以從如下幾個方面來探討。

傳統社會道德解體過程

個體的(非)道德行為是以往總體環境(包括文化、制度、宗教、教育等)的產物。因此,處於變動時期的社會就會產生法國社會學家涂爾幹(Emile Durkheim)所說的"失範",即在舊的道德規範已經失去了效應,而新的道德規範還沒有確立起來的時候,個體行為無所適從。傳統社會群體的解體、教育內容和方式的改變、人在不同地域的流動、商業化等都會對個體行為產生巨大的影響。對一些人來說,不知道做出何種行為;而對另外一些人來說,想怎麼樣就怎麼樣。

工業文明意味着城市化。在城市化的早期,儘管很多人已經從農村遷往城市居住,但從其行為方式和道德行為來說,還遠遠不是城市居民,通俗一點說,就是還不夠"文明"。文明一直和城市化關聯在一起。城市化久了,就會出現人們所說的"市儈",指的是市民的庸俗、虛偽和利益導向的行為。

但"市儈"不應當被視為貶義的,因為它意味着理性計算,是文明的表現形式。"市儈"群體的行為是可以預期的。但新社會群體(包括從農村來的"新移民"）的一些人的行為表現為不可預期。農村居民的道德規範是建立在家庭和鄉村共同體（熟人社會）之上的，到了城市之後，面臨新環境，就產生了涂爾幹所說的"失範現象"。就行為來說，道德意味着可預期性。從很大程度上說，個體行為"失範"和道德是相悖的。也就是說，個體的"道德化"是需要時間的。

競爭壓力是所有工商業社會的特徵，也是工商業社會進步的動力。個體一旦脫離了傳統共同體，而投入工商業社會，那麼金錢往往成為衡量成功的最為重要的（如果不是唯一的）標準。對個體來說，競爭來自比較，即與自己的過去比較，與同一輩人比較。到了新環境，就和新的群體比較。比較產生"絕對落後感"或者"相對落後感"。對一些人來說，這種比較很容易產生"不甘心"的情緒。這種"不甘心"的情緒很容易導向非道德的行為，即通過非道德的行為來改變自己的現狀。

以上這些（非）道德現象在各個轉型社會都或多或少會發生。對當代中國來說，個體道德現象還受兩個非常特殊因素的影響，即對基於政治之上的世俗道德的幻滅和獨生子女政策。

在西方，個體道德的主要根源在於宗教，在中國則可以說是宗教和世俗文化的混合物。中國文化沒有類似西方那樣的國家宗教，屬於世俗文化。不過，這並不是說，個體層面沒有宗教。在個體層面，中國是多神教，包括對祖先和各種神的崇拜，即使是世俗文化也具有準宗教性質。作為道德主體的"孔孟之道"，其起源實際上就是日常生活倫理的綜合規範。

儘管後來（漢朝）"孔孟之道"被上升成為官方意識形態，但一旦被確定為官方意識形態，"孔孟之道"更具有了宗教性質，即"國教"。這是因為儘管"孔孟之道"沒有類似西方的超然的"上帝",但因為"孔孟之道"是高度儀式化的,其對統治者和普通老百姓具有很強烈的規制作用。

不過,近代以來的一百來年中,政治意識形態越來越被視為個體道德的來源。從五四運動到"文化大革命","孔孟之道"已經不在官方意識形態之列。儘管改革開放以來,"孔孟之道"有回歸的趨勢,但遠非主流,僅僅是些補充。儘管官方意識形態仍然具有其政治效用,但對個體道德則缺乏實質性的影響。

在這樣的情況下,官方體制以懲罰為主,對被視為不道德的行為進行懲罰。任何一種政治意識形態的確都可以自上而下地施加於社會,但這樣的意識形態很難自覺地"社會化",成為人們自覺行為(即道德行為)的準則。

中國新一代道德危機

在"文化大革命"中成長起來的一輩,曾經對政治意識形態充滿激情與期待。但在經歷和目睹了這一政治運動給中國社會帶來的毀滅性影響之後,這一代開始對從前的理想感到幻滅。而老一代對理想的幻滅也造成他們子女一輩的道德虛無主義。無論在哪個社會,父母是下一代道德最原初和最重要的來源。

從某種意義上說,獨生子女政策更惡化了道德環境。個體無所謂道德,道德是群體行為,也是群體的產物。"獨生子女"意味着個體。儘管獨生子女有父母和爺爺奶奶等,但這是一種"不對稱"的群體。在這個群體中,形成的精神便是"自我中心",甚至極端的自私感,毫無大家庭中所具有的兄弟姐妹之間的互相禮讓精神。當"自我中心"們聚集在一起的時候，因為缺少這種精神，仍然構成不了一種共同體；如果沒有公共道德方面的強有力約束，個體道德很難得到提升。

道德危機並非只存在於中國，任何社會在不同的歷史時期都會出現道德危機。所以，無論我們喜歡與否，道德危機都會出現，問題在於如何應對危機，通過改善道德環境，增進社會個體和整體道德水平。

在西方，個體道德基本上屬於宗教領域，或者說，宗教是道德的主體。歐洲文藝復興之後，主導社會和個體行為的權威從宗教權力轉向世俗權力。但這個轉型並不是說宗教消失了或者不重要了，主導大多數個體行為的準則仍然以宗教為主。

近代以來的工商業發展促成了西方社會快速世俗化，世俗化對基於宗教之上的道德產生了深刻（負面）影響。但是，工商業文明也為社會個體和整體道德提供了另一種來源。在世俗層面，道德問題在西方基本上指的是法律、政治和社會體制的內容。亞當·斯密等西方哲學家對此做了充分的論述，他們把道德的關切點從宗教轉向世俗。在他們那裏，法律、政治和社會制度體系變成世俗道德的制度基礎。因此，當原始資本主義對西方傳統道德產生了巨大衝擊的時候，這些方面的制度建設挽救了西方社會的道德。

在馬克思看來，資本主義是道德罪惡的根源，這是一個階級社會，是一個階級對另一個階級的鬥爭，這種鬥爭使得一個社會不可能產生各社會階層都可接受的道德。因此，在馬克思那裏，只有階級道德，而沒有普遍道德。馬克思更是預言，只有消滅了資本主義，才會產生社會道德，無論是個體層面還是整體層面。

不過，西方社會並沒有按照馬克思預測的方向發展。政治社會方面的制度建設，不僅挽救了資本主義本身，也改善了西方的道德水平。1848年，馬克思發表《共產黨宣言》，預言資本主義的滅亡。之後的數十年裏，英國的情況的確持續惡化。但當1867年馬克思的《資本論》第一卷發表的時候，英國就通過改革擴張了民主的基礎。1885年（馬克思去世後兩年），《資本論》第二卷出版的時候，德國就出台了世界上第一個社會保障體系。這些發展並不說明誰的理論正確或者錯誤，而是說人類總是可以找到挽救和改善道德的方法的。在馬克思之後，他所預言的現象也在不斷重複，但社會也在一直尋找自救的方法。

對中國來說，一方面，人們不能忽視個體道德衰落的現狀，因為正是道德才構成了一個社會賴以生存的基礎。一個社會沒有了道德準則，這個社會就會面臨解體的命運。另一方面，人們更不能陷於悲觀狀態，而是應當積極轉型尋找道德重建的資源和機制。如果人性不變，那麼如同以往，就要尋找道德的宗教和世俗的基礎。

如果執政黨意識形態沒有宗教空間的話，那麼應當容許和鼓勵國家意識形態給予宗教充分的空間。同時，也要加快推進法治、政治和社會制度的建設，為社會個體和整體道德提供世俗的資源，從而給道德提升一個機會，使得人們從極端自私行為中走出來。

一句話，儘管個體道德的主體是個人，個人具有主體性，但個體道德的產生、運作和發展需要一個總體社會和制度環境。個體道德隨着總體社會和制度環境的變化而變化，要重塑道德，就要重塑總體社會和制度環境。

"政治想象力"與中國前途 ①

　　法國總統馬克龍近期在法國外交使節年度會議上發表內部演講，認為西方霸權或許已近終結。近代以來，法國的啟蒙運動、英國的工業革命和在兩次世界戰爭中崛起的美國，讓西方世界偉大了 300 年。不過今天，西方因為種種內外因素，其所確立的世界政治秩序正在動搖。同時，非西方政治大國尤其是中國、俄羅斯和印度崛起了，這些國家的政治想象力超越了今天的西方。它們在擁有了強大的經濟實力之後，不再迷信西方，而是尋找自己的"哲學和文化"。

　　馬克龍的這番話的確是對世界秩序的現實思考。不過，他過度誇大了其他政治大國的"政治想象力"。這些其他大國的崛起是不言而喻的，但很難說這些政治大國具有法國啟蒙運動所具有的"政治想象力"。現實的情況是，當西方面臨巨大的困境時，這些其他政治大國的民眾（尤其是知識分子）仍然對自己的"哲學和文化"毫不自信，仍然以西方文化為旗幟，幻想着自己能夠搖身一變，成為西方。結

① 本文原刊發於 2019 年 11 月 5 日新加坡《聯合早報》。

果，這些政治大國面臨着"知行不一"的困境，即這些國家的崛起是基於自己的"哲學和文化"，但其民眾的"政治想象力"仍然是西方的。"知行不一"無疑是這些政治大國面臨的最大政治挑戰之一。

以香港為例

這裏不討論其他國家，只想從近來中國香港問題入手來討論中國，試圖回答為什麼中國很難產生馬克龍所說的"政治想象力"，其知識界也很難產生法國式的思想啟蒙運動。

如果從"知行合一"的角度來看香港問題，便不難理解。一旦"知"出了問題，"行"必然出問題。如果去問香港的抗議者，甚至是暴力行為者，他們中的大多數都會回答：他們都是在爭取實現自己的理念或者理想。儘管大多數人譴責暴力行為，但暴力者本身並不必然這麼想。在心理層面，激進行為大都是"理念＋理念的道德化＝正義"這一邏輯的結果。

問題在於這樣的"知"是如何形成的？"知"的來源多種多樣，但從小到大的教育經歷無疑是最主要的。為什麼香港的抗議者大多都是 1997 年回歸之後成長起來的一代？這是一個需要深刻思考的大問題。香港原本受殖民統治，思想被殖民並不令人驚訝。令人驚訝的是 1997 年回歸之後的教育更具有"殖民"色彩，從以往的被動殖民教育轉變為主動殖民教育。從前的教育是港英政府施加的，而回歸之後的教育則是香港自發的，並且具有明顯的目的性，那就是抵制內地的影響和培養及強化西方（非香港）認同。

同樣，問題得不到解決的主要原因，是因為抗議者所擁有的"知"

和執政者所擁有的"知"相去甚遠。如果兩者是一致的，執政者就很容易接受抗議者的要求。香港的動盪是否就是抗議者要求"民主"而執政者反對"民主"那樣簡單呢？顯然並不是這樣。抗議者所要求的，是一步到位的民主（或者西方式民主），而執政者認為這樣的激進民主或者民主方式並不合適。相較於抗議者，執政者所面臨的內外部制約更多，所需要考量的實際問題更多。

對中國知識分子的期許

今天香港所面臨的問題，在很大程度上也是近代以來中國知識分子在國家民主政治發展進程中所面臨的一個困境，即國家需要什麼樣的民主。這個困境在民國時代經歷過，台灣在民主化過程中經歷過，今天的香港在經歷，而明天的中國大陸也同樣會經歷。

年輕人變得如此激進，教育者負有很大的責任。教育者的"知"出了問題，學生的"知"必然出現問題。

史學家許倬雲教授最近通過對北宋張載的四句話的"曲解"，來討論中國傳統知識分子的角色，很有一番新意。這四句話便是廣為流傳的"為天地立心，為生民立命，為往聖繼絕學，為萬世開太平"。他認為，這四句話可以說是對中國知識分子的期許，同時也是中國知識分子應有的四個方向或維度。

"為天地立心"也就是解釋自然現象和宇宙意義，屬於理念的維度，這一類型的知識分子是理念上的哲學家。

"為生民立命"屬於實踐的維度，這一類型的知識分子是把理念付諸實踐的執行者，也許是官員，也許是社會領袖。

"為往聖繼絕學"也屬於實踐的維度，這一類型的知識分子想辦法擴大並傳承所學，盼望後來的人能學得比自己更好。

"為萬世開太平"屬於理念的維度，這個類型的知識分子能提出一個理想境界——理想的社會、理想的生活或理想的人生態度，盼大家往那個方向走，並且用這些理想來針砭、批判、矯正眼前所見的不合理地方。

一般來說，知識分子對現實都具有批評性，充滿理想，相信現實應當改變（無論是通過改革還是革命）以符合其理想。對這一點，人們並無很大異議。問題在於，知識分子應當擁有怎樣的理想？理想從何而來？是烏托邦還是着眼於現實國情？

全盤西化易導致水土不服

許教授認為，五四運動以來，中國知識分子和傳統知識分子（"士"）已經大相徑庭。五四運動以後，主張全盤西化的知識分子佔據主流，並且越來越左，基本上都是要把西方的一套系統全盤端進來。西化派人物實際上是"intelligentsia"，而不是"intellectuals"。根據許教授的解釋，所謂"intellectuals"是指那些在本社會、本系統之內，或做解釋工作，或懸掛理想，或做良師、良吏的知識分子，而"intelligentsia"只是知識分子中的某一些人，他們意圖將另一個文化整盤端進來，將文化從那個花盆移植到這個花盆，從那一土壤移植到這一土壤。

在西方歷史上，intelligentsia原本指當年東歐學習法國的先鋒人士，例如，波蘭曾有一批人要全盤學習法國；俄國彼得大帝以後，有一大批 intelligentsia 出現，主張全盤西化。這些 intelligentsia，初心高尚，希望國家改革一步到位。不過，他們通常面臨的情況是外來事物與本地土壤不適合，對端進來的東西要麼削足適履，要麼就去改變土壤，而不會去改變植物。結果怎樣呢？改植物，是橘移淮為枳；改土壤，就是徹底把土壤改過來。

不論如何，中國近代以來已經有諸多類似的做法，但都失敗了。當然，失敗的不僅僅是中國，很多經歷類似政治試驗的國家也都失敗了。

在亞洲，算成功的只有日本。日本明治維新以後，也有大批的intelligentsia 主張全盤西化，所謂的"脫亞入歐"，不過他們做的只是表面文章，他們骨子裏都是日本人，只是外面着上了洋裝。的確，如果撇開那些工具型的制度不談，深入研究日本各項核心制度，就不難發現，沒有任何日本制度是"進口"的，都是根據日本自身的實踐形成的。因為戰敗，日本有一些制度為外力所強加，但日本人也一直在抵制。直到今天，日本人仍然在努力地想"推翻"美國為其起草的憲法。

回到中國的例子。近代以來，全盤西化不僅很難在中國獲得成功，而且經常造成不小的災難。但西化派基本上沒有反思能力，因為他們往往把他們所接受的西方世俗價值當作一種具有宗教性質的東西來信仰，並且他們也簡單地把責任推給執政者或者老百姓。這就造成了執政者和知識分子群體之間的深刻矛盾。

知識與官僚的 "斷裂"

在中國傳統上，因為 "士" 這個階層既是知識分子，也是政府官僚，因此在知識分子和政府之間並沒有什麼大的矛盾。皇帝不僅把 "治權"（即相權）給了知識分子，而且把知識領域留給了知識分子。"知識參政" 便是知識分子的一個 "共識"。

這一點到晚清時都沒有改變。從張之洞的 "中學為體、西學為用" 到康有為的 "託古改制"，都體現出中國知識分子試圖找到一條以中國為主體、兼學西方的道路。

晚清廢除科舉考試對知識階層構成了致命的打擊，因為這樣做就把知識分子和政府分離開來，沒有了把兩者連接起來的 "橋樑"。

晚清以來，大凡改革或者革命或者社會運動，知識分子都會衝在最前面。這並不難理解，儘管科舉廢除了，但知識分子的 "知識參政" 心理已經是一種歷史文化沉澱物，不會輕易消失，一旦出現機會，他們還是會拚命參與到政治中去。

不過，正是因為知識和官僚之間的 "斷裂"，晚清以來的 "知識參政" 有一個顯著的特點，即完全失去了傳統上的現實感，而表現為烏托邦式的空想和由此而來的激進化。因為知識分子不再是官僚，他們既不用考量一項價值的現實可行性和可操作性，也沒有機會參與到政治現實中去了解現實。這種局面又進一步造成了 "官學" 和知識分子之間的深刻矛盾。傳統上這兩者是一體的，因為知識分子就是官僚，所有的 "學" 都是 "官學"。

但近代以來，"官學" 和知識分子就分離開來。政治人物開始把 "官學" 的權力抓到了自己手中。從孫中山的 "三民主義" 開始，到蔣介石，到毛澤東，到後來的所有主要政治人物，都有系統性的政治論述。無論是革命時代還是建設時代，政治人物總是處於一線，是第一批實踐者。他們較其他群體更早、更深刻地了解實踐，了解哪些價值可行、哪些價值不可行，把實踐融合到自己的理論思考之中。

學者的兩種選擇

同樣重要的是，這些系統性論述並非某一個政治人物的個人思考，而是反映了以該政治人物為代表的整整一代政治人物的思考。正如鄧小平強調的，"毛澤東思想"代表的是毛澤東那一代共產黨人的思想，而非僅僅是毛澤東個人的思想。也就是說，那一代人對自己身處的"官學"是有"共識"的。

知識分子在知識創造過程中的劣勢地位是顯而易見的，這也促成了"官學"與知識分子之間的矛盾。認同"官學"者就看不起知識分子，認為他們脫離現實，只會空談；而知識分子也看不起認同"官學"者，認為他們過於現實，毫無理想，甚至只是為了個人利益。今天，這種矛盾現象越來越嚴重。基本上，今天的當政者和學者都是知識分子，只是當政者是具有實踐機會的知識分子，而學者則是沒有實踐機會的知識分子。

在這樣的情況下，沒有實踐機會的學者的選擇是什麼呢？人們可以先撇開那些只是"輔助""官學"者不談。學者中間最普遍的選擇有兩種，一類為"專家學者"，一類為批評型知識分子。但很可惜，這兩類人實際上都是"全盤西化派"。

"專家學者"表面上專注於"解釋"事物，根據西方的"八股"

發表文章。在這方面，今天中國學者發表的文章數量越來越多，中國也已經成為一個論文大國。問題在於，文章眾多，但沒有出現任何原創性的思想。核心原因在於，這類學者研究的命題大都是西方的，只是用中國的材料來論證西方的命題。很多人從來就沒有想過找到中國本身的命題，用中國材料來研究中國命題。

此外，大學有關部門嚴酷的考核制度的核心就是論文發表量和排名，這也迫使學者成為西方式工具的"奴役者"。實際上，這種似乎非常"學術"的途徑是傳播西方思想最有效的手段。理由很簡單：第一，命題決定結論，用西方命題來研究中國只能證明西方的"正確性"；第二，由於西方命題佔據主導地位，中國命題要麼得不到確立，要麼就根本無人去找。在目前的考核制度下，這類學者已經佔據各大學、研究機構的主導地位。

第二類即是批評型的知識分子，廣義上說包括今天的"公共知識分子"。這類知識分子越來越多，西方化趨勢越來越嚴重。近代早期的知識分子儘管提倡西化，但他們還受中國傳統的深刻影響。現在的情況完全不同，一些人一方面痛恨自己的傳統，另一方面也根本不想了解西方的真實情況是怎樣的。對這個群體來說，西方的"學術"意義並不重要，因為他們只需要西方的"工具"意義，即用西方來批評和評價中國的現實"政治"。

這也是最不確定的地方。儘管近年來人們在呼籲"文化自信"，但在實踐層面則是"西方化"的加速。如果不能確立中國自身的"政治想象力"，就不會有可以解釋自己實踐的社會科學，最終難以避免"知行不一"的局面。

文化中產與中國經濟的未來 [1]

中國的經濟（乃至政治和社會）如何走向未來？從改革開放以來的經驗來看，物質意義上的經濟指標，例如逃避中等收入陷阱和進入高收入經濟體，比較容易規定；同時，人們對物質目標的追求也具有自我動力，因為這符合人性的自私要求。不過，在任何一個社會，人是主體，在追求經濟等目標時，必須考慮到人。

人們常說，一個人能走多遠，取決於其思想能走多遠。也可以說，人的思想能走多遠，決定了一個國家的經濟能走多遠。儘管這並不是說要求每一個人都有思想，但社會必須具有一個有思想的文化中產，引領社會的進步，否則物質意義上的進步不見得會導向整體社會的進步，說不定還會走向災難，例如非理性地追求單向面的發展，追求各種"烏托邦"等。

文化和經濟增長之間的關聯，無論是積極面的還是消極面的，已經有很多學者加以論述。德國社會學家馬克斯·韋伯的《新教倫理

---

① 本文原刊發於 2019 年 12 月 3 日新加坡《聯合早報》。

和資本主義精神》描述和分析了新教倫理文化對西方資本主義發展的貢獻，而企業家群體就是新教倫理的文化載體。相反，美國經濟學家托斯丹‧范伯倫（Thorstein Veblen）的《有閒階級論》，直陳當時奢侈文化對經濟增長的負面影響。當代經濟學家本傑明‧弗里德曼（Benjamin Friedman）的《經濟增長的道德後果》，講述了經濟和道德之間的關係，貧困和低度發展制約人的道德水平，但反過來也一樣，人的道德水平也會制約經濟發展。

人們也不難在發達社會觀察到一個現象，即富裕與人的關係。經濟發展到一定的階段，人的變化就變得重要起來，因為人的文化無法提高，經濟就很難再上台階。經濟發展靠消費和技術創造。就消費來說，人的吃、穿、行是有限度的，而文化消費是無限度的。技術創造更是文化中產的產物。在後工業社會和信息技術時代，沒有文化想象力，技術創造變得極其困難。一句話，富裕社會依賴富裕的文化人格。今天，西方社會的主體是文化中產群體。一些研究發現，儘管西方社會經歷了全球化和各種經濟困難，但高端技術和高端資本並沒有流失。這是西方並沒有如人們所想象的那樣快速衰落的原因。文化中產便是高端技術和高端資本的載體。

文化中產對中國的現實有什麼樣的參照意義呢？在過去 40 多年裏，中國創造了經濟奇跡，從貧窮大國轉型成為世界第二大經濟體，人均國民收入也接近 1 萬美元。更為重要的是，中國經過大規模的扶貧，自改革開放以來，已促成近 8 億人告別絕對貧困的狀態。也就是說，物質生活意義上的中產（或物質中產）已經不少。

文化貧窮致公共道德感缺失

很可惜的是，即使是物質中產群體，在文化上仍然是“無產”，甚至是“流氓無產”。即使是最富裕的群體，也很難說在文化上已經逃避了“無產”的格局。問題在於，在“文化無產”的格局下，中國如何逃避中等收入陷阱？如何從數量型經濟增長轉型成為質量型經濟增長？物質中產如何通過深度文化消費，來逃避今天的奢侈消費？如何通過培養文化中產來培養一個健康的消費社會？所有這些都關乎於中國經濟的未來，甚至整個國家和社會的未來。

文化貧窮，赤裸裸地表現在日常生活的點點滴滴中。中國所說的“不文明現象”，不僅發生在社會底層，更發生在富人群體。在高檔住宅小區不難觀察到，很多人在物質生活方面已經是中產或超越中產，但文化生活仍然具有貧窮甚至“流氓”的特點。他們不理性，不守法，貪圖一些小利益和小便宜。小區內沒有一點公共秩序感，自己的房子內部可能富麗堂皇，外面則髒亂差。自己的房子已經足夠寬敞，卻竭力侵佔公共空間。沒有公共秩序是公共道德感缺失的產物，而公共道德感是文化中產的產物。

缺失文化中產使得中國社會意識形態拉美化，社會在極左和極右兩個極端之間擺動，人們高度情緒化，缺少理性。這種情況體現在窮人和富人之間的關係上。窮人仇視富人，富人也仇視窮人。窮人見不得人家好，老想着如何搞再分配，搶奪財富；富人對窮人沒有任何同情心，信仰“錢能辦事”，無法無天，這樣的富人群體遭到底層群體的仇視，並不難理解。

缺失文化中產也體現在官員和民眾之間的關係上。官員的權力腐敗也和文化的貧困有關。民眾希望官員道德高尚，靠"喝西北風"就能為人民提供服務；而各級政府也不得不實行低工資政策，無論是因為民眾的壓力，還是因為自己也這麼想。官員需要道德高尚並沒有錯，但在低工資政策下依靠官員的道德高尚來治理國家並不可靠，甚至很不可靠。官員也是人，也需要利益導向，不過官員的確是公眾人物，他們的利益需要有節制。"低工資"就導致了人們所說的"潛規則"，即腐敗；而腐敗導致民眾的怨恨，加劇政府和民眾之間的緊張關係。

幻想、空想、假想也都是文化貧困的產物，因為文化的貧困導致人們不知道如何理性地思考，沒有興趣和能力做理性思考。中國歷史上的所有烏托邦都是幻想、空想和假想的產物。這和西方理性主義時代的近代烏托邦有天壤之別。包括早期空想社會主義在內的所謂烏托邦，其實都建立在有限的社會實驗之上，只是到了可複製（或者推廣）階段，才出現烏托邦的概念。沒有現實可行性的理想是空想，只有具有現實可行性的才是理想。

更可悲的是，這些"無產文化"已經變成根深蒂固的"文化"，變成了思維和行為方式。這種文化已經沒有了傳統底層文化的樸素與善良，所呈現的是精緻的惡。這裏要強調的是，衡量文化中產的標準絕非教育水平，並不是說受教育程度越高就越有文化。文化和教育有關聯，但不是一回事。在今天無產文化環境的主導下，出現了一種情況，即受教育程度越高，就越自私和利己，也就是人們常說的"精緻的利己主義"行為。

文化中產與原創的關係

文化中產和中國經濟發展有什麼關聯呢？正如在西方，人們可以從多個方面來探討這個問題，但這裏只想討論一個簡單的問題：為什麼中國少有原創性的思想和技術？如果把缺少原創性思想和技術置於這些年中國一直在討論的"供給側"改革的內容中，就比較容易理解其對經濟的影響。簡單地說，原創屬於供給側，缺少了原創，就等於沒有來自供給側的動力。

為什麼缺少原創？這個問題可以有無數的答案，但最終都可以歸結為一個很簡單的答案：鮮有人能夠"仰望星空"。

就技術而言，人們對利益都非常敏感，有了技術馬上可以應用。近來美國誣衊中國偷美國的技術，實際上中國是美國技術最大的應用市場。一些人說中國是世界上最大的製造業基地，這是過度誇張了；確切地說，中國是世界上最大的組裝基地。在西方技術擴散到中國的過程中，往往是山寨版充斥市場，往往不能尊重人家的知識產權。

這個情況在幾乎所有發達國家都發生過，例如美國、德國等後發展國家早期也學英國，日本學美歐，韓國學日本等。問題是，這些國家很快走過了學習階段，進入原創性階段。但在中國，人們在很長一段時間對原創性的東西缺乏興趣，更缺乏能力，結果是既處處受制於人，也始終停留在附加值低端的產業。直到這兩年中美發生貿易戰，很多人才發現自己和美國的差距還那麼巨大，而且在很多方面難以逾越。

今天，美國與中國進行貿易戰的最終目標，就是把中國的產業定位在產業鏈和附加值的低端，只要中國的技術不挑戰美國、不超越美國，美國還是世界的老大。當然，中國越來越多的人現在意識到原創技術的重要性，下決心進行大投入搞研發。願望是一回事，能否實現是另一回事。即使現在急起直追，也需要很多時日。更重要的是，在沒有文化中產的情況下，現在的局面是否可以堅持下去，仍然是未知數。

文化無產更表現在社會科學上。一句話，文化無產導致了話語權的缺失，無論在內部還是在國際社會。很多學者只扮演了西方知識買辦的角色，忙於販賣知識。儘管中國有世界史上史無前例的轉型，西方想方設法理解中國，但中國學者就是提供不了有效的知識。西方對中國從西方進口的知識並不怎麼感興趣，因為他們本來就已經很熟悉，更因為這些知識無法解釋中國的現實。

文化無產未能生產新知

另一方面，馬克思主義研究可說是傳統意義上的官學，中國實際上也是馬克思主義研究大國，擁有世界上最大量的馬克思主義研究機構和研究人員。不過，平心而論，投入了如此大量的人財物力，有多少原創性的研究？自毛澤東以來，"馬克思主義中國化"一直是各方所努力的，但到現在為止，什麼叫中國化的馬克思主義呢？

知識界未能生產能夠解釋中國的知識體系，很多人把原因歸諸政治和管理體制。政治環境和管理體制自然很重要，但不是唯一的原因。如果人們認為，缺少有效知識只是沒有言論自由所致，那就過於簡單化了。中國歷史上實行集權的時候，並沒有阻礙知識界的知識生產，而分權甚至國家權力解體的時候，也沒有出現新的思想。如果知識界不能反思自己在知識生產方面的興趣、能力、方法論等問題，外在環境再好，也無助於有效知識的生產。

例如，20世紀八九十年代大家都抱怨知識界太窮，不能集中精力來做學問。現在，大多數知識分子的條件已經大大改善，尤其是那些名教授，但條件的改善是否有助於知識的生產？一個荒唐的現實是，錢越多，知識界就越腐敗。從前錢不多的時候，大家還可以專心做些學問；現在錢太多了，大家就轉向用各種方法"搶錢"。這麼一來，學問自然要荒廢了。

實際上，社交媒體時代的來臨，使得知識界下行速度在加速。大家為了爭名氣或爭金錢，紛紛加入搶流量的隊伍。一些學校甚至公然用流量來衡量學者的業績。知識階層一味地庸俗化，只是為了取悅大眾。

怎麼辦？唯一的辦法就是首先培養一個文化中產階層，在文化中產的基礎上，培養一批文化貴族。當然，這裏所說的貴族，並非傳統意義上的物質貴族，而是誠如德國哲學家康德所說的，一個能夠有時間、有興趣和有能力"仰望星空"的群體。唯有這樣，經濟才會有希望，國家和民族才會有希望。

改革開放以來，中國先提"四個現代化"，後來又加上制度等現代化，但就是遺忘了人的現代化。文化中產無疑是人的現代化的主題，就是要培養富裕的人格。沒有富裕的人格，國家很難走向富裕並維持富裕。要培養文化中產，就要從精英做起。西方的歷史就是這樣走過來的，亞洲社會包括日本、韓國等也是這樣走過來的。精英不僅僅意味着擁有權力、擁有財富、擁有知識，更重要的是，精英必須具有責任感和擔當。一旦社會的精英失去擔當和責任感,再好的社會也會出現問題,當代西方的民粹主義就是這種局面。其他社會如此,中國也如此。

第四章

中國的世界圖景

中國崛起開啟新的世界歷史 ①

　　20 世紀 90 年代初，美籍日裔學者弗朗西斯‧福山發表了其所謂的"歷史終結論"，認為西方自由民主是世界上最好，也是人類最後一種政治制度。這一理論廣為流傳，名噪一時，一方面是因為其符合西方主流意識形態的需要，另一方面是因為蘇聯東歐共產主義的轟然倒塌。但是好景不長，沒過多久，西方內部開始發生巨大危機，並深刻影響到作為西方內部秩序外延的"自由國際秩序"。

　　今天，西方內外部危機互相交織，不斷惡化，人們看不到內外危機如何緩和解決，出路在何方。與此同時，也正是在這段不長的時間裏，中國實現了快速和可持續的崛起，在劇烈變化的國際事務上扮演着越來越重要的角色。世界歷史不僅沒有被西方的"自由民主"終結，相反，中國的崛起開啟了新的世界歷史。

---

① 本文原載於 2019 年 9 月 11 日《參考消息》。

西方制度造成 "三惡" 並舉

時刻想 "終結" 人類歷史的西方制度為什麼會如此快速地衰落？一句話，西方制度抱殘守缺，不能與時俱進，到今天形成了政治之 "惡"、資本之 "惡" 和社會之 "惡" "三惡" 並舉的局面。儘管人們對此甚感可惜，但也無可奈何。應當指出的是，這裏的 "惡" 指的是一種正常社會現象，即各種角色的 "自私" 行為。

西方政治制度到底發生了怎樣的危機？這要看西方政治制度的 "初心" 及其演變。

一句話，西方政治制度要解決的是 "權力之惡" 問題。西方國家起源於暴力，即戰爭和征服。在理論上，從意大利的馬基雅維利到英國的霍布斯，人們已經為通過暴力（包括戰爭）而建設國家這條路徑的合理性提供了最有力的論證。實踐層面，歐洲近代國家從戰火中誕生，並且絕對專制是所有近代歐洲國家的最主要特色。在近代專制國家形成之後，歐洲才開始了 "軟化" 和 "馴服" 權力的過程，也就是後來被稱為 "民主化" 的過程。洛克的自由主義理論開始 "軟化" 政治的專制性質，而到了阿克頓勳爵的名言 "權力導致腐敗，絕對的權力導致絕對的腐敗"，歐洲政治制度的設計目標更加明確，那就是 "權力制衡"。

西方通過一系列的制度設計來達成 "權力制衡" 的目標。且不說所有這些 "制衡" 是否有效及其制衡的結果，西方政治制度的設計既忽視了資本之 "惡" 的問題，也忽視了社會之 "惡" 的問題，但這種忽視又很容易理解。西方近代國家的產生本來就和資本不可分離，如馬克思所言，資本主義國家本來就是 "資本的代理人"。在亞當・斯密的"看不見的手"那裏，"惡"（追求私利）是一種積極的要素，他相信人們的"自私"行為可以自動導致公共品的出現。但其他人發現了資本之"惡"的惡果。對資本之"惡"，馬克思進行了充分的理論揭示，法國作家雨果和英國作家狄更斯等做了文學描述。近代以來，各國通過社會主義運動，對資本之"惡"有了一定的制衡。在這個過程中，民主的確發揮了很大的作用。

但是，當代全球化已經徹底改變這種局面，資本再次坐大。資本之"惡"可以被民主制衡的條件是資本具有主權性，即無論是政治還是社會，可以對資本產生影響力。然而，全球化意味着資本可以輕易和主權"脫鉤"。資本沒有國界。一旦資本與主權脫鉤，資本所從事的經濟活動，無論是全球化還是技術進步，無一不演變成獨享經濟，而非往日的分享經濟。全球化和技術的進步為人類創造了巨量的財富，但大部分財富流進了極少數人手中，大多數人民能夠分享的很少。這是今天西方收入差異加大、社會分化加深的最主要根源，也使得各種社會衝突浮上台面。

新時代呼籲新體制出現

與政治和經濟相比，在任何地方，社會似乎永遠處於弱勢狀態。近代民主產生以來，社會力量的地位儘管有所改善，但仍然改變不了其弱勢的局面。儘管社會之"惡"基本上是其弱勢地位的反映，但也有效制約着西方政治體制的運作。今天的西方，社會一方面追求自己的權利，但同時也傾向於濫用權利。福利制度就是明顯的例子。民主經常演變成為福利的"拍賣會"。儘管"一人一票"的民主保障了人們可以得到"一人一份",但並沒有任何機制來保證"一份貢獻一份"。如果沒有"一人一份"的貢獻,就很難保障福利社會的可持續性。資本自然被要求多付幾份,即政府通過高稅收政策來追求社會公平。但很顯然,一旦資本可以自由流動,那麼就可以逃避本國的高稅收。實際上,"避稅"也是西方資本"全球化"的強大動機之一。進而,隨着社會的越來越不平等,西方社會各種激進主義、極端主義及其所導致的暴力行為橫行,影響社會的正常運作。

今天的西方,一個不可迴避的現實就是,政治上已經充分實現了"一人一票"制度,但經濟上則越來越不平等。西方政府不僅無能為力,反而趨惡,表現為政治精英之間沒有共識,黨爭不止,治國理政被荒廢。更為嚴重的是,黨爭往往和表現為形式繁多的民粹主義甚至政治極端主義聯繫在一起,造成了更進一步的社會分化。近代以來的代議民主已經失效,因為政治人物已經失去了政治責任感,導致了"有代議、無責任"的局面。

儘管危機越來越深刻,但人們看不到出路。很顯然,在政治、資本和社會所有群體都成為既得利益的一部分,沒有任何一個群體可以站在既得利益之上的時候,誰來解決問題呢?

這個新時代因此呼喚一種新體制的出現,這種體制既可以形成政治、資本和社會內部的制衡,又可以形成政治、資本和社會三者之間的制衡,從而實現雙重的均衡及其在此基礎上的穩定發展。而中國經過70年的創造性探索造就的一整套新體制正是適應了這個時代的需要。

中國重視自主制度建設

中華人民共和國的 70 年基本上經歷了三大階段。1949 年,毛澤東一代解決了革命與國家的問題,通過革命建設了一個統一的國家,結束了近代以來的內部積貧、外部積弱受人欺負的局面。毛澤東之後的中國被稱為"改革"的時代。

改革開放以來,鄧小平一代解決了經濟發展問題。中國在短短 40 年時間裏,書寫了世界經濟史上的最大奇跡,從一個一窮二白的國家提升為世界第二大經濟體、最大貿易國,即使就人均國民所得來說,也已經接近高收入經濟體。不過,更大的奇跡在於促成了近 8 億人口脫離貧困。歷史地看,任何社會都有方式致富,但不是任何社會都能夠找到脫貧方式。在脫貧成就方面,中國獨一無二。

儘管中國的經濟奇跡為人們所稱道,但中國所取得的成就並不能僅僅以各種經濟指標來衡量。無論是中國傳統上的輝煌還是近代西方國家崛起的經驗都表明了一個道理,不論是國家的崛起還是民族的復興,最主要的標誌便是一整套新制度的確立及其產生的外在影響力,即外部的崛起只是內部制度崛起的一個外延。

制度是決定性因素。看不到中國的制度優勢,既難以解釋所取得的成就,也難以保障已經取得的成果,更難以實現未來可持續的發展。但同時制度建設也是最難的。近代以來直到今天,很多人一直期待着從"天"上掉下來一套好制度。更有一些人迷信西方制度,以為移植了西方制度,就很容易強大。但恰恰這一點早已經被證明是失敗的。二戰後,很多發展中國家簡單地選擇了西方制度,把西方制度機械地移植到自己身上,不僅沒有促成當地社會經濟的變化,反而阻礙着社會經濟的發展。

　　而自主的制度建設和改進正是中國十八大以來的要務。十八大以來的"制度自信"和"文化自信"相互配合、相互強化，造就了今天人們所看到的一整套制度體系。

創造性地轉化自身文明

　　在基本經濟制度方面，中國已經形成了"混合經濟制度"。具體地說，就是"三層資本構造"，即頂層的國有資本、基層的以大量中小型企業為主體的民營資本、中間層國有資本和大型民間資本的互動。這種經濟制度可以同時最大限度發揮政府和市場的作用。各種經濟要素互相競爭與合作，造就了中國經濟的成功，同時它們之間也存在着互相制衡的關係。因為一旦三層資本失衡，經濟就會出現問題，人們就必須在三層資本之間尋找到一個均衡點。

　　在這個過程中，政府扮演着不可或缺的角色。在中國的哲學中，發展和管理經濟永遠是政府最重要的責任之一。政府承擔着提供大型基礎設施建設、應付危機、提供公共服務等責任，而民間資本提供的則更多是創新活力。過去數十年中國在構造世界經濟歷史奇跡的同時，又避免了亞洲金融危機（1997年）和世界金融危機（2008年），這個經濟體制功不可沒。

　　在政治領域，西方的"三權分立"體系為黨爭提供了無限的空間，造就了今天無能政府的局面。相反，中國在十八大以來，以制度建設為核心，通過改革融合了中華人民共和國成立以來的基本制度和傳統制度因素，形成了"以黨領政"之下的"三權分工合作"制度，即決策權、執行權和監察權分工合作，為建設穩定、高效、清廉的治理制度奠定了基礎。

儘管"三層資本體系"和"三權分工合作體系"仍然有很大的改進空間，但它們已經構成了中國最根本的制度。從經驗上說，經濟形式決定社會形式，而社會形式又決定政治形式。三層資本形式塑造着今天中國的社會結構。同時，中國的政治過程又是開放的，不同資本和社會形式都可以進入這一開放的政治過程，參與政治過程，有序地主導和影響着國家的進程。

中國的制度模式不僅促成了中國成功的故事，也為那些既要爭取自身的政治獨立又要爭取經濟社會發展的國家提供了另一個制度選擇。中國的經驗表明，制度建設不能放棄自己的文明，但需要開放，對自己的文明進行創造性地轉化。只有文明的才是可持續的。只有找到了適合自己文明、文化的制度形式，人們才可以建設一套行之有效和可持續的制度體系。虛心學習他國經驗很重要，但學習的目標不是把自己變成他國，而是要把自己變得更好、更像自己。這是普遍適用的真理，中國成功了，其他國家也會成功。

印度崛起不見得對中國不利 [1]

2020 年 9 月 21 日，中印兩軍第六輪軍長級會談在莫爾多邊境會談會晤站舉行。經雙方協商，共同發佈聯合新聞稿。雙方一致同意認真落實兩國領導人達成的重要共識，加強現地溝通聯絡，避免誤解誤判，停止向一線增加兵力，不單方面改變現地態勢，避免採取任何可能導致局勢複雜化的行動。雙方還同意盡快舉行第七輪軍長級會談，採取務實舉措妥善處理現地問題，共同維護邊境地區和平安寧。從國際關係的角度再次認識印度，釐清其現狀和邏輯，有很大的必要性。

印度是近代國際關係的產物

有一個說法，印度就像大象一樣，我們每個人就像盲人，我們觀察印度，正如"盲人摸象"，看到的都只是印度的一個很小的方面。就算是印度人，看印度也很可能是"盲人摸象"。但是，如果把印度

---

[1] 本文整理自《南方窗》2020 年 9 月對作者的採訪。

放進整個國際關係的地圖上來看，反而能把這頭"大象"看得清楚一些。我認識的很多印度教授，對"什麼是印度"也沒有一個基本的共識。

馬克斯·韋伯說過，近代國家要有一個地理範圍，有統一的官僚機構、統一的武裝，中央政府有能力壟斷暴力機器，還有共同的文化、共同的語言等。所有這些都是近代以來民族國家概念的組成部分，但是這些概念在印度都很難得到印證。

那麼，印度為什麼叫印度？印度是國際關係的產物。在成為英國殖民地之前，印度就是一塊地方上各自為政的次大陸，英國殖民者到達以後，把這個地方叫"印度"。當時的印度，就只是一個地理概念，缺乏那種擁有一整套官僚機構、壟斷暴力的中央政府。

在這個意義上，印度實際上是近代國際關係的產物，也是西方殖民主義、帝國主義的產物。

再追究下去，印度各個地方的"認同"肯定是有問題的。當然，認同問題各個國家都有，中國也有。但是中國從秦始皇開始，書同文，車同軌，規則和規範都具有全國性，加上近代以來中國共產黨也是一個全國性的政黨，中國總有一個"統一"的東西，而印度"統一"的東西不多。

另外，英國的統治是比較"虛"的，統而不治，利用地方精英分而治之。特別是英國殖民者，雖然秉持自由主義的旗幟，但是在面對廣袤的印度次大陸時，由於殖民者數量少，被殖民者數量多，更強化了印度傳統的種姓制度。英國人來之前，種姓在印度更像一種文化行為，或者說風俗習慣，但是英國人來了以後，反而把它高度制度化了。等到印度人反殖民主義、趕走英國人之後，種姓制度才在理論上慢慢淡化。

印度是個非常複雜的混合體，學者能找到的共識也非常少。不像中國，雖然很多史學家也會爭論"什麼是中國"，但大家找到的共識遠比分歧多。

新冠肺炎疫情對印度的經濟影響有多大？

印度是一個人口大國，確診的病例數量從比例上說並不很高，但是光看數量的話是很大的。印度的"抗疫"，不能說政府不出力，但它沒有像中國這樣一套機制，沒法把抗疫的各種措施落實下去。

實施抗疫措施有兩個條件：一個是制度條件；一個是物質條件，比如有沒有口罩、防護服和藥物等。因為印度過去是殖民地的緣故，基本的公共衛生條件還是有的。印度的醫藥市場也很發達，世界上很多藥物、疫苗的試驗都在印度做。至少就醫藥來說，印度的物質條件還是可以的。

但印度缺乏制度條件，沒有一套具有實施能力的制度存在。以前印度的國大黨基本上是尼赫魯—甘地家族的一個家族性政黨，現在莫迪組織的也是以家鄉為基礎的區域性政黨，雖然有向全國擴散的趨勢，但畢竟還處於發展過程之中。它的政黨和中國共產黨、美國民主黨／共和黨很難相比，沒有那麼高的國家性。

加上印度經濟社會發展程度低，有龐大的貧民窟，疫情擴散起來，對一般底層老百姓的生活影響最大。如果我們去跟美國比，美國的中下階層也受影響，但美國畢竟是高收入國家，中下階層有失業救濟金，美國的經濟下滑和印度的經濟下滑對社會的影響，不是同一個概念。

印度底層百姓生活受到很大衝擊，也是此次中印邊境衝突裏，印度的行為受民族主義驅動的一個根源。因為內部問題難以解決，統治階層只能依賴民族主義來轉移視線。

莫迪是一個有很高期望的政治人物，希望印度趕上中國，像中國一樣發展經濟。不過，莫迪有一點跟甘地不同。後者提倡精神生活，不看重物質生活，所以是非常反對西方的物質主義的；而莫迪則強調經濟發展，他的野心加上印度所具有的豐富資源，使他希望模仿中國的路徑。

實際上，印度目前對中國的態度和美國差不多，自己經濟問題很大，就想通過打擊中國的企業，把責任往外推，這有一點像西方的右派民粹主義了。

印度國內的 "反華" 情緒意味着什麽？

這主要是一種民族主義的趨勢。印度自古就是多宗教、多民族國家，充滿多重矛盾，唯一能把現在的印度人團結起來的，特別是在外交上，就只有民族主義。或者說，印度內部沒有 "主義" 來引導其發展。社會主義就是通過國家內部發展來解決社會問題的理念。近代以來，西方左派社會主義，要做的是通過內部改革來解決內部問題，而西方右派民粹主義，往往是把內部矛盾轉移到外交上。

印度現在的做法，類似於西方右派民粹主義的做法，用國家安全的名義，打擊中國的互聯網企業。當然，這樣的事情美國在做，其他一些國家也在做。我們可以說，互聯網公司的安全性是一個世界性的問題，確實沒有一個統一的解決辦法。一旦被視為威脅到國家安全，各國都把矛頭對準了外國企業。

問題在於，印度真的可以在排除中國企業之後得到更快的發展嗎？一方面，這是印度想支持"民族資本"，希望提高自己企業的競爭力；另一方面，提高自己企業的競爭力，總要有所"競爭"，通過學習也好，模仿也好，總要跟先進的企業看齊。那麼，把中國的經濟力量趕走之後，其他國家有沒有能力和意願來助力印度發展經濟？換句話說，如果沒有足夠的外來資本和技術，印度有沒有足夠的發展經濟的內部動力？

從歷史上看，答案還是很悲觀的。印度自身沒有足夠的內部動力。所有的發展中國家，經濟發展都需要資本。在缺少資本的情況下，第一步都需要大量的外資進入。另外，發展經濟不僅僅是錢的問題，還有技術的問題。有了這兩個要素之後，還需要把這些外部的力量轉化成內部的動力。印度能不能做到？這是一個很大的疑問。

印度外部也面臨巨大不確定性。美國為了地緣政治的需要，希望印度成為美國印太戰略的一部分，讓印度扮演一個重要的角色。但是美國真的有那麼大的意願和能力，來幫助印度發展經濟嗎？何況，印度一直是個不結盟國家，對西方也持懷疑的態度。我們不能只看印度的媒體，那些都是懂英文的精英做的，非常親西方；如果把印度作為一個整體來看，很難說是親西方的。

所以，內外部都有很大的不確定性，印度經濟發展的波動還會更大。現在印度排擠中國企業，實際上減緩了農村和城鎮的發展。印度的中心城市受西方影響大，中國企業往往扎根在印度城鎮，在印度有點"農村包圍城市"的意思。如果把中國企業趕走了，這一部分的空

白誰來填補呢？印度通過驅趕中國的企業，或許能夠實現印度所說的
"國家安全"，但經濟發展則會受到負面的影響。

對於任何國家，民族主義都像一把雙刃劍。民族國家總要塑造國
家認同，因此民族主義不可或缺。從法國大革命開始，自由、平等、
人權等構成了近代民族主義和西方自由民主主義的基本價值觀，這是
大家都認同的。但是，第一次世界大戰和第二次世界大戰也是民族主
義的產物。民族主義走過頭就是帝國主義。

印度的民族主義面臨很大麻煩。印度當然需要國家認同，但是在
內部，如果它的各個邦都搞民族主義，或者民族主義跟穆斯林結合起
來，那麼就會出現大問題。近年來，莫迪提倡的印度教民族主義，就
很容易導致宗教矛盾、種族矛盾的激化。

對外，民族主義確實可以讓印度團結國民，針對中國的民族主義
就是如此。但是如果過度提倡民族主義，就沒法理性地處理外交問
題，就像第二次世界大戰時的德國和日本。民族主義是排他性的，怎
麼能容忍外國力量呢？

民族主義理念對印度政府來說是一個很大的挑戰，它需要把握這
個平衡。莫迪政府有沒有能力來達到平衡？顯然沒有。

印度的做法對中國也是一個考驗。中國如果態度過於強硬，刺激
了印度，那麼印度的反華情緒會進一步高漲；但同時，我們也要維護
自己的核心（主權）利益。

中國的義和團運動是不是民族主義的表現？它當然有民族主義的
成分，但它也有不理性、愚昧的部分。民族主義作為一種情緒、一種
團結的象徵，確實能激發出很多能量，但那些非理性的因素是很糟
糕的。

國際關係是很現實的。民族主義能團結國民，但和贏得戰爭勝利是兩回事。義和團那麼有"民族主義"，在洋槍洋炮面前一樣要捱打，後來一樣要被"圍剿"。

中東的阿拉伯國家，反美的民族主義情緒不強嗎？委內瑞拉反美的民族主義情緒不強嗎？在外交政策上，任何時候，該鬥爭就鬥爭，但該妥協就妥協，因為外交和軍事，必須實事求是。那些情緒固然有自己的道理，但是光靠情緒能贏得戰爭嗎？不能。

印度內部凝聚靠民族主義，是否還有其"民主制度"的作用？

印度自稱是世界上最大的民主國家，西方也這麼看。不過我們要想一想，印度的民主，是不是我們所說的真正的民主？印度之所以成為印度，維持一個統一的國家，還是因為統而不治，聯邦政府權力很小，地方政府分權。

印度的"民主"，是個程序上的東西，只是外加的民主，是英國人的遺產。

印度憲法規定廢除種姓制度，"賤民"和低種姓階層的政治影響力與日俱增。這是不是促進印度更加"民主化"的步驟？

其實隨着經濟發展和城市化，接受教育的人也多了，印度還會經歷一波民主化的危機。低種姓的人覺醒了，是肯定要參與政治的，會要求創立我們所說的"現代民族國家"，要求人人平等。

印度的民主化危機有兩個根源：一個就是印度教大民族沙文主義；一個就是怎麼樣從一個外生的民主國家，變成內生的民主國家。

印度民主的品質，取決於它有沒有可持續的經濟發展。

有人說，莫迪依靠軍警和基層組織，讓佔據多數的印度教教徒壓抑了近兩億穆斯林國民的宗教及民族感情，這種做法是不是也為政局的變化埋下不穩定的種子？

但我們要知道，要創造任何一個統一的國家認同，都是很難的。印度有十多億人口，穆斯林只有兩億左右，莫迪要依靠大多數人，從政治上說也是理性的。過去國大黨主張非常世俗的民族主義，經濟上學的也是蘇聯的五年計劃。現在的莫迪政府有很強的宗教性質，奉行的是印度教民族主義。

世俗民族主義，是視各個主體一律平等的。但是宗教民族主義常常會有道德上的"高下"或"優先"之分。異教徒是不能享有平等權利的。

美國是非常世俗的國家了，特朗普總統的很多做法也免不了宗教因素。儘管西方實踐了這麼多年的政教分離，但宗教還是對政治有影響。這就看政治人物要不要利用宗教因素為自己服務。

有些政治人物會利用宗教給自己打造一個基礎，所以領袖個人的偏好還是很重要的。在晚清和民國早期，中國的民族主義只是當時政治人物的一種工具。在民族主義階段性任務完成之後，他們就進行了多民族國家的建設。

對外挑釁無法解決內部問題

有人說，以下三股勢力如果能夠整合，印度未來便會成為中國的強勁對手：一個是"筆桿子"雅利安學社，一個是"槍桿子"印度國民志願服務團，一個是"錢袋子"帕西人。

這種假設總是有的，問題在於會不會成為現實。印度崛起，大家都喊了很多年了，但是它的崛起依然艱難。

印度和外部國家有矛盾，它和巴基斯坦有矛盾，現在還和中國有矛盾。但是印度的主要問題還是內部問題。沒有一個國家的內部問題，可以通過外部的挑釁得以解決。

如果這些力量整合起來，推動印度的發展，使印度最後成為中國的有力競爭者，這有可能。不過，如果印度真的從內部推動經濟發展、城市化，人民受教育程度提高，從而成為一個強國，不見得就一定會對中國構成一個比較大的威脅。那個時候，印度的民族主義也會有，但這個民族主義會是比較理性的。

民族主義在什麼時候最危險？在國家還很窮，很多領域都沒有得到發展的時候。這個時候印度鼓動老百姓的民族主義情緒反對中國，最危險。

用一句簡單的話說，就是窮人的民族主義和富人的民族主義是不一樣的。富人的民族主義是理性的，窮人的民族主義是非理性的。

我希望印度得到發展，發展了以後，它的民族主義會比今天理性得多，不見得會和中國發生衝突，頂多是競爭罷了。競爭是好事情，但是窮人的民族主義不能要。中國人有老話說"光腳的不怕穿鞋的"，那才是真正對中國的威脅。

不能說歐洲那些發達國家、美國那樣的發達國家就沒有民族主義。但應當看到，富裕國家，倉廩實而知禮節，言論自由，各種聲音都能表達出來，不會"一邊倒"；相反，窮國的意見表達，往往是一邊倒的。根據經驗觀察就是這樣。

　　這個經驗也包含了對中國的觀察。以前的反日遊行中也有打砸搶燒的情況出現。如果自己家有車有房的話，就不會燒人家的車、燒人家的房子，因為要擔心自己的車和房被人家燒。如果自己沒車沒房的話，看到人家的車就可能仇恨起來。中國古代人說 "有恆產者有恆心"，什麼是 "恆心"？恆心就是理性。

印度的崛起對中國不見得不利

　　美國現在要組建一個 "世界隊"，對付 "中國隊"。它要搞的是世界的 "兩極化"。這個局面不僅對中國不利，對整個世界都不利。

　　印度、俄羅斯等國的強大，都有助於促成世界的多極化，多邊世界、多元世界對大家都是有利的。

　　所以我們要用長遠的戰略眼光來看待印度的崛起。一個國家強大之後，不會完全依附另一個國家。像日本，當它成為世界第二經濟大國時，也是想從美國體系裏脫離出來的。

　　而且，印度是從文明基礎上建立起來的國家，也堅持不結盟，它以後不會完全投向某個國家。只要中國處理得當，印度不會完全投向美國，正如它之前也沒有完全投向蘇聯。

　　印度的追求，至少是一個區域大國。它的野心並不是就對中國不利。把世界 "兩極化"，才是對中國最不利的。

世界為何變得如此憤怒？[①]

如果要找一個詞來形容 2019 年的世界形勢的話，那麼 "憤怒" 一定是恰如其分的。這是一個沒有歡樂、只有憤怒的年份，更是一個日趨危險的年份，指向着未來的巨大不確定性。很多觀察家已經指出，對未來唯一可以確定的就是不確定性。這並不為過。

憤怒的時代

社會在憤怒

社會抗議運動風起雲湧，幾乎涵蓋了所有類型的國家和社會，不管以什麼方式來分類。不同政體（民主與非民主）、不同發展程度（發達國家與發展中國家）、不同宗教、不同種族的社會都發生了或者發生着社會抗議運動。和以往所有的社會運動一樣，每一個地方的抗議運動都有其獨特的原因，但綜合起來，這些社會運動都顯現出它們的

諸多共同性。

第一，所有社會運動都是反建制的，明顯表現為社會與政府之間嚴重的直接對立。

第二，任何一個因素，無論是宏觀的還是微觀的，都可以觸發大規模的社會抗爭，大到福利政策改革、移民政策改革、警察過度使用或者濫用權力，小到洋蔥、地鐵票漲價。

第三，社會抗爭都表現為可持續性。參加社會抗議的不僅僅是傳統意義上的無產者或者社會底層人士，也有中產階層、大學生，甚至社會精英。

第四，社會抗議大多表現為暴力性，社會抗議現場形同戰場，打破了從前中產階層社會抗爭的"和平"神話。

第五，在國際層面，社會抗議呈現高度的相關性，大家互相學習、互相輸出抗議的經驗。

政治精英在憤怒

政治精英間互相競爭政治權力純屬正常，因為政治本身就意味着權力鬥爭。但政治精英們的憤怒大大超越了傳統適用於政治競爭的那些法律和規則，演變成互相抗議，通過近乎暴力的手段來獲取政治權力，也通過超乎法律和規則的手段實施政治權力。在多黨制國家，憤怒表現為日益惡化的黨爭，政治力量之間沒有了任何妥協性。

當傳統的法律和規則不再能夠調節政治人物的行為時，人們只差沒有直接訴諸暴力了。民粹主義連連得手，局外人紛紛崛起，越來越多的政權被民粹領袖掌控。傳統上，民粹主義更多地表現在底層社會成員和窮人，但今天的民粹已經不分社會階層，右派民粹和左派民粹顯得同樣可怕，並且也都是反建制的。更需要指出的是，民粹主義是以民主的方式崛起的。儘管各種民粹為各國帶來了無限的不確定性，但沒有人敢質疑或者挑戰民主的方式。

國家在憤怒

有人認為中美之間的"冷戰"開始於 2019 年，也有人相信這兩國之間的關係已經不可避免地走上了"冷戰"的不歸路。更有人預測兩國之間發生熱戰的可能性，因為今天圍繞着中美關係，世界已經出現了和歐洲一戰、二戰前類似的情形。當然，國家間的憤怒不僅僅表現在中美關係上，也表現在其他國家之間，例如印度與巴基斯坦，美國和拉美國家、伊朗，俄羅斯與歐洲國家，等等。儘管美國依然是世界頭號強國，但它 2019 年表現出異常的憤怒，以致不管自身能力如何，做出四面出擊狀。

美國一方面到處"退群"，摧毀着二戰以來自己花大力氣構建起來的世界秩序，同時與多國打貿易戰，使用極端的手段向盟友施壓，意圖使其對手屈服。美國視中國香港、台灣、新疆和西藏問題猶如其內政；為了對付華為公司，美國到處遊說甚至公開施壓其他國家抵制華為的 5G 技術。美國也制裁俄羅斯輸送天然氣到德國的相關公司。美國的行為使人眼花繚亂，不知道它到底要做什麼。

儘管即使今天的美國人也很難相信美國可以依然像"上帝"那樣無所不能，但美國的行為還在假裝自己的全能。這樣除了表達其憤怒之情之外還能說明什麼呢？儘管美國的極端手段的確給一些國家（尤其是小國）一種莫名其妙的威懾感，使它們恐懼美國而不敢公開表示不滿，但沒有多少人會真正相信美國可以如其所願。法國總統馬克龍就公開批評北約的"腦死亡"，建議建立歐洲軍隊。

全面異化的時代

那麼，世界為何變得如此憤怒？曾幾何時，人們都還在講全球村、一體化、互相依賴、世界和平等等，但今天的主題詞則變成逆全球化、脫鈎、衝突和戰爭了。短短數年，面目全非。

馬克思曾經用"異化"的概念來分析他所處時代的諸多社會和國際現象。簡單地說，所謂的異化指的是個體對自己所處的環境失去了控制感，對環境無能為力，但又被環境威脅。這是一種具有強烈生存危機的感覺，導向了人們的激進甚至極端的行為，包括社會抗爭、衝突，乃至國家間的戰爭。今天這個概念仍然有效，只不過是個體的範疇大大擴展，從以前的社會邊緣人和底層窮人擴展到今天的精英階層。

精英階層從前是最有能力的，往往被視為異化的根源，但現在的精英階層也往往無能為力，在繼續扮演着傳統異化者的同時，自身也被環境異化。異化感甚至也擴展到了國家，就是說國家也很難掌控自身所處的環境，不僅僅是中小國家，也包括像美國和中國這樣的大國。

當事物的發展超出了人們的控制時，一個全面異化的時代變得不可避免。

全球化所導致的異化

全球化意味着資本大規模且快速地流動。全球化已經展示了其深入世界各個角落的能力，把全世界所有的東西都關聯起來，使得所有的東西都處於全球範圍內的流動過程之中。沒有人和國家能夠逃避全球化，但沒有人和國家能夠掌控全球化。這就是人們所說的"過度全球化"。在這種全球化面前，個人沒有自主權，國家也沒有主權。

技術進步在導致異化

人工智能是人工的結果，但卻取代着人工，使越來越多人的就業成為大問題。阿爾法狗（AlphaGo）在某些方面打敗了人類，但人們迄今只知道結果，不知道阿爾法狗是如何導向這一結果的。人工智能本來就是人類知識積累的產物，但知識似乎扮演着自己的掘墓人。一方面是人工智能的進步，另一方面是大多數人因為沉迷於社交媒體、智能手機而日益愚昧化，這更在強化着人類為技術所取代、所控制的恐懼感。

無論是全球化還是技術進步，都為社會創造了前所未有的巨量財富，但這不僅沒有導致社會的進步，反而在破壞着社會甚至解體着社會。巨量的財富落到了絕少數人手中，社會的大多數不但沒有收獲，反而成了受害者。全球化和技術進步導致了發達國家中產階層的大大縮小，很多社會不再是往日"兩頭小、中間大"的橄欖形。一些發展中國家的情況更為糟糕，社會呈現出倒"丁"字形結構，底盤過大，很難承受任何哪怕是微小的經濟壓力。

國家權力在異化

儘管世界經歷了數十年新自由主義導向的全球化，但國家權力仍然繼續普遍擴張。新自由主義反對國家干預，但新自由主義所導致的人類生存環境則強化着國家干預的需要。沒有人有能力抵禦全球化，只好轉向求助於國家權力。"一人一票"的民主機制則有效地推動着國家權力的擴張。

今天，無論是民主還是非民主，所有國家的公共事業（國有企業、社會福利）都在有效擴張，同時傳統意義上的社會自治空間大大縮小，社會自治能力流失。當所有社會成員在資本和政治面前都是赤裸裸的個體時，他們便毫無能力，這種無力感便是社會抗議的巨大動能。而就國家來說，國家權力的擴張意味着公共空間的擴張，任何公共空間內的改革都可以導致社會抗議。

政治在異化

政治的意義在於提供秩序，至少提供一個社會賴以生存的基本社會秩序。不過，今天政治所扮演的角色很難說是在提供秩序，在很多方面，政治扮演着秩序破壞者的角色。越來越多國家的治理能力在急劇衰退，無法應付已經發生了巨變的社會經濟形態。荒唐的是，從理論上說，"一人一票"式民主的拓展使得政治權力具有更廣泛的社會基礎，但實際上則不然，甚至相反。

今天的民主政治不僅不能成為整合社會的力量和機制，反而經常成為社會分裂的根源。民主政治表現為既激進又保守：說其激進，是因為民主政治保證了誰都可以發聲；說其保守，是因為在民主政治下誰都幹不了事情。實際上，在缺失一個強大的中產階層或者一個強有力的執政主體（無論是執政黨還是統治階級）的情況下，民主已經很難產生一個有效政府。

民主本身往往成為癱瘓民選政府的主要根源。當市場失敗的時候，政府就要開始起作用。有效政府的缺失意味着政府的失敗。今天很多國家的情況並不僅僅是市場的失敗，也不僅僅是政府的失敗，而是市場和政府的雙重失敗。

意識形態在異化

在其本來意義上，意識形態是對一個社會實踐的總結，對這個社會起着規範和引導的作用。不過，無論是哪種政體，今天所有的意識形態已經不能反映社會的現實面，而作為意識形態核心的價值觀則變得如此廉價，成為誰都可以使用的口號。民主、自由、公正、正義、平等、獨立、自治等，隨手可得，俯拾皆是。

但荒唐的是，人們越追求這些價值，這些價值離人們越遠。這裏並不是說，這些價值毫無意義了，問題在於為什麼這些人們以為應當獲得的價值，反而因為人們的積極追求而失落了呢？在西方，儘管傳統的意識形態已經衰落了，但沒有替代的意識形態出現。結果，無論是社會還是政黨都轉向極端主義。左派政黨趨向於走向極端社會主義，而右派政黨則轉向威權主義或者威權民粹主義，更多政黨的綱領的極端性已經很難把它們和非政府組織區分開來。

在非西方社會，尤其在發展中國家，仍然呈現"西風東漸"的趨勢，西方價值觀隨着全球化已經擴展到地球的各個角落。儘管西方的自由民主體制已經發生了巨變，經歷着前所未有的挑戰，前景也不明朗，但在這些非西方國家，人們對西方的價值觀仍然趨之若鶩。

更有甚者，在這些國家，很多西方價值觀演變成為一種信仰，一種有無現實條件都必須追求、都必須實現的信仰。自然，因為各種環境的制約，當這些價值不能實現的時候，社會抗議就成了追求者的有效手段。目標正確證明手段正確，只要是為追求這些價值觀，使用什麼手段都可證明為合理，包括暴力。

一個顯見的現象是，在一些社會，新的部落主義（尤其是網絡部落）正在崛起，而更多的社會則經歷着傳統民族主義、種族主義、國家主義等不可避免的復興。追求者所使用的理論冠冕堂皇，即對後現代的政治認同的追求。不過，名為認同，實則是在尋找安全，至少是心理安全。從這個角度看，今天的情況並不新鮮，歷史上一而再、再而三地出現過。但每當這些情形出現的時候，世界就已經異常危險了。

　　無論如何，當異化遠遠超出人們（窮人和富人、統治者和被統治者、有信仰者和無信仰者）可以承受的程度時，世界便開始醞釀一種大變革，一種包括內部體制和外部國際秩序的大變革。

　　從歷史上看，變革一來，沒有國家可以幸免。"凜冬將至"已經成為今天人們的慣用語，但不要忘記這樣的變化是合乎自然規律的。不過，這次的"凜冬"很可能是一個達爾文式的適者生存的新時代的開端。

西方民主到底出了什麼問題？[①]

　　近年來，隨着西方內政的變化甚至惡化，學術和政策研究界出現了越來越多的文獻，討論西方民主如何正在走向"死亡"。究其原因，人們無非把民主"死亡"的責任歸於內部的民粹主義，以及在民粹主義運動中崛起的專權政治人物。美國特朗普"意外"當選總統之後，人們更開始擔憂民粹主義對現存民主體制的衝擊和破壞。

　　也有很多人把責任推到所謂的外部"專制主義"的崛起及其對西方民主構成的挑戰。不過，"外部原因"說只是學者根深蒂固的意識形態的折射，因為經驗地看，很少有內部制度是因為外部的挑戰而"死亡"的，幾乎所有的政體都是因為內部要素而變化，或者最終死亡。

　　西方學術界強調的"權威主義式的民粹主義"（authoritarian populism），倒是指向了西方傳統民主正在走向"死亡"的真正原因。然而，人們並不能簡單地把西方民粹主義的崛起，歸於像特朗普那樣

---

① 本文原載於 2020 年 1 月 7 日新加坡《聯合早報》。

的一些政治人物的崛起，因為道理很簡單，無論是民粹主義還是特朗普式的政治人物的崛起，都是西方民主的必然產物。

簡單地說，西方民主今天所面臨的挑戰，在很大程度上猶如從前共產主義陣營"計劃經濟"所面臨的挑戰；或者說，建立在"一人一票"之上的民主制度和基於"一人一份"之上的"計劃經濟"，兩者的運作邏輯有很多類似之處，如果不是完全一樣的話。在一定意義上，人們也可以把民主稱為"計劃政治"。

計劃經濟的兩種經濟制度形式

如歷史所見，蘇聯式的"計劃經濟"最終因為失敗而遭到拋棄，但在其產生之時是具有諸多崇高的"初心"的。資本主義經濟不斷發生週期性危機，並且沒有有效的解救危機的機制，同時這也是一種人剝削人的制度，導致了社會的高度分化和高度不平等。計劃經濟顯然是針對資本主義制度的缺陷而產生的。但計劃經濟的幾個假設具有致命的缺陷：第一，它假定每一個人的需求是一樣的（平等）；第二，它假定人是"善"的，會發揚光輝的一面，例如不會偷懶，而會努力工作；第三，它假定國家（政府）有獲取足夠信息的能力並理性地做出生產和分配等決策。

典型意義上的計劃經濟已經壽終正寢，但計劃經濟的一些要素則生存下來，並且得到了發展。不同形式的計劃經濟要素至少表現在兩種經濟制度形式中。

第一，東亞發展型國家（developmental state），主要指日本等經濟體，政府通過經濟規劃促進經濟發展。不過，儘管發展型國家的經濟規劃和計劃經濟有類似性，但和原先意義上的計劃經濟很不相同，即這種規劃仍然是基於市場之上的，而非消滅市場經濟。

第二，歐洲等福利國家制度，政府在經濟生活的很多方面，例如經濟規制和二次收入分配等過程中起了關鍵作用，也具有計劃性質。實際上，批評蘇聯計劃經濟的自由主義者，也經常把福利國家置於同樣的批評範疇。不過，和發展型國家一樣，不管政府在福利國家制度中扮演何等重要的角色，市場仍然是經濟的主體，這便和原先的計劃經濟區分開來。確切地說，在今天的世界上，就政府和市場的關係來說，大多數經濟體都是混合經濟體。

民主的兩個發展階段

相較於計劃經濟，民主的產生比較自然。但正如計劃經濟是對資本主義市場經濟的反動，民主也經歷了不同的發展階段，每一個現存形式的民主也都是對前一階段民主形式的反應和修正。簡單地說，民主經歷了從早期的精英民主到今天的大眾民主兩個大的歷史階段。儘管大眾民主是精英民主的必然產物，但兩種民主的運作邏輯是不一樣的。

人們如果把法國思想家托克維爾在《論美國的民主》中所描述的古典民主，和今天西方學者所描述的當代民主對照一下，就可以看出精英民主和大眾民主的差別了。

托克維爾所描述的民主，是一種具有廣泛意義的制度安排和社會經濟實踐，而在當代學者那裏，民主研究幾乎被簡化成為一種選舉（選票）分析。不同時期學者所描述民主的內容不同，剛好反映了民主制度的歷史變遷。

托克維爾在描述美國民主時，與其說是在說民主，倒不如說是在說平等。他在美國觀察到，民主有利於一個社會趨向於平等，不僅僅是經濟上的平等，而是平等的權利。更為重要的是，民主意味着從家庭到國家之間的一系列制度安排，其核心是市民社會、社會組織的自治和自我管理。

在托克維爾時代，儘管選舉權也在擴大，但選舉權仍然僅僅局限於少數公民。當時的政治參與主要是指老百姓對其所屬的地方事務的參與。在國家層面，托克維爾強調的是三權分立、聯邦體制下中央地方關係等因素對中央政治權力的制約。

所謂的民主，也就是精英之間的“共和”，即權力共享。民主制度的有效運作，取決於精英之間的政治共識。政治共識之所以成為可能，最主要是因為精英圈子小，大多精英具有類似的家庭背景，進入同樣的學校，接受同樣的教育，具有差不多的思維和行為方式。

一般認為，經濟學家熊彼特所定義的民主是典型的“精英民主”。但這種看法在現在看來並不確切。熊彼特把民主簡化成政治家通過競爭選票而獲取政治權力。說其是精英民主，是因為作者在這裏所強調的是政治精英，而非老百姓的政治參與。或者說，在熊彼特的定義裏，選舉是第一秩序，而參與是第二秩序。不過，如果從選舉邏輯的角度來看，確切地說，熊彼特對民主的定義反映了大眾民主的內容。

大眾民主最主要的制度表現形式便是“一人一票”。這一制度安排具有兩個主要的理論假設。第一，民主可以被簡約成至少存在兩個政黨競爭之上的“投票行為”。誠如托克維爾所描述的，民主具有極其廣泛的內容，但到底是什麼才使得一個政體成為民主呢？最終人們把民主簡約成多黨競爭之上的選舉政治。

第二，民主是"政治人"假設的完美實現。西方從古希臘開始就有政治人的假設。政治人的假設就是每一個公民都有權利參與政治，並且都有能力就政治事務做出理性的判斷；再者，政治也是實現人的價值的最重要舞台，政治參與因此也是實現政治平等的唯一途徑。

需要指出的是，在古希臘城邦，公民的政治參與是以存在着一個大規模的奴隸階層為前提的。奴隸階層的存在使得公民從繁重的體力勞動中解放出來，有時間、有能力來思考城邦事務，並且就城邦事務做出理性的決策。在現代社會，隨着經濟發展和社會進步，人們便把"政治人"的概念擴展到所有公民。也就是說，西方的"一人一票"制度是具有深厚的文化基礎的。

"計劃經濟"的缺陷

因此，如果說計劃經濟的目標是要實現人在經濟上的平等，那麼"一人一票"制度的目標是實現人在政治上的平等。但這裏有幾個沒有說出來的假設：一、所有人（公民）在智力和理性上是平等的；二、所有人在財富、時間、信息收集能力等方面是平等的；三、所有人有能力根據所收集到的信息來做出理性的決策；四、他們做出的理性決策既符合每一個人的私人利益，也符合他們所處社會的公共利益。

這些假設儘管具有高度的道德感，但實際上並不存在。沒有一個社會的人在所有這些方面都是平等的。即使經濟社會等其他所有方面都是平等的，人們在智力上也是有差異的。正因如此，"大眾民主"

和"計劃經濟"具有同樣的缺陷。

計劃經濟消滅了所有私人經濟空間，所留下的是公共經濟空間，即公有制。同樣，"一人一票"的民主實際上也消滅了前面托克維爾所說的，從家庭到政府的所有"市民社會"。儘管今天的西方也強調市民社會，但今天的市民社會和托克維爾時代的市民社會已經大相徑庭。

托克維爾時代的市民社會強調的是自治和自我管理，今天的市民社會則是完全政治化的，政治而非自治成為他們的主戰場。所有的一切似乎都是政治的，很難再找到非政治的領域。正因為自治性的消失，今天的民主很容易導向"多數人的暴政"。權威主義的民粹主義說穿了就是"多數人的暴政"。英國的脫歐是這樣，美國的特朗普民粹主義也是這樣。

這種結局是西方經濟和政治體制運作的必然結果。就其本質而言，計劃政治（或者"一人一票"民主）是對西方資本主義制度的反應。自近代以來，資本獲得了前所未有的自由，不僅把從家庭到政府之間的所有"市民社會"納入其運行軌道，而且把每一個人納入資本的軌道，即馬克思所說的人的"商品化"。

到了今天的新自由主義時代，沒有個體能夠脫離資本得到生存和發展，沒有個體能夠脫離資本而規定自身的本質。在工業化時代，依附資本而生存和發展的人（即工人）可以形成集體（即工人階級）來和資本打交道；但在後工業化時代，尤其是信息技術（互聯網和社交媒體）時代，越來越多的人淪落為孤立的個體，他們只能單獨地依附資本而存在，而沒有任何反抗資本的能力。

資本權力的大擴張必然造成國家權力的大擴張。從理論上說，資本是追求私人利益的，而作為公共空間的政治則是追求公共利益的。當資本把從家庭到政府之間眾多的市民社會吸納到自己的軌道上面的時候，政治也必然對此做出回應，努力把這些從家庭到政府之間的市民社會吸納到自己的軌道上來。只有這樣，一個社會才能在私人空間和公共空間之間、在私利和公益之間達成一種基本的均衡或者平衡。

今天的西方社會，儘管人們仍然繼續宣稱"市民社會"的存在，但越來越多的人已經被納入這兩個經濟和政治軌道，很少有人還生活在傳統的"市民社會"的自治條件下。

這很容易理解，當資本在全球化和技術進步過程中成為贏家的時候，更多的福利或者"一人一份工資"的制度也變得不可避免。資本對個體和個人權力的侵入，與個人對政治權力的依賴度的增加是成正比的。也就是說，一方面是資本把個人納入其軌道，使其成為孤立無助的個體，另一方面是個人越來越依賴於政治權力，因為只有通過這種依附才能對抗資本而生存。資本所帶來的不確定性越大，人們就越需要通過政治來追求確定性。這便是今天大多數西方社會所面臨的局面。

也應當指出的是，西方把自身的民主簡約成基於多黨制競爭之上的選舉，並對外輸出到非西方那些已經接受西方式民主的國家的行為，已經對這些國家造成了巨大的危害。正如前面所討論的，在托克維爾那裏，選舉並非是民主的本質性的規定，民主意味着自治和權力制衡；再者，選舉民主的運作更需要其他方方面面的制度來支撐。

一旦西方把這一簡約式民主強行推行到不具備其他制度支持的非西方國家，民主便成了無源之水、無本之木。這也就是今天接受了（或者被動接受了）西方式民主的大多數發展中國家面臨的局面。具有深厚文化和制度支撐的西方國家的民主出現了這麼多問題，更不用說缺失這些文化和制度條件的非西方國家了。

馬克思曾經預言資本主義是自己的"掘墓人"，但其預言沒有成功。主要的原因就是馬克思之後的資本主義引入了社會主義要素，例如福利政策和第三部門（國有企業）。就經濟體制的性質而言，西方資本主義國家的大多經濟體都是複合經濟體。政治上是否也會出現類似的發展呢？沒有人會預言"一人一票"民主的"死亡"，因為人們一旦擁有了"一人一票"，就不會再放棄這種權利。

今天的西方儘管恐懼於民粹主義造成的權威主義，但這種權威主義是否具有必然性？如果具有必然性，西方的民主也會演變成一種複合政體。如果這樣，那麼當代世界也應驗了古代哲人（亞里士多德）的預言，那就是，最好的政體既非專制，也非民主，而是權威與民主一體的混合政體。

世界越亂，中國越要穩 [1]

2019 年年末，一些國家和地區評出了年度漢字，比如開啟了令和時代的日本選擇的是 "令" 字。總結過去一年的世界和中國時，我分別選擇了兩個截然相反的字——"亂" 和 "穩"。

世界是亂的，因為整個局勢正在變化，前景如何很難準確判斷。相對於世界，中國還是穩的，尤其是在國際舊秩序難以為繼、新秩序尚未形成的情況下，中國保持整體穩定非常重要。

香港需要二次回歸

2019 年的世界，就像一鍋快要煮熟的粥，之前輕微地波動，現在開始四處冒泡：美國大選臨近，總統特朗普除了應付民主黨發起的彈劾，更要保住白宮的位置；英國大選剛結束，離脫歐又近了一步，蘇格蘭地區卻開始醞釀脫英；法國黃馬甲運動已經鬧了一年多，總統馬

---

① 本文整理自 2020 年 1 月《環球時報》對作者的採訪，有修改。

196

克龍又試圖改革退休制度，結果激起全國大規模罷工；拉美國家在極左和極右之間來回搖擺，經濟也跟着忽上忽下……相對來說，亞太地區是全球最穩定的一個地區，但隨着中美關係的變化，不確定性也在加大。

最典型的表現就是香港，在過去半年多時間裏，香港從全球公認的穩定、法治、開放的城市，迅速演變為社會撕裂、暴力橫行的動盪局面。但香港的動亂不僅沒有影響內地的穩定，反而激發起普遍性的愛國情緒，針對香港激進分子和幕後分裂勢力，內地表現出"珍惜穩定局面"的共識和團結。

香港這次持續動盪，固然有複雜的背景，但主要還是內部出了問題。內部如果穩定，外面想干預也是非常難的。一個鮮明的對比是，抗議者、暴力分子呈現高度組織化狀態，而愛國愛港、支持政府的群體則是自發而鬆散的，導致後者難以形成壓倒性的穩定力量。

香港問題要解決，還需要"二次回歸"——讓香港民心，尤其是年輕人的心真正回歸中國。

現在一些拿着外國護照的人，在中國的香港特別行政區擔任要職，這在新加坡是難以想象的。另外，在香港住滿 7 年就是合法公民，擁有選舉權，這個制度也該改革。港人治港，是要讓真正的中國香港人來治理，如果連中國認同都沒有，哪來的香港認同？現在那些抗議者嘴上說是為了香港，其實是用香港認同偽裝起來的外國認同。

既得利益者的存在、殖民文化的歷史背景、外國勢力的長期滲透……種種因素的影響都難以在短時期內消除，導致香港的民生問題，尤其是住房問題長期得不到解決。

從第一任特首董建華到現任特首林鄭月娥，都想建立公共住房制度，也曾去新加坡考察，但困難重重，最終落實不下去。現在有了粵港澳大灣區，一些項目和工程的推進會容易些。另外，內地適當開放一些政策，讓香港居民在大灣區買房、就業、買社保，都是行之有效的措施。

經濟手段固然重要，更根本的解決之道還在教育。回歸前港英當局的教育是西方價值觀第一，回歸後的通識教育仍存在大量反共、反中內容，一些教師罔顧事實地醜化中國政府，一些媒體不遺餘力地抹黑內地人，在這種環境下成長起來的香港年輕人，很難形成正確的身份認同和文化認同。

美國資本無法放棄中國市場

香港問題的背後其實是中美博弈。2019 年 12 月中旬，在經歷了將近兩年的貿易摩擦之後，中美雙方終於就第一階段經貿協議文本達成一致。但之前美方的多次反覆，令市場並未完全放心——美國是否會再次出爾反爾？更有一些國際關係學者認為，美國對中國的遏制和打壓早已超出貿易範疇，經貿協議簽署與否也許"不再那麼重要"。

我認為不是這樣。美國前國務卿基辛格博士曾發出警告："美中兩國已經走到冷戰的山腳下。""美中一旦發生衝突（熱戰），將比摧毀了歐洲文明的兩次世界大戰更糟糕。"全球最大的兩個經濟體，尤其是中國，肩負着維護世界和平的重要責任。

中美保持和平關係對世界格局是有利的，對世界經濟也是有利的。所以我一直主張，無論怎樣也要跟美國簽成一個協議。現在不是鬧情緒的時候，達成了第一階段的共識，接下來邊吵邊談都沒問題，但一定要繼續談下去。

目前世界混亂的一個重要原因就是未來的不確定性太大，導致大家缺乏信心。每次中美談判一有突破，全球資本市場就跟着上漲，反之就下跌，足以說明中美和睦的正面作用。

至於部分美方人士所希望的美中徹底脫鉤，則更是不現實。美國不是鐵板一塊。美國建制派和軍方或許想脫鉤，但華爾街不想。華爾街之所以支持向中國施壓，是希望中國更大程度地開放，讓他們賺錢。只要美國還是一個資本主義國家，只要中國保持開放，中美就不可能完全脫鉤。

資本的本性是在流動過程中增值。在中國即將成為全球最大的消費市場、中產人群還在迅速擴大的前提下，美國資本是不會放棄中國市場的。即使美國放棄了，日本也不會放棄，歐盟很多國家也不會放棄，這對美國來說能接受嗎？由於中國本身是開放的，美國不可能像美蘇冷戰期間那樣形成一個西方集團，集體不跟中國做生意。

不過，儘管絕對脫鉤不可能，相對脫鉤卻難以避免。在某些領域，中美之間的依存度會減弱，但這並非壞事。過去很多中國人幻想能一直依靠美國的技術，沒有危機感，現在相對脫鉤一點，才會激發自主研發的意識，做出真正屬於中國人的東西來。

放眼未來，世界會有兩個體系、兩個市場：一個以美國為中心，一個以中國為中心；一部分國家和地區主要跟美國做生意，另一些國家和地區主要跟中國做生意，還有一些兩邊都做，同時中美之間也不會斷絕合作。

三層資本一定要平衡

在中美關係發生變化的情況下，中國一直在強調"做好自己的事"，全面深化改革的力度不斷加大，而且從經濟領域逐漸延伸到社會、政治領域。

中國的改革應該分成三步走，先進行經濟改革，再進行社會改革、政治改革。一個國家崛起，要看它有沒有一套新的制度體系出現，不僅 GDP 高了、高樓大廈多了，還需要建立一個宏觀的治理體系，中國現在就到了這個階段。

改革不是謀求個人利益、部門利益、集團利益的手段，而是要讓中國社會的絕大多數人有獲得感。大眾最關心的三個領域——住房、醫療、教育，不僅是經濟問題，更是民生問題、社會保障問題。

如果越改革，公共產品的價格越高，那還是改革者的初心嗎？改革是追求自己的部門利益、地方利益，還是要促進整個社會、整個國家的利益？一定要預防那些以改革為名義，追求小團體利益的做法。

國企改革是一個老生常談的話題，而今天的民企也同樣面臨着改革問題。2019 年，引發社會強烈討論的"996 工作制"就是一個典型例子。民企為中國經濟發展做出了很大貢獻，也需要一個更加公平、透明的競爭環境，但這並不是說民營企業不需要改革。

民企的"家法"不能違反國法。資本是貪婪的，如果國家不去規範、管制，必然出現問題。比如在 IT 領域，一些民企處於壟斷地位，這符合國家利益嗎？如果企業強迫員工超負荷加班，有關部門是不是應該發聲？民企固然有艱難之處，但該改的地方都要改。

我們可以從歷史中尋找當下問題的答案。民營資本在中國歷史上一直存在，而且始終有存在的意義。中國幾千年來有三層資本：國有資本、國有和民營混合資本、民營資本。近代洋務運動的官辦企業就類似國有企業，官督商辦和官商合辦是混合制，還有純商辦。這三層資本各有分工，在不同領域發揮作用，但必須保持平衡。

歷史上，凡是只要國有資本不要民營資本，或者反過來，只要民營資本不要國有資本的朝代，都會發生大的危機，無論是王莽新政還是王安石變法；而凡是社會穩定、發展繁榮的時期，這三層資本一定是平衡的。現在的中國，一些人觀點極右，一些人觀點極左。有人說應全盤私有化，不要國企了；有人說民營企業完成了歷史使命，可以退出歷史舞台了。我認為無論哪一種方案，都會引發重大危機。三層資本不是誰消滅誰的問題，而是如何界定、如何規範的問題，只要三層資本是平衡的，社會絕對不會亂。

我們還遠沒到那麼驕傲的時候

2020 年，中國將全面建成小康社會。為了實現這個目標，全國上下都在擼起袖子加油幹。但精準扶貧雖然能夠消滅絕對貧困，但要消滅相對貧困依然任重道遠。中國人民對美好生活的嚮往是實實在在的，除了進一步提高國民收入之外，人們也希望在教育、醫療、養老等領域得到更健全、更成熟的社會保障。

根據國際貨幣基金組織公佈的數據，2018 年，中國內地人均 GDP 是 9 608 美元，而香港特別行政區是 4.87 萬美元。我們要看到自己的成績，但還遠沒到那麼驕傲的時候，還要繼續努力。2020 年之後，到 2035 年怎麼走，到 2050 年怎麼走？保持理性非常重要。尤其是在目前的階段，美國正處於焦慮乃至恐懼中，想把中國打回貧困時代，中國更需要保持理性。

如果中美兩國都保持理性，世界就是和平的，如果雙方都不理性，必然陷入修昔底德陷阱。當美國努力遏制中國的時候，中國反而要更加開放包容。

比如加強知識產權保護，華為這樣的企業需不需要保護專利技術？當然需要，那麼保護知識產權就是符合中國利益的。還有政府補貼問題。早期我們要扶持民族工業，現在它們成長起來了，應該鼓勵它們依靠自身競爭力，邁向國際市場。所以說改革也好，開放也好，都是為了我們自己更好地發展。

我曾說過，要警惕"明朝陷阱"——由於自我封閉，明朝尚未真正崛起便已衰落。中國需要開放的環境，因為發展不僅要看總量，更要看質量。只要 14 億人踏踏實實地做事，舉國體制就是最好的體制。

穩定的中國是這個充滿不確定的
世界的最大穩定源[①]

當今世界形勢變幻莫測，充滿着不確定性。比較而言，不確定性來源於西方世界內部，中國則正在以一個負責任大國的姿態為不確定的世界提供着確定性。

自 20 世紀 80 年代以來，經濟全球化和技術進步為人類創造了巨量財富，作為全球化的引領者和技術創新中心的西方經歷了普遍繁榮。隨之而來的是，西方社會出現了難以解決的問題，全球化和技術進步所創造的財富落入了極少數人的口袋，收入差異越來越大，社會分化越來越明顯，失去了一個健康社會賴以生存的基本公平。更為嚴重的是，因為往日支撐西方民主的中產階層萎縮，多黨政治演變成黨爭，多黨之間沒有太多共識，反對黨為了反對而反對，基本治理出現嚴重危機，政府維持社會秩序的能力大打折扣。諸如此類的內部問題導致了民粹主義的崛起。由於內部改革舉步維艱，一些國家簡單地把

---

① 本文原載於 2019 年 12 月 26 日《人民日報》，標題為《為世界提供確定性和正能量》。

責任推向外部，推到全球化和其他國家上，導致經濟民族主義和貿易保護主義的崛起。當政治人物決意把內部危機外部化時，內部強硬派紛紛抬頭，國家間的衝突不再局限在單純的貿易領域，而向其他領域擴展。

中國等發展中國家繼續崛起，成為世界局勢的穩定力量。以金磚國家為代表的發展中國家領導人加強溝通，增加共識，強化協調，繼續在多邊主義基礎上推進全球化。無論是西方發達國家還是廣大發展中國家，人們把目光更多轉向了中國。

人們發現，無論是在國際層面還是國內層面，中國呈現出與美國截然不同的局面。美國接連"退群"，中國加速走向世界。中國繼續穩步推進共建"一帶一路"，把"一帶一路"轉向有效的制度建設，強調綠色、高質量和可持續發展。中國還和一些國家簽署了升級版的自由貿易協定。RCEP 談判整體結束。即使在域外國家不斷攪局的南海問題上，中國和東盟國家的"南海行為準則"磋商也取得積極進展。在國內，進博會的成功舉辦不僅展示了中國市場的巨大，更展示了中國向消費大國的轉型。自由貿易區（港）、大灣區、金融開放等"大手筆"，展現了"大國要做大事"的氣派。同時，中國積極推進內部結構性改革，實現優質可持續發展。儘管中國經濟面臨下行壓力，但仍為世界經濟增長貢獻了最大份額。

中國提供着當今國際秩序所必需的國際公共產品，避免了人們一直擔心的"金德爾伯格陷阱"，即世界因缺少足夠的公共產品而失序。尤其需要指出的是，中國這樣做，既非"另起爐灶"，建立以自己為中心的世界或區域秩序，也非像從前和現存其他大國那樣，構建針對他國的"團團夥夥"。中國所提倡和努力的是改革和補充，無意在現存世界秩序中引入顛覆性因素。中國提倡改革，是因為世界體系需要改革。現存體系為西方所確立和把持，但新興國家崛起之後，他們的利益和代表權沒有反映出來，造成了世界體系運作不良。共建 "一帶一路"、金磚國家新開發銀行、亞洲基礎設施投資銀行等顯示，中國發展到今天，已具備對國際秩序和區域秩序做出制度性補充的能力。

美國等西方國家把內部矛盾外部化的表現之一，是憑藉其國際話語權優勢 "妖魔化" 新興國家特別是中國。然而，世界體系運作的實踐邏輯不會因此而改變，內部矛盾外部化解決不了西方的內部問題，一個崛起了的中國更不會被美國和西方隨意擺佈。

中國有能力在實現內部可持續發展的同時避免外部 "修昔底德陷阱"。儘管人們擔憂中國和美國（西方）之間缺失政治信任度，但中國和美國（西方）之間存在巨大的共同利益。沒有一個國家會放棄中國市場。不與自己的利益作對，這是西方過去的信仰，也是今天的信仰。

中華人民共和國是在反抗帝國主義、反對霸權主義的歷程中建立起來的。中國領導人在追求國家崛起和民族復興的同時堅稱 "永不稱霸"，不相信 "國強必霸" 的邏輯。中國倡導的構建人類命運共同體理念，既是對全球化現實的反映，更體現了人類命運休戚與共的價值觀。無論是努力避免 "修昔底德陷阱"，還是積極為國際社會提供必需的公共產品，中國都是在踐行人類命運共同體價值，推進人類命運共同體建設。

一個穩定的中國是這個充滿不確定的世界的最大穩定源。今天如此，今後很長歷史時間裏，依然如此。

第五章

全球發展新變量：疫情之後的世界

疫情與全球政治危機 [1]

當新型冠狀病毒肺炎疫情在中國傳播開來，中國上上下下把病毒視為"敵人"，進行了一場"舉國體制式"的抗疫運動，封城、封路、網格化管理，在短短十幾天之內建立了"兩山"醫院，舉措前所未有。與此同時，西方媒體則異口同聲譴責中國，在用人權、民主、信息自由等評判中國之餘，更多人相信新冠肺炎疫情正在導致中國的政治發生巨變，相信正如"切爾諾貝利時刻"是蘇聯解體的轉折點，新冠肺炎疫情也正演變成中國的生存危機。

現在，中國"舉國體制式"的抗疫終於見到了階段性的成效。在付出了巨大代價之後，新冠肺炎疫情在中國基本得到控制，各級政府在繼續關切病毒擴散的同時，把恢復經濟活動提到了最高的議程。

但現在輪到那些受疫情影響的其他國家的政府和社會疲於應付。在越來越多的國家，民眾的批評聲音四起。抱怨似乎是媒體和民眾的

---

① 本文原載於 2020 年 3 月 17 日新加坡《聯合早報》。

天性。就如中國民眾對政府有意見一樣，日本、韓國、伊朗、美國、意大利等凡是被疫情威脅到的社會，民眾無不抱怨政府，甚至產生相當規模的社會恐懼。

中國政府具有強人的管控能力，使得疫情導致的恐慌沒有爆發出來，沒有演變成西方評論家普遍所認為的"政治危機"。現在的問題在於，西方各國有沒有能力控制疫情？疫情是否會演變成全球政治危機？提出這樣的問題並非危言聳聽。如果人們能夠摘掉意識形態的有色眼鏡，客觀地看問題，不難發現，所有國家不管政治體制如何，都面臨同樣性質的問題、同樣嚴峻的挑戰。實際上，西方那些用於批評中國的觀點，也可以用來批評西方現在面臨的問題和挑戰。說穿了，如果用意識形態和政治立場來看待自己的問題和他國的問題，最終只能是自欺欺人。

在全球範圍內，各國所面臨的共同問題有哪些？人們至少可以從如下幾個方面來討論。

是否存在一個有效政府和強有力的領導集團

在危急時刻，社會的信心變得極其重要。就這次新冠肺炎疫情來說，在很大程度上，由疫情導致的社會恐慌要比疫情本身給社會秩序造成更大的壓力。社會恐慌不可避免，所有受疫情影響的國家都出現了搶購潮，只是程度不同罷了。一個有效政府和強有力領導層的存在，對減少甚至遏制社會恐慌至關重要，這不僅關乎社會對政府的信任，也關乎政府是否有能力動員資源來有效抗疫。無論是日本、意大利，還是美國，社會最擔心的也是這一點。

　　很多年來，二戰以來建立的西方民主制度和自由資本主義制度受到質疑和挑戰，強人政治抬頭和民粹主義崛起，內部政治紛爭不斷，已經大大弱化了政府的有效性。在這種情況下，能否有一個有效政府和強有力的領導集團來應對疫情，是各國精英和民眾最為擔心的。安倍晉三是日本執政時間最長的首相，但新冠肺炎疫情使得他面臨執政以來最嚴峻的挑戰。美國總統特朗普就新冠病毒發表了全國電視講話，但他對待病毒擴散的態度，幾乎受到美國媒體和民眾的一致批評和攻擊。迄今，似乎還沒出現一個民眾能夠加以信任的政府和領導集體。

是否具備足夠的人財物力來應對疫情

　　無論政治體制如何，無論經濟發展水平如何，新冠肺炎疫情一擴散到哪裏，哪裏就出現資源短缺的情況。美國、意大利、日本和韓國都是發達國家，都被視為擁有優質的公共衛生系統，一些國家平時更是他國學習的榜樣。但疫情危機來臨，沒有一個國家有所準備，全都陷入了全方位的物資短缺的困境，連簡單的口罩、防護服和洗手液等日用品都不夠用，要麼是本國早已放棄生產能力，要麼是儲備不足。不發達國家如伊朗的情況更是嚴峻，以至不得不暫時釋放大量罪犯來防禦疫情的擴散。一些國家更是因為沒有足夠的資源，而放棄了病毒檢測。

中央和地方之間的制度矛盾

中央地方關係是中國面臨的一大問題。早期地方政府信息披露不及時，顯然和中央地方關係有關。這個問題也出現在其他所有國家（除了只有一級政府的新加坡）。美國是聯邦制，在公共衛生領域，聯邦政府擁有權力，但因為特朗普政府被普遍視為"不作為"，各州政府便自行其是，宣佈進入緊急狀態。

在意大利，中央政府先是突然宣佈封鎖部分地區，後又宣佈全國封鎖，但地方並沒有準備好，顯得手腳忙亂，不知道如何執行中央的政策。日本安倍政府修法，賦予首相宣佈國家進入緊急狀態的權力，一旦首相具有這種權力，日本的地方自治就要受到很大的影響，首相擴權的舉動因此引發了地方和社會的質疑。所有這一切使得所有這些國家的中央和地方關係出現了亂象，平常運作良好的體制在危機面前表現得極其脆弱。

專業機構是否有足夠的權威和權力

在防控疫情方面，專業機構主要指疫控專家和醫生等。在醫療和公共衛生領域，知識的權力是不言而喻的，無論是對病毒本身和其傳染性的判斷，還是有效地遏制病毒的方法，幾乎所有環節都涉及非常專業的知識，這些知識是其他群體（包括政治人物）所不具備的。正因如此，專業機構和專業人員擁有很高的社會信任度，社會對他們的信任要遠遠高於對政治人物的信任。自新冠肺炎疫情發生和傳播以來，這個群體在各方面都扮演了很重要的角色。

　　但這個領域也面臨兩個主要的問題。其一是專業人員之間的共識問題。在病毒問題上，從病毒的來源和產生，到病毒的演變和擴散，即使專業人員也需要一個很長的過程來加以認識，在這個過程中的很多時間裏，專業人員之間的共識並不多。在知識界，這是非常正常的現象，因為知識體是多元和開放的。不過，在疫情防控上，這種觀點和判斷的多元性無疑對社會產生很大的影響。如果專業人員眾說紛紜，民眾就不知道要聽誰的。

　　其二，也是更為重要的，是專業知識經常和政治發生嚴重的衝突。專業人員和政治人物之間對事物的考量很不相同。例如，專業人員強調以及時和公開透明的方式公佈疫情信息，這樣民眾才會產生安全感；政治人物則不然，他們要麼需要考量疫情對自己權力的影響，要麼需要考慮其他因素（即所謂的“大局”）。這使得專業機構、專業人員經常和政治人物發生矛盾。

　　美國疾病控制與預防中心（CDC）和總統之間的矛盾即是如此。美國行政部門規定，醫院和醫生不得隨意公佈有關疫情的信息，所有信息先要集中到聯邦政府來公佈。當英國當局宣佈不是每天更新疫情數據，而是一週更新一次的時候，社會就嘩然了。人們原來都以為，所有這些事情只會發生在中國的威權主義體系裏，現在卻發現各國都是如此。儘管專業機構和政治機構都可以找到有利於自己的理由，但這無疑損害了專業機構和人員的權威和權力。

媒體能夠發揮怎樣的權力

　　在西方，媒體一直以報道真相為己任，被視為獨立的權力。的確，自由的媒體對政治人物和老百姓都可以產生巨大的影響。在疫情期間，西方媒體又是否有完全的言論自由呢？實際上，一旦行政當局規定疫情信息要集中起來公佈（如美國），媒體就很難像平常那樣享受言論自由了。這倒不是因為媒體失去了言論自由，而是因為媒體缺失了新聞的來源。很多政府像對待戰爭那樣來對待新冠肺炎疫情，這樣的政府獲得了一種特殊時期的權力來限制媒體的自由。儘管人們會質疑政府的這種特殊權力，但在這個時候，民眾願意暫時放棄自己的一些權利來賦權政府。今天的意大利就是這種情況。在美國，媒體和行政當局（總統）之間上演着互稱對方製造假新聞、互相指責的大戲。

社會力量扮演一個怎樣的角色

新冠肺炎疫情的擴散使得病毒獲得了"全社會性"，全政府抗疫已經遠遠不夠，只有全社會抗疫才會取得成功。也就是說，社會力量扮演一個怎樣的角色，對抗疫是否成功至關重要。

社會的角色主要表現在兩個方面：一方面是消極的參與，另一方面是積極的參與。消極的參與指的是社會是否配合抗疫。社會是否配合？這個問題的答案實際上並不明確。今天不管哪個國家，人們總是把目標針對政府，但忘了社會配合是政府抗疫成功的前提。韓國的情況就充分說明了這一點，大部分的病例都來自大規模的宗教活動。即使在新加坡這樣被視為有效管控的社會，很多病例也來自群聚活動。

一個社會所持有的價值觀影響社會是否配合。在亞洲，無論是儒家文化國家還是威權主義國家，社會成員往往抱着現實主義的態度，他們很容易在安全和自由之間做出選擇，即選擇安全而非自由。對他們來說，道理很簡單，沒有安全，哪來的自由？但在民主國家，要人們在自由和安全之間做出選擇，並不是那麼容易的。人們既要安全，也要保持自由。現實情況是，這兩者並不總是可以同時獲得的。在意大利，人們看到，一方面是政府封城封國，另一方面是封城封國措施形同虛設，人民照樣不戴口罩，照常生活。對政治權力感到深度恐懼的人寧願選擇在家裏孤獨地死亡，也不願看到一個高度集權政府的出現。

一些社會文化因素也妨礙一些國家的有效抗疫。例如不同文化對戴口罩就有不同的理解。在亞洲（尤其在日本），戴口罩往往表示對別人的尊重，讓別人放心；但在西方，戴口罩的人往往被視為病人，所以經常受到人們歧視。

社會積極的參與方面在中國已經表現出來。儘管中國的治理體制並沒有充分考量社會力量的參與，但在這次抗疫過程中，各個社會群體顯示了自己的力量。倒是平常被視為擁有強有力社會力量的西方（包括日本），到現在為止，還沒讓人看到社會如何組織起來對抗疫情。這或許和西方人把疾病視為私人事務有關。在很多國家，人們所看到的大多是社會的恐慌狀態。

這裏討論的所有因素都在影響各國應對疫情的方法及其有效性。儘管各國都面臨所有這些問題，但因為各國的政治制度、意識形態、文化、價值觀、生活方式等的不同，人們並沒有一個統一有效的抗疫模式可以模仿和參照。如果用眼下流行的網絡用語來說，就是人家的作業自己沒辦法抄。因此，儘管中國的方法在中國有效，新加坡的方法在新加坡有效，但沒有一個國家可以照抄照搬中國的模式、新加坡的模式。最終，各國都必須找到適合自己社會的有效模式。

　　所有國家都在和時間賽跑。快速瘋狂擴散的病毒不僅威脅人民的生命，也威脅各個社會正常的經濟生活。病毒所及的國家，經濟活動（無論是內部還是國際層面）都受到極其負面的影響。各國政府針對疫情所採取的必要極端舉措（例如封城、封市、封國界等），使得內外經濟活動停擺，各國股市震盪，經濟危機一觸即發。

　　如果疫情不能在短時間內得到控制，如果疫情持續導致全球經濟危機，我們距離一場全球範圍的政治危機也不遠了。

　　不管人們喜歡與否，病毒是人類全球化的一部分。這也決定了沒有一個國家、沒有一個政府可以獨善其身；要戰勝病毒的擴散，就需要國家間的通力合作，而非互相嘲笑或妖魔化對方。

疫情與制度之爭的謬誤 ①

中西制度之爭

　　新冠肺炎疫情在全球的擴散，和各國政府抗疫成績的巨大差異，引發了新一波中西制度之爭。

　　先是西方媒體批評和指責中國的制度，認為中國的"專制"制度造成了地方政府對病毒信息有所隱瞞，才導致後來疫情的大規模擴散；很多西方媒體也認為新冠肺炎疫情是中國的"切爾諾貝利事件"，最終會導致中共的垮台。等到中國成功有效地控制住病毒的擴散，嚴防病毒再次捲土重來，同時不僅恢復經濟，而且向世界各國提供醫療救助物品時，輪到中國媒體批評和指責西方體制。

　　令人驚奇的是，和西方媒體一樣，中國媒體也強調體制的作用，認為西方政府抗疫不力是因為西方的民主體制，而中國政府成功抗疫則是因為中國的"舉國體制"。

---

① 本文原載於 2020 年 5 月 5 日新加坡《聯合早報》。

　　西方媒體和政治人物把中西方體制的不同，簡化成"民主"和"專制"之分；中國媒體也基本上接受了這個區分，即西方"民主"和中國的"舉國體制"。

　　多年來，在解釋民主和專制應對災難的不同方法時，相信西方民主優越的人，往往引用經濟學家阿瑪蒂亞·森（Amartya Sen）的名言："人類歷史上，沒有哪一場饑荒是發生在正常運轉的民主國家的。"森認為，因為民主政府必須面對選民，他們有防止災難發生的強烈意願。

　　應當指出的是，森提出的只是一個假設。如果把森的假設延伸到歷史上的瘟疫事件，則難以令人信服。1918 年開始的西班牙流感，在西方各民主國家之間大肆流傳，應當如何解釋呢？西方交戰國為了在軍事上佔據優勢，進行嚴格的信息管制，隱瞞流感信息，導致流感在地球上轉了三圈。

　　這次疫情剛發生時，由於人們對新病毒沒有任何認識，地方政府措手不及。但一旦認識到嚴重性，中國整個國家動員起來。武漢（湖北）的封城（封省）為其他國家提供了極其寶貴的時間。西方國家本來有足夠的時間準備應對舉措，但白白浪費了。這很難用西方一再堅持的"中國隱瞞信息"來解釋；相反，民主的懶散、政治人物的傲慢、基於種族主義之上的愚昧（認為病毒只有對亞洲人有效）等都產生了影響。

　　在病毒擴散的過程中，西方也沒有堅持"言論自由"原則。美國海軍"羅斯福號"航母艦長克羅澤，因為公開航母上軍人感染病毒而被解職。這使人想起了 1918 年民主國家的行為。尤其讓人不能接受的是，在世界衛生組織宣佈進入全球衛生緊急狀態之後，西方很多國家依然不作為。

正如弗朗西斯・福山撰文指出的，美國如此糟糕的抗疫行為，並不能夠用西方的“民主制度”概念來解釋，中國政府有效的抗疫行動，也不能夠用西方所說的“專制”或者中國本身所說的“舉國體制”來解釋。把各國政治制度簡單地二分為“民主”與“專制／舉國體制”，就必然走向政治化和意識形態化，導致雙重標準，看不到事物的真相。

意識形態化的解釋所得出的結論，更是經常令人啼笑皆非。例如中國採取封城手段、限制老百姓的出行，在西方眼中就是違背人權，而西方這樣做則是為了公共利益的需要。西方老百姓不遵從政府的規定自由出行，則被說成是“西方民眾捍衛民主自由的價值”。

西方批評中國抗疫模式的原因

這種意識形態化也表現在西方對亞洲社會抗疫方式的理解。很多西方媒體羨慕亞洲社會的抗疫方式。令人驚訝的是，西方媒體一如既往地批評中國大陸，但對韓國、新加坡和中國台灣的方法進行褒揚。如果了解中國和其他東亞社會的抗疫模式，就不難發現這些社會之間其實有很多的共同點。

這些社會大多採用侵入式電子監控跟蹤、限制人民的出行、積極組織檢測和實施嚴格隔離等手段，只不過在西方看來，這些手段如果用在中國，是中國制度“專制性”的表現，用到其他社會則是治理“有效性”的表現。中國政府早些時候為了減輕對正規醫院的壓力而設立的方艙醫院，竟然也被西方媒體視為“集中營”。不過，後來很多西方政府也學中國，設立方艙醫院。

　　一個國家的制度對政府抗疫肯定有影響，但並非如"民主"與"專制"論者所認為的那麼簡單。在這次抗疫過程中，制度和政府抗疫的關聯性表現在方方面面，包括中央（聯邦）政府的權力集中程度、政府規模、中央與地方關係、地方政府的責任等。但所有這些制度因素，與其說與一個國家的基本制度相關，倒不如說與一個國家的治理制度相關。

　　就制度而言，有幾點是人們必須認識的。第一，每一個國家的制度都是根據其自身的文明、文化和國情發展而來，並且是向歷史開放的，在不同階段與時俱進，以應對變化。一個制度如果不能適應時代變化的需要，就會被無情地淘汰。因此，正如任何制度的消亡有其理由一樣，任何制度的存在也是有其理由的。

　　第二，制度本身具有可變性和靈活性。沒有任何一個制度會像"民主論"或"專制論"那樣刻板地存在和運作。任何制度都既有其民主的一面，也有其專制的一面。在應對危機的時候，集權的體制可以轉向分權，分權的體制可以轉向集權。西方批評中國體制的集權性，但為了抗疫，不僅發展中國家的民主，而且老牌發達國家如英美的民主也紛紛轉向集權。

　　歷史上，法西斯主義和納粹主義也是民主的產物。危機來臨之時，比危機本身更危險的便是危機引起的恐慌。西方所說的威權主義政體，有能力控制社會的恐慌。西方所說的民主政體，則因為重視個體價值而相對欠缺這種能力。在社會大恐慌的條件下，民主與集權只有一牆之隔。

　　第三，制度操作者具有主觀能動性。制度是由人來操作的，同樣一個制度由不同的人來操作，效果就很不相同。在民主國家，人們看不到森所說的現象，即"民主政府必須面對選民，他們有防止災難發生的強烈意願"；相反的現象卻發生了，即民主國家領導人往往利用危機來強化自己的權力，或者自己代表的黨派的權力，而不是全力以赴地抗疫。

在匈牙利，民主政體自轉型以來總是顯出搖搖欲墜的樣子，從來就沒有鞏固過。新冠肺炎疫情使得人民賦權右派政府，總理歐爾班已經可以實施政令統治，可以逮捕批評他的記者。以色列總理內塔尼亞胡執政多年後面臨恥辱的終結，但新冠肺炎疫情讓他得到了喘息機會。他已經命令大多數法院關閉，推遲對自己的腐敗案件的審判。印度封鎖國家之後，總理莫迪的印度教民族主義政府頒佈了法律，方便印度人在穆斯林佔多數的查謨和克什米爾地區成為永久居民。

英國是老牌民主國家，但新冠肺炎疫情賦予政府部長可以拘捕人民和關閉邊境的權力。美國是自由民主的"燈塔"，但總統特朗普已經獲得戰爭期間才可擁有的諸多權力。

即使是讓西方一向感到驕傲的"言論自由"，在民粹主義崛起的時代也出現了嚴重的問題。所謂的言論自由是基於事實之上的言論自由。但在民粹主義的主導下，人們對任何事物都有了特定的政治立場和意識形態，一旦人們用政治立場和意識形態看問題，就沒有了事實，只有"後事實"和"後真相"。

如果說人們對應對疫情的方法有左和右的不同看法，依然可以理解，但如果人們對病毒本身是否存在、是否嚴重，是經濟重要還是生命重要等基本問題的認識都具有了政治性和意識形態性，這種言論自由的目的到底是什麼呢？在西方，極端右派和極端左派對這些基本問題的看法截然不同，不僅導致社會的混亂，更導致政府的抗疫不力。特朗普和一些政客的言論更使得普通美國人驚訝：民主為什麼會產生這樣的政治人物？

除了這些影響政府治理能力的制度因素外，影響西方政府抗疫能力的還有文化和社會因素。假定如森所說，民主政府更有意願去治理危機，但這並不意味着政府也更有治理能力。影響政府治理能力的主要是政府和社會的關係、政府與經濟的關係。

東亞社會何以能執行抗疫政策

在東亞社會，政府能夠有效治理新冠肺炎疫情，一個主要因素在於人民的配合。在東亞，要人民在自由和生命之間做出選擇並不難，因為沒有生命，哪有自由？傳統上，東亞社會的人民也普遍信任政府。這兩者的結合，使得東亞社會的政府防疫和抗疫政策能夠有效實施。

西方的情況則全然不同。在東亞，幾乎沒有人爭論要不要戴口罩，因為戴口罩既是自我保護，也表示對他人的尊重。只是在缺少口罩的情況下，一些政府才會考量什麼情況要戴口罩、什麼情況不需要戴的問題。但在現代西方文化中，戴口罩意味着"得病"，戴口罩的人往往被人歧視。對於戴口罩這樣一件簡單的事情，西方各國爭論不休。疫情已經變得如此嚴峻，人們還在爭論戴不戴口罩。

東亞社會和西方社會的"封城"措施對個人行為的影響，更是截然不同。在東亞，人們普遍接受政府的指引，不管是自願還是非自願，很少有人去違背政策。但在西方，"封城"概念很少對個人行為產生影響，很多人還是照常生活，好像什麼都沒有發生。

更為重要的是政府和經濟之間的關係。經濟能力是政府的核心能力。制度必須具有動員能力，但前提是有資源可以動員。在這方面，中國（和東亞社會）表現在經濟和社會的統一，在西方則表現為經濟和社會的脫節及錯位。中國政府抗疫之所以有效，不僅僅是因為"舉國體制"的動員能力，更在於今天中國的經濟能力。

中國獲益於改革開放以來所積累的經濟資源。在過去數十年裏，中國成為世界製造工廠，並且什麼都能生產。例如，中國的口罩生產量佔了世界的一半以上。儘管抗疫早期，中國也面臨醫療物資短缺的情況，但因為具有龐大的生產能力，很快就克服了這一困難。充足的醫療物資供應無疑是中國抗疫成功的經濟基礎。

西方的情況就不一樣了。西方具有世界上最發達的經濟體，最先進的醫療系統、公共衛生系統（尤其是歐洲國家的公共衛生制度），也是世界其他國家學習的榜樣，但為什麼這次抗疫能力如此低下？除了上述制度和社會因素之外，最重要的就是經濟和社會的分離。自 20 世紀 80 年代以來，新自由主義主導的全球化已經全然把經濟和社會分離開來。資本逐利，把大部分生產轉移到其他國家，這使得在危機時刻，國家所需的供應嚴重不足。

例如，根據美國的統計，80% 以上的醫療物資和 90% 以上的抗生素從中國進口。特朗普說美國具有最強的經濟和最先進的醫療，叫人民不要恐慌，但是在沒有足夠的口罩、防護服等醫療物資的情況下，老百姓能不恐慌嗎？在歐洲，意大利、塞爾維亞等國向德、法等國求救不得，不見得是德、法自私，而是因為醫療物資短缺，先要照顧自己的人民，德國更是截留了輸往其他國家的醫療物資。這些都是醫療物資產業鏈轉移到其他國家的結果。

以此看來，決定一個國家抗疫成敗的因素有多種。制度很重要，但制度並非唯一的決定因素。這也說明，制度決定論會導向很多謬誤。在危機來臨之際，把制度簡化成一種類似"民主"和"專制"那樣的意識形態更是危險。

猶如宗教，意識形態在社會治理上起着很重要、可以稱為"軟力量"的作用。不過，在危機面前，意識形態不能成為體制的遮羞布，否則就是自欺欺人；相反，人們必須直面現實，超越意識形態對思想意識的束縛，敢於實踐，從自己的實踐中尋找解決問題的方案，也向其他國家的最優實踐學習。實踐才是歷史開放和永遠不會終結的終極根源。

中西“抗疫”話語權之爭的謬誤 [1]

在本土新冠肺炎疫情基本得到控制後，中國政府宣佈向那些需要中國幫助的國家和世界衛生組織、非盟提供援助，包括檢測試劑、口罩、防護服、呼吸機等，這屬必然。

疫情在世界各地橫行，各國政府忙於應對抗疫，需要大量的抗疫物資。因為很多西方國家基本上已經把很多生產鏈轉移到國外，不再生產附加值不那麼高的醫療物資，或者產能不足，疫情到來的時候，也不可能馬上把生產線轉移到國內，恢復生產，因此只能向國外採購。而中國剛好是世界工廠，具有龐大的產能。中國在疫情期間已經開始大量生產醫療物資。現在中國自己把疫情控制下來，自然就可以支援其他國家來抗疫了。

中國出口大量醫療物資，儘管是各國之迫切所需，但西方對中國的外援反應強烈，大多持批評甚至指責的態度。一些西方媒體在中國醫療產品的質量上大做文章，挑毛病，對中國發難，認為中國出口劣

---

① 本文原載於 2020 年 4 月 7 日新加坡《聯合早報》。

質醫療產品。一些國家的醫療管理機構甚至不批准使用中國的產品。從總體上看，西方內部精英之間就中國對他們國家的支援，不僅沒有共識，反而加速分化。在很多西方精英的眼中，中國對外援助變成了"口罩外交"、"影響力之爭"和"地緣政治之爭"。

新型冠狀病毒在無情擴散，每天有大量的人口群體被感染，有大量的病人死去，"死亡"成為世界各國的共同敵人。也就是說，人類社會因為新冠肺炎而上演着一場全球性的人道主義危機。歐美是世界上經濟最發達的地區，並且醫療體制和公共衛生體系也很發達。疫情在歐美都造成了如此深刻的人道主義危機，一旦到了那些貧窮和公共衛生體制能力低下的國家，情形不堪設想。病毒沒有邊界，沒有任何個人、任何社會、任何國家能夠獨善其身，唯獨合作才是出路。今天，重要的問題並不是哪一個國家控制住了疫情，而是哪一個國家沒有控制好疫情。只要有國家沒有控制好，病毒就會擴散到全球，這只是時間問題，而非可能性問題。

如果一方需要他人幫助，也樂意接受他人的幫助，而另一方願意幫助，也有能力幫助，這便是一個明顯的雙贏格局。但為什麼會出現今天這樣令人費解的局面呢？

在國際舞台上，好像沒有什麼事物是沒有政治性的。應對疫情演變成了國家間的權力之爭並不難理解。這確切地表現在中國和西方的關係上。今天人們所看到的世界體系是西方確立起來的，舞台上的主角一直是西方國家。現在西方諸國因為疫情自顧不暇，忙於抗疫，好像只有中國在這個本來屬於它們的舞台上活動，這使得很多國家感覺到自身的失落。

西方政治人物的考慮

被視為行為科學界的達爾文的哈羅德・拉斯韋爾（Harold Lasswell）把政治定義為"誰得到什麼，什麼時候和如何得到"（Politics：Who Gets What，When，How）。西方政治人物的考慮，顯然不是如何通過國際合作有效抗疫；相反，他們的首要考慮是在這場病毒戰爭中誰會獲得最多。或者說，他們的問題是：誰是贏家，誰是輸家？

新冠肺炎疫情這樣深刻的危機，並沒有絲毫改變政治人物的態度。對這些政治人物來說，"國家利益"高於一切。這不光是針對中國，一些西方國家針對內部問題也經常持這個態度。因此，美國黨派之間曾經爭論是抗疫重要還是維持經濟生活重要，很多保守派提倡用犧牲生命來保經濟，而英國首相約翰遜則倡導"群體免疫"。

美國政治人物擔憂的是疫情是否會導致美國的最終衰落。曾經在奧巴馬執政時期任主管東亞及太平洋事務的助理國務卿的庫爾特・坎貝爾（Kurt M. Campbell）和學者杜如松（Rush Doshi）在《外交事務》上發表文章，把這一點說得很清楚。他們指出："美國過去 70 多年來建立國際領導者的地位，不單是因為其財富和實力，更重要的是美國國內管治、供應全球公共物品、有能力和願意集合和協調國際力量去應對危機所帶出的認受性。"

不過，這場大流行病"考驗上述美國領導能力的全部三要素，但到目前為止華盛頓並不合格，在其步履蹣跚時，北京正在迅速而熟練地採取行動，利用美國失誤而造成的缺口，填補其空缺，把自己呈現成應對這場大流行病的全球領導者"。

他們擔憂，中國試圖通過在大流行病中對其他國家的幫助，建立新的基準，把中國塑造成不可或缺的強國（essential power），並以此和各國建立關係。這已經明顯表現在中國與日本、韓國聯合應對疫情，向歐盟提供重要衛生設備的行為上。美國更應當擔心的是，儘管其歐洲盟友並沒有公開批評特朗普政府，但在一些關鍵問題上，美國的盟友已經不是和美國站在同一戰線上了，例如是否採用華為技術和對待伊朗問題。

如果英國 1956 年奪取蘇伊士運河的行動標誌着大英帝國的最後衰落，那美國繼續這樣下去，新型冠狀病毒大流行將會是美國的“蘇伊士時刻”。

這樣的擔憂並非只在美國存在，而是已蔓延到整個西方。歐盟外交與安全政策高級代表何塞普·博雷利（Josep Borrell）2020 年 3 月 23 日在歐盟對外行動署網站上，發表一篇題為《冠狀病毒大流行及其正在建立的新世界》的文章，從地緣政治的角度來審視中國外交，對中國在抗擊新冠肺炎疫情期間的“慷慨政治”發出警告，敦促歐盟國家準備好迎接一場“全球話語權之戰”中的“影響力之爭”。他認為，中國有針對性地幫助某些國家，給它們提供抗擊疫情物資以“展示團結和友誼”。

博雷利說，“一場全球性話語權之戰正在進行”，中國通過大舉幫助歐洲，“在大張旗鼓地傳遞一個信息，那就是，與美國不同，中國是個負責任和可靠的夥伴”。這位作者警告說：“對於歐洲來說，我們能肯定的是，隨着疫情的暴發和我們應對疫情的進展，人們的看法會再次改變。但是我們必須明白，這其中有地緣政治的成分，包括通過杜撰和‘慷慨政治’來爭奪影響力的鬥爭。有了事實，我們需要保衛歐洲不受誹謗者的攻擊。"

　　當意大利和塞爾維亞等國向歐盟求救時，德、法等歐盟大國都感到無能為力，無動於衷，因此這些國家只好轉向中國，中國也及時地提供了援助。但當這種"地緣政治論"被炒熱之後，德國和法國領導人也出來表示關切，並且聲言要幫助意大利等國，以維護歐洲的團結。

西方缺乏自我反思

　　美國和整個西方顯然沒有自我反思能力。正如一個國家的外部影響力是其內部崛起的外部反映一樣，一個國家的外部衰落也是其內部衰落的反映。簡單地說，英國的衰落並非因為美國的崛起，或者美國的衰落並非因為中國的崛起。

　　美國在國際舞台上領導力的衰落，不僅僅是因為其內部問題，更是因為它成為唯一的霸權之後開始實行單邊主義。自"9·11"事件開始，美國因為實施單邊主義，就已經和其歐洲盟友漸行漸遠。之後的很多年，因為美國在國際舞台上擴張過度，不得不做收縮戰線的調整。尤其在特朗普上台之後，美國急速從各種國際協議中退出，在"美國優先"思路的主導下，美國已經不能在國際舞台上扮演領導者角色了。

　　歐盟也一樣。歐盟在很長時間裏被視為不僅是歐洲的未來，更是人類區域合作的典範。但歐盟的衰落甚至遠比人們想象得快。這些年來，英國脫歐，歐盟成員國怨聲四起。這次新冠肺炎疫情更是顯露出歐盟的軟肋。人們沒有看到歐盟共同體的存在，只感覺到歐洲回到了絕對主權的時代，各國顯露出極端的自私性。成員國之間的合作精神蕩然無存，內部右派民粹主義的崛起更增加了合作的困難。德國不僅沒有力量向意大利提供幫助，反而截留了本來要運往其他歐洲國家的抗疫物資。

意大利等國並非有意和歐盟作對，這些國家只是在向歐盟求助無望的情況下轉而求助中國。再者，中國和意大利或者歐洲其他國家的合作，並沒有任何地緣政治的考量。中國的地緣政治重心永遠在亞洲，和歐洲的關係充其量不過是經貿關係罷了。所謂的 "地緣政治" 之爭，無疑是西方文化的想象。

導致美國（西方）內部衰落更重要的原因，則是 20 世紀 80 年代以來的新自由主義經濟政策所導致的資本主義的異化。在資本的主導下，意在塑造國際勞動分工的全球化，把西方諸國產業大多轉移到了其他國家。儘管國際勞動分工有助於提高勞動生產率，但導致了西方內部經濟和社會的分離。經濟本來是嵌入社會的，但現在經濟活動高度國際化，沒有了主權性質，更不是社會所能控制的。美國和西方國家這次抗疫如此無能，不僅僅是因為治理體制，更是因為這些國家已經不再生產簡單的醫療物資。

美國高度依賴中國的醫療物資供應，80% 以上的醫療物資和 97% 的抗生素來自中國。歐洲和其他主要資本主義國家也是如此。中國作為醫療物資生產大國有意願有能力，並且有道義上的必要性來幫助其他國家，這再正常不過了。但西方諸國又擔憂中國的醫療物資會影響本國人民對中國的看法。西方政治人物對意識形態的着迷，使得他們對自己的老百姓失去了自信。

如果說美國和西方的意識形態偏見、對地緣政治影響力的擔憂等因素，導向了它們對中國的錯誤認知，中國本身是否也有需要檢討的地方呢？

中國的言行有讓人誤解之處

實際上，在中西之間根本不存在西方所說的"話語權"之爭，因為中國從來就沒有確立過自己的話語權，中國所做的只是對西方話語權的回應。一個文明大國進入了國際體系，但從來就沒有建立起自己的國際話語體系，因此，中國被西方誤解。

這個問題並非因新冠肺炎疫情引起，只不過疫情讓這個問題再次暴露了出來。例如，中國的"一帶一路"倡議和東歐國家的"16+1機制"等，根本不是地緣政治項目，而僅僅只是商貿交往。但受西方話語影響，中國有的學者也把此視為中國領導世界的路徑，官方的"倡議"概念被轉化成為"戰略"的概念。同時，受西方影響，不管具體情況，有人到處濫用"多邊主義"方式，使得中國和西方的"團團夥夥"趨同。

這次新冠肺炎疫情發生之後也一樣。中國應當以一種什麼樣的精神進行外交呢？沒有人會否認，新冠病毒已經導致了一場全球範圍內的人道主義危機，並且隨着病毒的到處擴散，危機在加深。如果明了這場危機的性質，如何進行外交也就明了了，即這是一場意在緩解人道主義危機的外交。

其實，中國本身能夠在很短時間裏控制住疫情，也和領導層把老百姓的生命放在第一位有關。如此大規模地封城、封省、斷航，肯定會影響國民經濟的正常運行，中國實際上也遭受了巨大的經濟損失，但領導層仍然果斷地這麼做了。抗疫優先還是經濟優先？這在中國沒有成為問題。類似"佛系抗疫"或者"群體免疫"這樣的概念，更不會出現在中國的政治話語裏。

但很可惜，人們並沒有把這個大好的機遇利用起來，把中國本身的話語建立起來，官僚機構、媒體、社會訴諸民族主義和民粹主義精神，和西方針鋒相對，結果還是被西方牽着鼻子走，糾纏在一些非本質性的問題上。很多人以為這樣做至少在語言上佔了優勢，但語言不是話語，聲音很響卻話語全無。更為重要的是，這種語言戰有效地消耗了中國從行動上所贏得的國際信譽和信用。

新冠肺炎疫情無疑正在成為改變世界歷史進程的事件。中國如何在這個進程中定位自身，離不開自己話語的塑造。因此，不要以為自己已經擁有了話語和話語權，這個艱巨的任務仍然是中國所面臨的最大國際挑戰。

抗疫核心是政治與科學的關係 [1]

新型冠狀病毒肺炎疫情在各國散播，各國抗疫成績相去甚遠。造成各國之間抗疫差異的因素有很多，但如何處理政治與科學之間的矛盾，無疑是一個最為核心的問題；處理得好，不僅疫情可以得到控制，而且社會經濟也不至於損失慘重。

政治即利益表達，是不同利益之間的力量角力和平衡，無論是西方那樣自下而上的利益表達，還是中國這樣自上而下的利益展現。科學關注的則是如何最有效預防、阻斷疫情的傳播和拯救生命，不會把重點置於其他任何方面。

在新型冠狀病毒肺炎疫情中，政治和科學之間的矛盾既表現為生命與經濟之間的關係，也表現在生命和個人自由之間的關係。再者，如何處理政治和科學之間的關係，本身就需要科學。

---

① 本文原載於 2020 年 5 月 12 日新加坡《聯合早報》。

東亞社會抗疫中政治與科學的平衡

相對於西方國家尤其是英美國家，東亞社會的抗疫很顯然是比較成功的，而成功的關鍵在於東亞政府在抗疫過程中，能夠實現科學與政治之間的平衡。東亞社會的這個特徵，和這些社會的技術官僚治國傳統有很大的關係。技術官僚治國的一個主要特徵，就是這個群體在診斷問題和尋找解決問題的方法時，不會去訴諸意識形態和政治考量，而是訴諸科學的理性和邏輯。韓國和新加坡等社會被西方視為抗疫的典範。

韓國和新加坡對一些社會群體（例如旅遊者）使用了侵入式監控體系，來減緩病毒的流出速度，甚至阻隔病毒的傳播，但對一般老百姓則沒有採取過於極端的舉措。這樣做無非是要同時達到兩個目標，抗疫和維持正常的經濟社會生活。

中國的舉措在很多方面也和亞洲其他社會類似，但在某些情況下更為極端一些。這也是有理由的。中國中央政府對武漢（湖北）斷然做出封城（省）的決定，這種極端的舉措拯救了無數生命，但也帶來了重大的經濟損失，導致 2020 年第一季度經濟基本停滯。但中國政府是否可以像後來的韓國和新加坡政府那樣，採取比較溫和的政策從而減少經濟損失呢？這些只是 "事後諸葛亮" 的解釋。這些極端的舉措在當時的情況下無疑是正確的選擇。

從很大程度上說，中國儘管犧牲了經濟活動，但應對疫情擴散的方法，包括大規模的舉國動員、跨省支援、"兩山" 醫院建設、方艙醫院的設置等，都表現出很大的科學性。換句話說，儘管中國在抗疫中也是有政治的，但在全面抗疫開始之後，政府沒有妨礙科學，而且政治助力科學方法的使用達到了極致。

這種做法經常招致西方的批評，認為政府過於專制，違反自由人權，連方艙醫院也被視為新型"集中營"。但正是科學方法的使用，使中國在短時間內有效地控制了疫情。用美國學者福山的話說，中國是非西方社會抗疫成功的例子。

西方則是另一種情形。如果說中國是政治助力科學，西方則可以說是政治凌駕於科學。政治過度而科學不足是很多西方國家政府抗疫不力的一個主要原因，尤其是被視為西方民主典範的英美兩國。

英國政治過度導致抗疫不力

英國衛生部 2020 年 5 月 5 日公佈，全英國已經有 2.94 萬人死於新型冠狀病毒肺炎，這意味着英國已經超越了意大利，成為新冠死亡人數第二高的國家，僅排在美國之後。從疫情一開始，約翰遜政府一直被各界批評反應不足，包括過早放棄檢測和追蹤的圍堵策略，封城舉措遠遠落後於歐洲其他國家，甚至首相及衛生部長也曾經確診。英國分析家認為，這是英國約翰遜政府將政治凌駕於科學之上造成的。

包括英國在內的一些西方國家，一直在抱怨中國早期的行為，認為是中國的"隱瞞"和"遲疑"導致了疫情在全世界的流行。不過，這種推責行為解釋不了這些國家本身為什麼那麼遲疑。世界衛生組織 2020 年 1 月 30 日將新型冠狀病毒疫情列為"國際公共衛生緊急事件"，而英國本身次日也確診了首兩例感染者。

不過，約翰遜政府在 2020 年 2 月初仍然沉浸在脫歐的喜悅之中，並發表慶祝脫歐的演說。媒體也發現，首相缺席了多場商討抗疫對策的內閣辦公室簡報室會議，顯示首相對疫情並不重視和關心。英國政府的抗疫決定，也一直被批缺乏透明度，內閣辦公室簡報室會議的內容一直是保密的。儘管政府也參考了"緊急事件科學顧問小組"的科學建議，但一直沒有公開小組成員的名單。這個專家小組早就預警，如果不採取有效舉措，英國到 3 月初有八成人口會感染，但首相仍然只建議民眾多洗手，也稱自己探訪醫院時有跟每一個人握手。政治對科學的蔑視和兩者之間的分歧是顯而易見的。連西方媒體都用激烈的語氣，批評他們的總統或者首相出現在公眾場合時不戴口罩的行為。

英國政府在 2020 年 3 月 12 日透露，已經結束抗疫計劃第一階段，由通過檢測和追蹤以圍堵病毒改為紓緩政策，要求所有出現症狀者自我隔離一週，但社交距離舉措及停課安排仍在考量之中。很多人認為，英國政府一開始就不應該放棄圍堵策略。首席科學顧問帕特里克·瓦蘭斯（Patrick Vallance）在 3 月 13 日提出"群體免疫論"，即讓全國六成人口感染以產生免疫力，長遠保護整個社區。這在英國引起極大爭議。當時英國已經有近 800 宗病例，但許多大型活動仍在進行。與此同時，意大利、法國和西班牙已經相繼封城，德國則採取嚴格的社交距離舉措，並推行大規模的檢測及追蹤。之後，英國政府又倒轉回頭，多次強調群體免疫只是科學概念，並非實際抗疫政策的一部分。

3 月 16 日，由帝國理工學院流行病權威專家尼爾·弗格森（Neil Ferguson）帶領的研究團隊發表了一份研究報告，被外界視為逆轉英國政府抗疫態度的關鍵。根據這份報告的推算，如果繼續採取紓緩政策而非圍堵策略，英國的國民保健服務（NHS）將超負荷，或導致 25

萬人死亡。之後的一週，政府內部就應否封城出現激烈辯論。

　　儘管衛生官員認為封城勢在必行，但財政官員擔心封城會影響經濟活動。不管如何，這場爭論浪費了大量的時間。在政策爭論期間，病毒在加速流行，但老百姓生活如常。直到 3 月 20 日政府才下令關閉學校、酒吧、飯店和其他社交場所，23 日才實施封城。

美國抗疫中政治如何凌駕於科學

　　在美國，政治凌駕於科學的情況比英國更為糟糕。抗疫開始迄今，美國的抗疫故事似乎每天都圍繞着行政權力，即總統與科學家專家群體之間的矛盾而展開。總統和國會圍繞着如何應付美國的經濟問題而有過互動和交鋒，但這並不是主線。

　　美國的政治凌駕於科學在三個層面展開。

　　首先是政治人物個人層面的政治。在這一層面，特朗普無疑是主角。特朗普出於其個人權力、選舉等考量，不惜否定專家的科學建議。特朗普上任以來屢屢否定與其立場相違甚至指正其錯誤的權威意見與措施，以擴張其個人權威。在這次疫情中，特朗普把這種情況推到了極端。總統多次無視疾病控制及預防中心官員及其他專家基於科學的建議，淡化疫情，提出未經證實的療法，甚至建議用注射消毒液的方法來殺死人體內的冠狀病毒。儘管他稍後否定這一做法，但美國已經有些老百姓按照總統的方法做了。總統個人的傲慢也導致了白宮的失守，一些工作人員確診感染新型冠狀病毒。總統個人在要不要戴口罩的問題上浪費了很多時間，最終決定戴了，但總統本人還是經常不戴，連白宮工作人員也搞不清楚疫情期間的行為規則。

　　個人利益考量也表現在一些國會議員在疫情期間利用內部消息而出讓股票的事例中。

　　其次是利益集團層面的政治。這主要表現在對經濟重要還是生命重要的爭論及與其相關的政策之中。美國的很多保守派政治人物，無論在聯邦層面還是州和地方層面，一直把經濟置於生命之前，甚至公開主張為了經濟可以不惜犧牲人民的生命。儘管這種爭論不可避免，但經濟重於生命的理念，的確影響着無論是聯邦政府還是地方政府的抗疫政策的有效性。

　　儘管新冠肺炎確診病例仍在上升，但白宮表示，由於國家在抗疫上已經取得巨大進展，由其領導的白宮抗疫工作小組會很快解散，改由各聯邦部門協調抗疫。但美國的多個專家模型預測均顯示，如果美國恢復正常活動重開經濟，確診和死亡病例數字將激增。各種民調也顯示，過半美國人對解封仍感不安。面臨批評，特朗普又改口，稱抗疫小組工作出色，會無限期延續，但同時會把重點放在"安全和重開國家、疫苗、治療"等方面。

　　根據美國媒體報道，疾病控制與預防中心在 2020 年 4 月制定了供地方官員決定如何按部就班恢復正常社會生活的系列具體建議，但遭白宮擱置，因為有違特朗普讓各州自決解封的策略。白宮阻撓疾病控制與預防中心的報告，變相將防疫舉措實施轉嫁給各州甚至企業本身。一些共和黨掌控的州為保經濟而急於重啟經濟，而民主黨掌控的州繼續抗疫。

　　再次是國際層面的政治。美國總統和高官都竭力把新冠病毒擴散的責任推給中國。儘管包括美國在內的各國科學界對新冠病毒的起源仍然處於研究階段，但美國的政界和保守派媒體不斷製造着種種有關新冠病毒的"理論"，如"中國起源論"、"中國責任論"和"中國賠償論"等，試圖把自己抗疫不力的責任推給中國。

共和黨試圖把"中國責任"作為特朗普保持總統職位的競選議程。美國更想通過"五眼聯盟"炮製推責中國的"病毒陰謀論"。美國的過分做法，甚至招致一些聯盟成員也開始和美國保持距離。之前，在所謂伊拉克擁有大規模殺傷性武器問題上，美國的盟友曾經聽信美國，犯了大錯。

儘管因為政治所驅，各國都出現了推責的言論，但沒有任何一個國家像美國那樣，有那麼多的高官和國會議員把那麼多的精力放在推責給中國上。人們可以設想，如果這些官員和政治人物把精力投入抗疫中，可以拯救多少生命呢！

德國的有效抗疫

在西方國家中，德國無疑是抗疫的一個典範。德國的新冠肺炎死亡率僅為 2%，遠遠低於意大利的 13% 和西班牙的 10%。這裏面的因素有很多，但德國領導層能夠在政治和科學之間達成平衡，無疑是關鍵因素。正如美國人把美國疫情的擴散歸諸總統特朗普，德國人把德國抗疫的成功歸於其總理默克爾的強有力領導。儘管在疫情發生早期，默克爾因在歐洲未能發揮足夠有力的領導作用而受到批評，但德國採取的有效應對舉措受到廣泛的讚譽。

作為科班出身的物理學家，她遵循科學建議，並虛心地從其他國家的最佳實踐中學習。美國擁有一些世界上最傑出以及最聰明的科學人才，但特朗普不僅沒有聽取他們的意見，反而經常與科學家鬧意見。默克爾則全然不同，她所依靠的德國國家科學院團隊，不僅包括醫學專家和經濟學家，還包括行為心理學家、教育專家、社會學家、哲學家和憲法專家。

科學地恢復經濟

在任何國家，政治是客觀存在的，也不可或缺。在民主國家，政治被視為防止政治人物為了自己的個人利益或者其所代表的黨派利益而去專權的有效途徑。但如果政治凌駕於科學，就很難找到最有效的方法去挽救老百姓的生命。恢復經濟活動也並非沒有道理，因為如果社會停擺，經濟垮了，就會產生其他更多的問題。

從歷史上看，隨着企業的大量倒閉，失業人口大量上升，民眾生計困難，大規模的社會恐慌不可避免，同時也會造成成千上萬的人因吸毒、心臟病、抑鬱症等跟經濟受挫有關的問題而死亡。因此，恢復經濟運轉有其必要性。問題在於如何科學地逐步開放，而非根據意識形態來進行。

如何達成政治和科學之間的平衡，這是各國政府面臨的問題。至少到目前為止，東亞社會在這方面的表現要遠遠優於西方社會。

"超級全球化" 與人道主義危機 [①]

　　新型冠狀病毒導致了一場全球性的人道主義大危機。每天有無數人染病，也有無數生命逝去。從健康到染病再到死亡，這是一個並不長的過程。如果生命是人類社會的基礎，人類智慧的意義就在於拯救生命。自新冠肺炎疫情暴發以來，人們展開了新一輪的政治制度爭論，即哪一種政治制度更能拯救生命，更體現生命的價值。

　　一直高舉自由主義大旗的《經濟學人》於 2020 年 2 月 18 日發表了一篇題為《類似新冠肺炎那樣的疫情在非民主國家更為致命》的文章，對 1960 年以來所有流行病數據的分析發現，"在任何特定的收入水平條件下，民主國家的流行病死亡率似乎都低於非民主國家"。文章說，主要原因是專制政權 "不適合處理需要信息自由流動以及公民與統治者之間需要公開對話的事務"。

　　《經濟學人》在發表這篇文章的時候，西方的疫情形勢並沒有像後來那樣嚴峻。如果在今天，《經濟學人》可能要考慮是否可以發表

---

① 　本文原載於 2020 年 7 月 14 日新加坡《聯合早報》。

這樣的文章了，因為很難有經驗證據來支持這樣宏大的論斷。疫情肆虐，沒有國別的認同，更沒有政治制度的認同。

暫且不做民主與非民主國家的比較，例如中國與美國之間的比較，這一論斷也無法對西方的疫情做出解釋。西方民主國家一直被視為言論自由、信息自由流通的典範，而且擁有世界上最發達的經濟、先進的醫療和公共衛生體制。這如何解釋西方所面臨的如此嚴峻的生命危機呢？

新冠肺炎疫情暴露西方國家的問題

當新冠肺炎開始在美國大肆流行時，總統特朗普宣稱美國是安全的，因為美國是世界上最富有的經濟體，擁有最強大的醫療體制和數一數二的醫療技術。美國的老百姓則沒有感覺到這種安全，因為這個時候能夠給老百姓帶來安全的是口罩、洗手液、防護服和呼吸機等。在缺乏這些醫療物資的情況下，最強大的經濟體也難以為老百姓提供安全。

醫療物資不足是明顯的。2020 年 4 月 3 日，紐約州州長科莫在每日疫情通報會上，向公眾展示了目前紐約州緊缺的醫用防護用品，呼籲紐約州的製造商轉產加速生產，並承諾將為轉產的公司提供經濟幫助。會上，科莫拿起一個 N95 口罩說："令我難以相信的是，在紐約州，在美利堅合眾國，我們連這些材料都造不出來，我們都要向中國採購這些材料，我們還互相爭搶中國的材料，這些不是什麼複雜的材料啊！"

醫院病床不足、人工呼吸機不夠、前線醫療人員缺乏必要的防護設備、底層民眾無法負擔高額醫療費用，這些都是美國在新冠肺炎疫情中暴露的問題。

與其他民主國家比較，美國擁有較低的醫生、病床與人口比率。美國衛生政策非營利組織凱撒家庭基金會（Kaiser Family Foundation）公佈的調查報告顯示，美國每 1 000 人只有 2.6 名醫生，低於意大利的 4 名及西班牙的 3.9 名。雖然美國總體醫院員額高於大部分可類比國家，但近半人力並非臨床醫務人員。

在病床與人口比率方面，美國每 1 000 人只有 2.8 張病床，這個數字雖與加拿大、英國相近，但低於意大利的 3.2 張與韓國的 12 張。

美國面臨的更大問題是醫療設備、器材的嚴重不足。在疫情暴發前，全球口罩約一半來自中國，疫情發生後，中國國內口罩需求大增，世界多國也紛紛囤積必要醫療用品，加上美國事前並未針對新冠肺炎的大流行做準備，美國很快就面臨設備器材缺乏的問題。

高昂的醫療費用更是致命的。凱撒家庭基金會檢視 2018 年美國肺炎及相關併發症診治費用，預估在沒有出現併發症的情況下，治療新冠肺炎須花費 9 700 美元（約 67 860 人民幣元）左右，但若出現嚴重併發症，治療費用或高達 2 萬美元。這個金額對那些沒有醫療保險的美國民眾來說難以負擔，因此就算疑似染病，也可能因為擔心付不出錢，選擇不接受篩檢治療，或拖到情況嚴重才就醫。

這種情況不僅可能讓一般民眾的感染風險提高，也會增加重症病患人數，令醫院負擔更沉重。而根據美國人口普查局的調查，2018 年美國高達 2 750 萬人沒有醫療保險，為總人口的 8.5%。

不過，並非所有民主國家都像美國那樣。例如，德國的情況就截然不同。德國在疫情初期也出現過嚴峻的情況，醫療物資短缺，還截留了本來應當運往他國的醫療物資，但德國很快就扭轉局面。德國的新冠肺炎死亡率僅為 2%，遠遠低於意大利的 13% 和西班牙的 10%。這裏面的因素有很多。英國肯特大學的教授羅斯曼認為，德國死亡率低的一個關鍵原因就是早期確診，因為這樣可以阻止疾病傳播。德國每天可進行多達 10 萬次的病毒檢測。

足夠的病床是另一個關鍵因素。德國的人均醫院病床數是世界上最高的國家之一，在經合組織（OECD）國家中排名第四位。德國每 1 000 人中有 8 張床位，意大利則為 3.2 張。德國的醫院數量為全歐洲第一，大約為 1 900 所。同時，德國的重症監護病房床位大約有 2.8 萬張。

經濟和社會的脫嵌

同樣是發達的民主國家，為什麼美國和德國的情況竟然如此不同呢？人們已經從各個角度來探討各國抗疫表現的不同，包括不同的抗疫方法、不同的領導能力、不同的治理制度及其能力等。但所有這些解釋都忽視了一個結構性的要素，即由全球化造成的經濟和社會的脫嵌（disembedded）。

任何國家，經濟是社會的有機組成部分，兩者是互相嵌入的，即經濟嵌入社會之中，社會也嵌入經濟之中。一旦經濟和社會脫嵌或者脫鈎，就會危及社會的存在，產生生命危機。

經濟本來是社會的內部部分，但自近代資本主義興起到 20 世紀 80 年代以來的全球化，西方社會經歷了兩次主要的經濟與社會脫嵌運動。近代資本主義興起之後，經濟被視為一個獨立的領域，有其自身的規律，社會和政府無須干預。這是經濟社會在一個國家內部的脫嵌。20 世紀 80 年代以來，因為全球化，脫嵌發生在國際層面，資本在全球範圍內流動，各國失去了經濟主權。這一波全球化因此也被稱為“超級全球化”。

卡爾·波蘭尼在《大轉型》中描述了第一波脫嵌。18 世紀末和 19 世紀上半葉發生了兩種變化，第一種變化發生在經濟領域。工業體系迅速擴張，改變了商業和工業之間的關係。生產涉及大規模的資金投資，生產商不願意由政府來控制投入供應或產出渠道。與此變化密切相關的第二個變化，則是經濟自由主義的興起。作為一套思想體系，經濟自由主義相信市場具有自我調節能力，並在此基礎上為一系列新的公共政策提供辯護，促進土地、勞動力和資本之間的市場調節。這也就是英國“放任自由”經濟學的起源。

根據波蘭尼的說法，這種自由放任經濟哲學“誕生之初，只是對非官僚主義方法的一種偏好……（然後）演變成一種名副其實的信仰，認定人類的世俗救贖可以通過一個自我調節型市場來實現”。亞當·斯密用“看不見的手”為自由市場做辯護，但到了托馬斯·馬爾薩斯（Thomas Malthus），則接受了貧窮是自然秩序的一部分。

社會達爾文主義的“適者生存”，也對經濟自由主義產生了巨大的影響。說到底，在和社會脫嵌之後，經濟成了自主的“自然秩序”，因為“自然秩序”是不可改變的，社會必須也只能服從這個“自然秩序”。無疑，這種觀點直到今天仍然擁有很多信仰者，無論在實踐領域還是在理論領域。在實踐領域，美國有不少人主張救經濟要比救人更重要；在理論領域，20 世紀 80 年代之後的所謂新自由主義經濟學，把自由市場推到了前所未有的高度。

經濟自由主義的確推動了經濟發展，但社會為此付出了巨大的代價。這是一個被人們稱為 "原始資本主義" 的階段，人成為資本的奴隸。社會的慘象在馬克思、雨果、狄更斯的作品中得到充分的描述和分析。這也是一個動盪的年代，資本主義的慘無人道性質，導致歐洲社會主義運動的興起。

社會主義運動推動了從原始資本主義到福利資本主義的大轉型，而最終造成今天人們在歐洲所見的社會民主主義或民主社會主義。很顯然，這種轉型並非經濟和資本發展的產物，而是社會鬥爭的產物。福利社會既照顧了資本的利益，也照顧了社會的利益，政府通過稅收政策向社會提供醫療、教育和公共住房等服務。

全球化帶來的利弊

社會主義產生在歐洲，歐洲尤其是北歐國家成為社會民主主義的大本營。德國最為典型，基本上實現了社會和經濟之間的平衡，德國的經濟也被稱為 "社會市場體系"。而作為資本主義大本營的美國，直到今天在所有民主國家當中，是最強烈抵制福利社會的。奧巴馬擔任總統期間進行了一些具有歐洲社會主義性質的改革（例如針對社會底層的醫保改革），但特朗普一上台就把它廢除了。

儘管美國也有向歐洲民主社會主義學習的呼聲，實際上也有民主社會主義的需要，但美國仍然是一個資本主導的社會，整個體系圍繞着資本的利益運作。這可以解釋本文前面所討論的德國和美國在抗疫行為上的巨大不同。

應當說，西方福利社會並沒有實現經濟和社會的互相嵌入，而是解決了兩者脫嵌所產生的問題，使兩者達到一個均衡狀態。但 20 世紀 80 年代之後數十年的經濟全球化，則在更大程度上導致經濟和社會的脫嵌。這一波全球化的主要特點就是資本、技術和人才在全球範圍內的快速和高度流動。如同上一波，支撐這一波脫嵌的是新自由主義經濟學。

經濟和社會在全球層面（超國家層面）的脫嵌，導致各國失去了經濟主權。今天，沒有一個國家的政府可以宣稱擁有經濟主權。如同經濟和社會在主權國家內部的脫嵌，全球化也大大促進了生產要素在全球範圍內的自由配置，進而創造了巨量的財富。

結果呢？今天人們都在問：個人在全球化中得到了什麼？社會得到了什麼？國家得到了什麼？答案似乎很清楚，那就是全球化除了產生了極少數富人之外，個人沒有得到什麼，因為收入和財富分配越來越不公；社會沒有得到什麼，因為中產階層越來越小，社會越來越分化；國家也沒有得到什麼，因為國家失去了就業，失去了稅收。

新冠肺炎疫情則指向所謂的國際勞動分工帶來的生命代價。西方發達經濟體都面臨醫療物資短缺的問題，這並不是說這些國家沒有能力生產醫療物資，而是不生產了。在全球化背景下，發達國家把很多低附加值的生產線或產業鏈，搬到勞動力和土地價格都比較便宜、環保要求不高的發展中國家去了。

在和平時期，國際市場可以正常營運，誰都可以從全球範圍內的勞動分工中獲得利益。然而，一旦像新冠肺炎疫情這樣的危機來臨，各國政府都轉向內部需要，所謂的全球市場甚至區域市場就不再存在。在這種情況下，很多發達國家物資緊缺，挽救不了老百姓的生命。

　　經濟和社會可以脫嵌，但社會和政治不可以脫嵌。在民主社會，政治權力來自社會。"一人一票"使得政治和社會互相嵌入更為深刻。那政府如何解決經濟和社會脫嵌所帶來的問題呢？在全球化狀態下，政府沒有經濟主權，沒有任何有效方法來限制資本、技術和人才在全球範圍內的流動。一些經濟學家提出了"全世界政府聯合起來"的設想，但這僅僅是烏托邦，因為很顯然政府不是統合世界而是分化世界的主角。

　　唯一的辦法就是改變全球化的方式。當推動全球化的發達國家，因為全球化而挽救不了本國老百姓生命的時候，人們就必須嚴肅檢討和拷問全球化了。這也就是為什麼今天人們那麼熱烈地爭論全球化的未來。無論這場爭論會導向什麼樣的政策結果，可以肯定的是，只要一個國家的經濟和社會繼續脫嵌，大規模的生命危機還會發生。

新冠肺炎疫情背景下全球城市治理走向 [①]

　　在新冠肺炎疫情背景下，實際上我們看到很多國家和地區，中國也好，北美也好，歐洲也好，都面臨前所未有的挑戰。新冠肺炎疫情讓各個國家、各個城市本來就存在的弊端和短板暴露出來。

　　總體來說，我們的城市所面臨的問題，就是來自兩方面的挑戰：一方面來自自然的挑戰，一方面來自我們人類人為因素的挑戰。來自自然的原因現在當然非常多，例如氣候變化帶來的環境變化、水資源短缺導致的乾旱、超寒流、超高溫等，這些都是一個大的趨勢。有些城市氣溫越來越高，有些城市冬天沒到就迎來超寒流，城市生態跟以前不一樣。實際上以前的"非典"也好，今年的新冠肺炎也好，本質上說也是城市化的結果。因為城市化，人類生存的空間越來越擴大，跟自然越來越沒有邊界。也就是說自然跟我們人類生活已經不可分了，吻合在一起了。那麼人類擠壓大自然，大自然自然地就起來反抗。當然，現在我們還沒查清楚新冠病毒到底來自哪裏，但是科學家

① 本文根據 2020 年 11 月 1 日作者在 2020 年全球城市論壇上發表的主旨演講整理。

發現，類似於新冠病毒的 100 多萬種冠狀病毒隨時都可以向人類襲來。如果從歷史上看，像這個病毒的流傳就跟城市化相關。但是如果城市化不可避免，那我們如何把那些病毒納入城市管理的一部分、治理的一部分，也是需要考量的。

那麼人類自身發展所帶來的挑戰也是非常嚴峻的。從 20 世紀 80 年代到 2008 年，我們經歷了一波超級全球化。這波超級全球化一方面為我們帶來了巨量的財富，包括美國、中國在內的很多國家都從這一波超級全球化中獲益。在超級全球化中，資本、技術、人才自由流動，生產要素在全球範圍內配置，再加上技術的進步，生產效率大大提高；但另一方面，我們的社會就越來越不公平，越來越不平等，財富越來越流向少數人的手裏面。我們可以看到，從二戰結束到 20 世紀七八十年代，美國的中產階層曾達到 70%。但是在這波全球化中，這一比例不斷下降。所以美國以前被稱為中產社會，但是現在叫富豪社會，財富太集中，社會不公平。一個社會基本的公平不存在了，這個社會的治理就很難。現在美國和歐洲發生的民粹主義運動，實際上就是這個結構的反映，就是城市治理、國家治理問題，分配不公平。大家藉着這樣一個機會，把什麼樣的憤怒都表達出來。如果這些問題不能得到有效解決的話，一個社會城市發展的可持續性就有問題。那麼我們所要回答的問題，就是如何改善城市治理。

這裏想講三方面的結構性的平衡問題。結構性的問題當然有很多細小問題，我們都可以提出來，可以討論。

大城市跟中小城市之間的平衡

　　大家可以看到，從中國武漢封城，到歐洲意大利、法國、德國、英國這些國家大規模的封城，一個大城市的封鎖，不僅非常困難，而且也造成了巨大的損失。中國的武漢封城，我們的執政黨把老百姓的生命放在第一位，這種人道主義精神很重要。另一方面，也造成了巨大的經濟上的損失。如果從城市治理的角度來說，這裏有一個城市規模的問題。大城市化我覺得不可避免，我們的很多經濟學家也在提倡大城市化。從實際來看，例如日本已經有三分之一左右的人口集中在東京周邊的地區，韓國的人口主要集中在首爾。那麼中國呢？我們的人口不斷地往北京、上海、廣州、深圳等一線城市集中。因為大城市化與經濟的效率有關係，城市越大越能創造 GDP。

　　但是大城市化也帶來了巨大的風險，包括氣候變化、瘟疫、新冠、SARS，當然也包括戰爭的風險、社會動盪的風險。現在是和平時代，所以人們對戰爭衝突的風險意識就小，但是別忘了在一戰、二戰中，歐洲有多少城市毀於戰爭。比如韓國的首爾，有那麼多的人口集中在這裏，幾乎整個國家集中這個地區，如果發生戰爭是非常危險的。很多發達國家，它們的城市（規劃）防止超大城市的發展，就是說比較均衡地發展，超大城市跟大城市、大城市跟中小城市之間均衡地發展。

　　我們不僅要考慮經濟效益的問題，還要考慮城市安全的問題。我個人覺得中國一方面不要人為地去推動超大城市化。政府如果真的要發揮更好的作用，應當引導城市平衡的發展，尤其是要篩選三線、四線城市，要把它們發展好，不要把所有的優質資源都放在一線城市。

否則，一線城市以後的治理會變得越來越困難，因為失去均衡了。

經濟增長跟社會發展或者社會安全之間的平衡

我們如果看一看世界上的城市，分析經濟增長跟社會穩定之間的關係，其實不難發現，有一類城市社會經濟發展了，但是社會不穩定了。其實美國有些城市經濟發展得很好，亞洲也有，但社會不穩定。這就是經濟增長方式的問題，也就是城市治理的問題。因為高速的經濟增長，往往帶來收入、財富、環保等問題，這些問題又會影響到城市的穩定。還有一些城市，經濟不發展，城市長期陷入中等收入陷阱，社會死氣沉沉，經常發生街頭運動，穩定不下來。我非常擔心有些城市經濟發展了以後就高度政治化，高度政治化以後，天天發生街頭運動，沒有一個穩定的社會環境，經濟就不發展，沒有就業，沒有稅收，這樣城市的衰落其實是很快的。如果社會抗議、不穩定，經濟不發展，陷入一個惡性循環，這個城市肯定會是個麻煩。但是也有些城市，實現了可持續的經濟發展和可持續的穩定。

無論從理論還是實踐上說，經濟的根本問題還是一個政府和市場之間的關係問題。西方很多城市，包括美國"鐵鏽帶"城市，為什麼會衰落？我覺得是它們的資本處於過度主導的地位。馬克思指出，資本肯定會跑到賺錢的地方，不賺錢的地方資本就待不住，所以資本來了城市就發展起來了，資本走了城市就衰落了。資本過於強勢的城市也是有問題的。也有一些發展中國家的城市政治起了主導作用，因為政治趨於保守，所以市場不發達，經濟也是發展不起來的。這兩個極端，無論是資本主導的城市，還是政府主導的城市，都沒有發展起來。

　　大家去看看那些發展好的城市，政府跟市場兩個角色都能充分發揮作用。誠如十八屆三中全會所說，要使市場在資源配置中起決定性作用和更好地發揮政府作用。我覺得這就是普遍適用的一個規則，不僅適用於一個國家的發展，也適用於一個城市的發展。在城市發展中，同樣要做到市場和政府兩條腿走路，這樣才能發展得好。無論是西方也好，中國也好，在這方面確實有很多的經驗可以學。

國際化與地方化的平衡

　　一個城市要發展，國際化非常重要。越是國際化的城市就越開放，越開放，它的發展動力就越強，發展水平就越高。這比較好理解，一個城市越開放，所需要的生產要素更能從外面進來，不僅能從國家的其他方面進來，也能從國際生產要素進來。深圳市如果不開放，深圳發展所需要的生產要素如何能跑到深圳來？所以我覺得國際化非常重要，無論是西方的城市，還是中國的城市，一定要國際化。

　　但城市的發展，同時也要照顧到地方的需要，城市畢竟是人居住的地方，所以城市的發展就要跟城市居民的需要結合起來。一個城市居民的需求如果不能得到滿足，這個城市的社會穩定就會成為問題。因為開放經常會帶來國際化和地方化的失衡，城市的經濟和社會本來是一體的，經濟和社會是互相嵌入的，城市要發展，經濟就需要提供城市的就業和稅收。但是就像 20 世紀 80 年代到 2008 年那波超級全球化一樣，開放就會導致國際層面的勞動分工，使得經濟和社會互相脫節、脫嵌，脫離開來了。所以我們一面看到經濟突飛猛進迅速發展，一面是城市居民的需求不能得到滿足。就像這次新冠肺炎疫情中的英國、美國，作為西方經濟非常發達的經濟體，那為什麼不能有效遏制新冠肺炎疫情的擴散？當然這裏面也有制度的因素，但早期有一個因素非常重要，大家可能忽視了，是因為國際勞動分工導致它們的醫療物資短缺。這並不是說美國沒有能力生產口罩、防護服、呼吸機，而是美國把大量的醫療物資的生產轉移到了其他國家，因為這些產品附加值比較低。

美國控制了附加值高的產品的生產，把附加值低的生產線都轉移到其他國家去了。這種現象當然不僅在美國發生，在歐洲發生，我想中國未來也會發生。同時，我覺得大家也要照顧到社會的需要，老百姓生命安全的需要。如果國際勞動分工太過於為國際資本所主導，這個資本就和社會的需要脫節，一旦危機來臨，那麼資本就和社會不相關了。這就導致了先進的經濟體缺少醫療物資，不能為老百姓帶來安全感。因而，一方面我們要國際化，另一方面我們要照顧地方居民的需要。

今天我們城市治理中的很多問題都和結構性有關係。20 世紀 80年代以來，為什麼有些城市成功了，有些城市失敗了，有些城市停滯不前了。我想，成功的背後，都有它們自己的原因，失敗的城市也有它自己的原因。大家互借互學，互相學習成功的經驗，同時也吸取失敗的教訓，這樣我們就可以共同努力追求更加美好的城市生活。

美國頻繁"退群"意味着現存國際秩序的倒坍①

　　美國總統特朗普 2020 年 5 月 29 日宣佈，美國將退出世界衛生組織。這似乎在人們預期之中，因為之前（4 月 14 日）他已經宣佈美國暫停資助世衛組織。特朗普指責世衛組織在新冠肺炎疫情上的決策以中國為重心，沒有及時分享疫情信息，沒有及時提供防疫政策建議，沒有及時宣佈"全球大流行"，所以"在這麼長時間後，是時候讓他們為此負責了"。

　　對特朗普治下的美國"退群"行為，人們已經習以為常。這些年來，美國已經退出《跨太平洋夥伴關係協定》（TPP）、聯合國教科文組織、《全球移民協議》、聯合國人權理事會、《伊核協議》、《蘇聯和美國消除兩國中程和中短程導彈條約》（簡稱《中導條約》）、《巴黎氣候協定》等等。退出世衛組織是不是另一個"退群"行為呢？

　　事情可能並非"退群"那麼簡單。特朗普執掌美國後，其外交政策取向，經歷了一個從非常態美國的經濟思維，向常態美國的權力思

---

① 本文原載於 2020 年 6 月 2 日新加坡《聯合早報》。

維的轉變。初期,特朗普的口號是"讓美國再次偉大"。他的判斷是
美國在海外的捲入已經過度,讓美國承擔了過多的維持國際秩序的負
擔,所以美國要減少海外承諾。在這一點上,特朗普其實並沒有什麼
新意,其前任奧巴馬已經這麼做,只不過奧巴馬沒有像特朗普那樣明
確提出"美國優先"的口號,也沒有像特朗普那樣採取激進的"退出"
政策。

再者,具有商人背景的特朗普更多的是從經濟成本來計算美國的
海外捲入。因此,當他覺得美國所出的錢和所享受的權力不對等時,
他就要減少美國付出的份額。在這一點上,他對盟友也是如此。這些
年來,特朗普和歐洲國家、日本、韓國等盟友一直糾纏於同盟費用分
擔問題。

特朗普政府的"退群"行為過於激進,過於以美國為中心,自然
受到美國精英階層和盟友的抵制。在他們看來,"退群"意味着美國
國際影響力的衰退,美國作為大國"沒有大國的樣子"了。"退群"
甚至受到美國強硬派的反對,因為對他們來說,"退群"在很大程度
上意味着把國際空間白白讓給中國或其他國家。

一個不可忽視的事實是,當美國拚命"退群"時,崛起中的中國
已經在國際舞台上變得更加活躍。例如,根據西方觀察家的說法,在
聯合國 15 個專門機構當中,中國取得四個機構的領導崗位,包括糧
農組織(FAO)、工業發展組織(ONUDI)、國際電信聯盟(UIT)和
國際民航組織(ICAO)。世界衛生組織總幹事更被西方認為是親中
國的。

公共產品不足衝擊國際秩序

不管如何，美國的行為意味着現存國際秩序的倒坍。美國於 19 世紀 90 年代成為世界上最大的經濟體，從一戰開始捲入世界事務，二戰之後領導整個西方建立了所謂的 "戰後國際秩序"。以聯合國為核心的一系列國際組織是這個國際秩序的制度體現。在戰後很長的時間裏，美國的確能夠扮演這個體系的領導者角色。

儘管人們一直在呼籲國際體系 "民主化"，但實際上國際體系遠比國內體系更難民主化。例如，儘管在聯合國內部，每一個國家都有發言權，但並非每一個國家都享有同樣的權利。其他所有國際組織體系內部都是如此。事實上，因為美國是世界上最大的經濟體，提供國際秩序生存和發展所需要的最大份額的國際公共產品，在學術界，羅伯特·吉爾平（Robert Gilpin）稱此為 "霸權穩定"，哈佛大學的約瑟夫·奈（Joseph Nye）近年來提出的 "金德爾伯格陷阱" 也是這個意思。就是說，國際秩序的維持和穩定，需要足夠的國際公共產品，一旦國際公共產品不足或缺失，國際秩序就遇到大麻煩了。

不過，美國扮演國際體系領導角色，並不意味着美國在獨自提供國際公共產品。美國的領導角色是具有一系列條件的。第一，美國在提供最大份額的同時，也要求其他國家尤其是其盟友（大多是發達的西方國家）提供份額，而且美國也有能力要求其他國家這麼做，其他國家也的確這麼做了。第二，國際體系的開放性。美國主導國際體系，但並非獨享國際體系，而是向其他國家（大多是西方盟友）開放這個體系。其他國家進入這個體系，並接受這個體系的等級性，也即承認美國的領導權。第三，作為其他國家接受美國領導的交換，美國也向這些國家開放其龐大的市場。

不管有怎樣的條件，就如意大利新馬克思主義者安東尼奧·葛蘭西（Antonio Gramsci）所言，霸權地位的獲得，是因為霸權者能夠超越自己的利益，而照顧到其他角色的利益。

無論從哪個方面看，今天的美國失去了其往日的國際領導能力，而且失去得很快。美國似乎沒能跳出從前所有帝國的生存和發展邏輯——崛起、擴張、擴張過度、力不從心、衰落。儘管沒有人會預測美國最後的衰亡，但人們都認同今天美國的力不從心和相對衰落。

從這個角度來看，特朗普從國際轉向內政的方向並沒有錯。美國如果繼續擴張，在海外捲入過多，會衰落得更快。

美國的衰落一定意味着國際秩序的倒坍嗎？不一定。就國際公共產品來說，如果美國沒有那麼大的提供能力了，其他國家也可以提供。全球化造就了"全球村"，各國互相高度依賴，更需要足夠的國際公共產品。全球化也促使包括中國在內的一大批新興國家崛起，這些新興國家擁有強大的經濟力量，也有能力為國際秩序提供所需的公共產品。

分享國際權力，維持國際秩序

如果這樣，就不會產生國際秩序危機。國際秩序危機的產生，並不是因為缺少國際公共產品提供者；公共產品的不足，是國際政治造成的。說穿了，"國際公共產品"只是國際權力政治的漂亮包裝盒。究其實質，國際公共產品的背後就是國際領導權。吉爾平的"霸權穩定"理論要比"國際公共產品"更能說明國際政治的本質。

　　這也就是今天中美兩國在國際舞台上較量的本質。美國失去了國際領導力，而中國快速崛起，也願意承擔更多的國際責任，或者提供更多的國際公共產品。這也是前些年曾任美國貿易代表、美國副國務卿和世界銀行行長的羅伯特・布魯斯・佐利克（Robert Bruce Zoellick）所提出的"利益相關者"（stakeholder）概念的初衷，即美國通過和中國分享國際權力，來維持現存國際秩序。

　　作為第二大經濟體的中國，多年來變成戰後體系最堅強的維護者。在崛起過程中，中國並沒有"另起爐灶"，而是選擇加入現存國際體系，再通過改革現存世界體系來改變自己的地位，發揮更大的國際作用。從表面上看，中國的選擇無論對中國本身還是對美國來說，都是最優的選擇，因為這種選擇可以避免對現存國際體系帶來震盪。

　　但在國際政治領域，問題沒那麼簡單。無論是維護戰後體系，還是想在現存體系中扮演更大的角色，中國面臨的挑戰都是巨大的。

　　首先，美國不會退出國際政治舞台。儘管美國已經力不從心，但它仍然是世界上擁有最多"最"的國家，包括最大的經濟體、最大的市場、最具創新力的企業制度、最強大的軍事力量等。一個擁有那麼多"最"的國家，不僅不會退出國際政治舞台，也不會想和其他國家共享國際權力，尤其是與一個同自己的文化、價值體系、意識形態和政治制度那麼不相同的國家共享權力。這與戰後英國和平地向美國移交國際霸權很不一樣。英國"光榮退出"（gracefully exit）國際領導權，美國成為國際體系的領導者，不僅因為歐洲國家之間發生過激烈戰爭，除了免於戰爭的美國，西方列強沒有一個有能力領導世界，也因為英美兩國的同質性。

　　其次，即使美國沒有能力領導世界了，西方國家能夠接受中國嗎？儘管這個世界並不是西方的，但不管人們喜歡與否，這個世界秩序是西方世界確立的，也一直為西方世界所主導。儘管世界秩序的開放性使得其他非西方國家能夠參與其中，但非西方世界從來沒有領導過世界。即使其他國家接受了中國的領導角色，但如果沒有西方世界的接受，中國也很難領導世界。至少從現在看來，西方世界並沒有任何意願接受中國的領導；相反，西方諸國時刻警惕中國是否會取得國際領導權。在這次抗疫過程中，西方一直竭力提防中國在抗疫過程中取得國際領導權，背後的理由不言自明。

中國人相信國霸必衰

更為重要的是，中國本身一直表示無意和美國競爭領導權，領導世界。這一方面是因為客觀上中國並沒有足夠的能力來領導世界。儘管中國是世界第二大經濟體，並且在不遠的將來會超過美國，但即使這樣，中國的人均國民所得仍然遠遠低於美國，而且在科技、創新、軍事、企業制度等方面會繼續落後於美國。在剛剛過去的"兩會"記者會上，中國總理李克強強調，中國還有 6 億人口的月收入是 1 000元人民幣。這表明，中國將會長期處於發展中國家的位置。另一方面，中國的確沒有這樣的意願。國霸必衰，中國人是相信的。大英帝國、日本、蘇聯都在爭霸過程中衰落了。如果那麼強大的美國領導世界都那麼吃力，中國為什麼要去搶美國的領導權呢？

中國是世界體系的一部分，也從這個世界體系中獲益。中國需要維持這個秩序，也願意和其他國家尤其是美國合作，來維持這個秩序。這也就是中國對佐利克的"利益相關者"概念感興趣的原因。中國相信，只要中美兩國合作，什麼問題都能解決；但如果兩國發生衝突，那將是世界的災難。

然而，美國並不這樣想。美國相信，中國如果繼續發展下去，遲早要搶美國作為世界領導的地位。

美國沒有強大的領導能力了，但也不會自願放棄國際組織；中國還沒有足夠的能力和意願，也不想成為現行體制的破壞者，而西方諸國既要維護現存國際秩序又要提防中國。這意味着現存國際組織很有可能存在下去，但會越來越政治化，成為主要主權國家國際政治鬥爭的工具。正因為是鬥爭，各國互相制衡，國際組織的激進改革也不可能達成，所以它們的效率會低下，腐敗會繼續存在，越來越不能滿足成員國的需要。

這種情況顯然並不符合各國的利益。各大國會如何回應？新的秩序在哪裏呢？儘管包括基辛格在內的諸多外交家和外交觀察家都在預測新秩序的出現，但一個新秩序的出現不會那麼容易。新秩序肯定不會通過修補舊秩序而造就。歷史經驗表明，新秩序必然起於區域和局部，自區域秩序和局部秩序而擴展延伸為國際秩序。

無論是中美貿易戰，還是由新冠肺炎疫情引起的中國和美國、中國和西方的角力，都表明世界正朝着 "一個世界、兩個體系、兩個市場" 轉型。如果現存國際組織被弱化，"一個世界" 必然被虛化，兩個體系、兩個市場便是實體。

如果這樣，人們也沒什麼可驚訝的。二戰之後，儘管有了以聯合國為中心的體系，但西方體系如七國集團（G7）依然存在，並且很多國際問題是通過西方體系得到解決，而非聯合國體系。中國早已開始為現存世界體系做補充，例如金磚國家、金磚銀行、亞洲基礎設施投

資銀行和 "一帶一路" 倡議等。英國政府已經在推動組建一個 10 國集團（原來的 G7 加上澳大利亞、韓國和印度），研發 5G 技術來對抗中國。如果將來出現另一個 Gx 之類的集團，來支撐另一個體系和市場，那可能也是國際政治客觀規律所致，而非中國的初心。如果全球化持續推進，甚至一些國家同時成為兩個體系、兩個市場的成員國，也沒什麼好驚訝的。

至於中國如何使得這個體系和市場具有競爭力，實現可持續的發展，那是需要另外探討的重要問題。

在疫後世界版圖中，中國會是什麼樣的角色？[①]

認同政治使人們高度意識形態化，世界要回歸科學理性

新冠肺炎疫情不僅打亂了世界秩序，更使因貿易摩擦而緊張的中美關係雪上加霜。有人說這個世界上好像只有觀點和立場，已經沒有事實和真相了，為什麼會產生這個局面呢？其實歷史上也有過這樣的情況，當天下大亂的時候，大家都不去看事實，不去尋找天下大亂的根源在哪裏，不去找醫治天下大亂的藥方。大家都訴諸自己的意識形態，這就是亂象。我覺得不僅僅中國的一部分網民是這樣，美國是這樣，歐洲是這樣，各個國家都是這樣。

尤其更麻煩的是，我們進入了一個社交媒體時代。以前也是講意識形態的，但因為以前的媒體只有報紙、電視，這些是精英階層的產物，是受過教育的人的產物，大家還是有所思考的。但是在社交媒體

---

① 本文整理自鳳凰網 2020 年 6 月對作者的採訪，有修改。

時代，你看看美國的網民、中國的網民，大家表達的很多東西都是一種情緒化發泄，有人失去了自我，這是很矛盾的。一方面，大家通過社交媒體上過量的信息去尋找自己所需要的所謂自我認同、社會認同。現在什麼樣的人都能在網上找到與自己相同的思想，找到自我認同。另一方面，好像自己得到了大家的認同，所以"認同政治"就出現了。

什麼叫認同政治呢？就是說我是黑人，或我是白人，或我是黃種人，我認同這個民主價值觀，或者我認同那個自由價值觀，就把自己跟那個標籤放在一起。所以今天世界的多元化不是傳統意義上的多元化。認同政治使得每一個人的思想都在高度意識形態化，事實變得不重要了。

現在叫後真相後事實時代，大家覺得事實不重要，都喜歡根據自己的主觀臆斷來看事實，所以事實就沒有了，這是很糟糕的！這也是世界亂象的一個非常重要的表象。用身份政治、認同政治掩蓋事實，致使大家找不到事實、看不到亂的根源在哪裏，所以我對未來世界有點悲觀。

其實很多領導層，比如歐洲的領導人、中國的領導人，還是很清醒的，但也有一些民粹主義者，像特朗普本人，每天靠推特治國。我一直在說，一個社會，無論有什麼樣的制度，民主的或不民主的，比較傳統的或比較現代的，只要精英階層還在，只要精英階層還是理性的，這個社會就可以治理。一旦精英階層被民粹主義裹挾或者自己本身就變成民粹主義了，這個社會就怎麼也治理不好，美國、歐洲的那些民粹主義就是這樣。反而有很多的國家，包括中國，領導集團實際上還是理性的，社會再怎麼樣，局面還是可控的。

所以我一直在呼籲，今天的世界要回歸三樣東西：回歸基本事實，回歸科學，回歸理性。如果我們能回歸事實、科學、理性，這個世界也許不會那麼糟糕。但是如果我們強調自己的這一點點非常狹隘的認同感，身份政治、認同政治，這個世界會變得越來越糟糕。

制度有優劣，但不能把它片面化

有人說這場疫情，中國打上半場，美國打下半場。那麼在控制疫情方面到底有沒有制度的差異或者制度優越性的體現？當然是有的。如果大家稍微客觀地回歸一些基本事實去看，還是可以看出來的。制度有差異，但是我們不能對這種差異或制度本身進行狹義的理解。我們有的時候老是去看制度本身，還是從身份政治上去看，看它是民主的還是專制的。如果這樣去看就完全錯了。

我們要從整體治理制度去看，不要用高度意識形態化的概念去看政府或制度。看中國也好，看西方也好。這次疫情以來，我們明顯可以看到每一個國家都有自己的政治制度，有自己的國情。但是總體來說，在應對新冠肺炎疫情上，我們這個世界上有三個政治治理模式。第一種類型，如果一定要用意識形態來分的話，我們可以把它稱為完全自由主義，即所謂的佛性抗疫，美國、英國和瑞典就是這樣一種方式，如果從經濟學的角度來說就是市場主導，從社會的角度來說就是社會主導，政府發揮不了多少作用。

美國、英國，包括歐洲國家，是這世界上最發達的經濟體，也擁有世界上最發達的醫療系統，它們的公共衛生體制也是不錯的，但為什麼那麼慘呢？美國那麼多人感染，美國媒體整天在批評美國政府，但也不能說美國政府不作為、不想做。我想，特朗普作為美國總統，他也不想看着美國死那麼多人，但為什麼沒有做好？這跟美國的兩黨制，跟美國的自由制度有關係嗎？有關係，但這也不是唯一決定因素。

早期特朗普說美國人不用怕，他們有世界上最強大的經濟，有世界上最好的醫療系統，他們應當是安全的，但是老百姓感覺到不安全，在這個時候，再強大的經濟有什麼用？最好的醫療系統有什麼用？老百姓需要的就是最平常的口罩、洗手液、防護服，醫院需要的是呼吸機，這些才會給老百姓帶來安全感。你說這些東西美國不能生產嗎？不是不能生產，是不生產了。因為他們把這些東西的生產線全都轉移到其他發展中國家，尤其是中國去了。所以我們要平衡地去看美國這次為什麼那麼狼狽，我想英國、瑞典也是一樣的。在沒有醫療物資的情況下，它們只能提出來 “群體免疫”。

新加坡也是一樣，早期政府說不用戴口罩。背後的原因就是沒有足夠的口罩，因為新加坡的口罩生產線也是放在其他國家的。現在新加坡把生產線遷回來了，有足夠的口罩，可以鼓勵大家用口罩了。這也是美國、英國、瑞典的模式。

中國是另外一個極端。湖北武漢發生了疫情以後，我們馬上舉國動員起來幫助武漢，甚至整個湖北。我們把它稱為舉國體制，這個體制很強大。舉國體制表明一個政府的動員能力，但前提是必須有東西可以動員，這跟中國的改革開放分不開。中國沒有碰到歐美這樣嚴重的缺醫療物資的局面，為什麼？就是 20 世紀 90 年代以後，我們變成世界製造工廠、組裝工廠。世界上很多的生產線都在中國，尤其是醫療物資。所以早期我們也面臨醫料物資短缺的問題，但是因為我們有眾多的生產線，所以我們馬上就克服了這個困難。設想一下，如果這個事件發生在改革開放以前，中國沒有能力生產這些醫療物資，會怎麼樣？所以我們看中國，也不能只用舉國體制來概括，還要看到背後的政治經濟原因。

如果說中國是舉國體制，是完全由政府來決定推動的體制，美國是由市場、社會來推動的體制，那還有一個中間體制，那就是德國體制。早期德國也表現出不作為，但是德國馬上就恢復了能力，為什麼呢？我們學術界把德國這個模式稱為社會市場模式，社會、政府跟市場之間，社會跟生產比較均衡的模式。德國模式也不錯，所以說制度是有優劣的，但是我們不能把它片面化，這不僅是政治體制的問題，還有經濟體制和社會體制，這是大家忽視了的。

我們如果比較一下，會發現東亞社會跟西方抗疫的主要差異是社會的差異。在儒家思想影響下的東亞社會，在自由與生命之間先選擇生命，哪怕是政府的規制措施走到極端，我們為了生命也可以接受。西方就不一樣，西方政府也頒佈了緊急法令，但老百姓並不遵守。他們對生命跟自由的理解，跟我們東亞是不一樣的，所以制度的差異不能光強調政治體制上的問題，還要考慮經濟因素、社會因素，這樣才會看到一些基本的事實，否則就會過分高估或者低估體制的因素。

病毒不分國家，政治方法對付不了病毒

不管病毒在哪裏出現，人並不是病毒。對於這個病毒的來源問題，科學上的考證應該怎麼去做，由誰來做呢？

　　我們要回歸科學，美國這次為什麼在抗疫方面表現不佳呢？主要是因為對科學不尊重，科學家的作用顯不出來。特朗普在抗疫過程中，主要表現出了他本人的政治意志跟科學家的科學意志之間的矛盾。其實美國的科學家團隊是非常強大的，但是美國太政治化，甚至把科學也政治化了，所以科學家團體的作用表現不出來。

　　德國總理默克爾就有一個強大的科學家團隊在背後給她做諮詢，來支持她。中國更是這樣，中國甚至用政治措施來管理老百姓的行為，以符合科學和規範。

　　病毒不分國家，可以產生在任何一個地方。所以怎麼樣利用科學來研究病毒，找到消滅病毒的方法是最重要的。但是政治方法對付不了病毒，我們只能用科學的方法來對付。

　　中國在這方面實際上從一開始就做得很好，中國的科學家早就跟美國的科學家、歐洲的科學家，跟世界衛生組織分享信息。可是這方面的合作被其他國家政治化了，導致我們只看到政治人物或者外交官之間的互相爭論，看不到科學家之間的合作，這是非常遺憾的。

　　中國現在的方針是非常正確的，應先把疫情控制下來，然後在聯合國這樣一個多邊組織的框架內，大家組建一個科學家共同體去查病毒到底是怎麼產生的，我們用什麼樣的有效的方式來對付它，同時避免以後再發生類似的事情。這就需要秉持科學的態度，而不是政治的態度。

　　但現在很可惜，大家高度政治化，美國不願意聯盟，要查中國，美國一些州政府、一些社會組織說要中國賠償。這都是政治操作，實際上對誰都不利。美國醫療物資短缺，中國很多的醫療物資進不去，因為州政府不能做決定，只能讓聯邦政府做決定，對美國來說，把疫情控制住才是最大的責任，而不是把這個責任推到中國頭上，推責是一個非常愚昧的做法，犧牲的是美國人民的利益。

開放跟管控之間要有平衡點

新加坡也是亞洲國家，它跟中國有相同的地方，那就是政府在控制疫情中要扮演一個更為積極的角色。但同時它因為各種條件的限制，比如早期的口罩問題，不想走到一個極端，像湖北武漢封城那樣。因為它是一個外向型的經濟體，如果一下子封起來的話，會變得有城無市，所以要做到一個平衡點，在開放跟管控之間找到平衡點。所以新加坡實際上做得有點像德國這個模式，但是是科學的。

儘管新加坡的患者人數在增加，但主要還是來自外來民工這個群體。這個群體是相對孤立的，就是處於一種相對隔離狀態。數字增加與政府加大檢測程度也有關係。新加坡政府能做到在開放跟管控之間找到平衡是很不容易的。

基本上我覺得新加坡對疫情的控制是很好的，它的死亡率是世界上最低的。所以我認為，儘管中國成功了，湖北、武漢成功了，但是仍然有可以改進的地方。因為大規模的封城封市使得中國第一季度的經濟停滯，要復產也比較困難。當然這樣 "事後諸葛亮" 的評價是不公平的。如果未來再出現這樣的危機，能不能找到一種更平衡的政策和做法呢？如果能做到，可能會更有成效。

疫情之後仍需反思

客觀總結一下，這次新冠肺炎疫情以來，在國際舞台上，中國的得分都得在行動上，失分都失在言論上。武漢、湖北，乃至整個國家，在那麼短的時間內能把疫情控制下來，我們是得分的。疫情控制下來以後，我們開始向將近 200 個國家提供醫療物資，我們是得分的。暫時暫停一些發展中國家的債務，我們有能力這麼做，也是得分的。

但是我們在言語上是失分的，沒有講好中國故事。我甚至說我們從行動上賺來的那些得分都在我們嘴巴上消費掉了，過度消耗掉了。這又要回到我們前面所討論的，因為中國沒有自己的話語權，沒有自己的知識體系，所以我們的話都是在回應人家。比如講我們毫不思考民族主義，民粹主義情緒非常強大，人家一句話罵過來我們就罵回去。新冠肺炎疫情的上半場戰場是在中國，但是話語議程永遠是西方在設定，我們永遠是在回應。回應的結果就落入人家的圈套，落入了人家的話語陷阱。我們為什麼不能好好思考一下，確定我們自己的新冠肺炎疫情話語議程呢？我們沒有去做，我們急於回答。

我們完全可以設定自己的話語議程，比如國內為什麼成功控制疫情，是因為中國式的人道主義。我們就是把老百姓的生命安全和健康放在首位，所以我們不顧經濟損失，就這麼去做了，也做成功了。

結果，我們把自己的故事講壞了，跟着人家的議程跑。新冠肺炎疫情給世界帶來的就是世界範圍內的最嚴重的人道主義問題，救死扶傷就是一種人道主義關懷。我們沒有口罩外交，沒有影響力外交，沒有地緣政治外交。美國也好，其他國家也好，不管富國窮國、北方南方，哪個地方有醫療物資需要，我們都進行人道主義外交。

我們落入了美國和西方所設定的言語陷阱，早期是制度之爭，後面就是所謂的影響力之爭。結果我們什麼都沒得到，甚至消耗了我們從行動上賺來的得分。所以為什麼我強調知識的力量，培根說知識就是力量，就是這一點。我們沒把自己的故事講好，被別人牽着鼻子走，這是我們最需要反思的一點。

有原創性技術的大國才是強國

經過過去 40 年的改革開放，中國成為世界第二大經濟體，一直把發展經濟放在首位，無論是我們的國家還是我們這一代人，都得到了全球化的一個紅利。但無論是在疫情發生期間，還是在疫情發生之前，都有一種逆全球化的思潮出現，全球化這條路還能走得下去嗎？

全球化當然不是特朗普或者哪一個領導人可以改變的。全球化主要是資本的產物。資本的本性不會變，就是要賺錢，要贏利，只要資本存在，全球化就不會停止。

有限的全球化是我們中國企業的契機，我們現在面臨的危機也是個機會。我們要改進短板。中國許多科學家在美國和其他西方國家工作，創造出許多技術，那麼我們為什麼自己不能做呢？這就是我們需要補的。一個組裝大國永遠成不了所謂的強國，有原創性技術的大國才是強國。我們人數多，但是還很虛，肌肉還不夠。所以我們下面就是要練肌肉。

中國媒體的技術手段也不比其他國家差，甚至超過美國。但是為什麼我們沒有所謂的軟力量？為什麼我們沒有話語權？因為我們沒有原創性的思想。西方的媒體為什麼強大呢？因為它背後有一個強大的知識體系。中國媒體只是一個傳播工具，背後缺乏強大的知識體系。

我一直在批評中國的學者，到今天為止，我們沒有一個強大的知識體系，我們的知識體系都是從西方搬過來的，所以你說出去的話對人家就沒有吸引力了，因為人家比我們更熟悉。

改革開放以後，中國有近 8 億人脫貧，但是那麼多經濟學家在解釋中國扶貧上有原創性的思想嗎？並沒有。如果中國經濟學家能把中國扶貧背後的邏輯解釋清楚，就是一種原創性理論。沒有原創性的思想，就永遠沒有軟實力。

質量型經濟不僅僅是技術創新的問題

一位經濟學家說其實中國什麼都好，只要我們從追求“量”轉變為追求“質”的話，中國就真正強大了。在 2020 年的“兩會”當中，我們看到政府工作報告第一次放棄了對 GDP 指標的追求。其實早該這樣了。

什麼叫質量經濟？質量經濟就是原創性經濟。我們不跟遠的歐洲國家相比，看看我們的鄰居，日本和亞洲四小龍。在經濟起飛的 20 多年以後，中產階層的比例就達到 60% 甚至 70%，這對它們的可持續發展非常重要。看看日本、韓國、新加坡、中國台灣的技術，你就知道質量經濟為何重要了。別忘了中國現在的人均 GDP 剛到 1 萬美元，我們國家大部分還是窮人，這是中國的基本國情。哪怕是不看這個窮的群體，從 1 萬美元算起，要達到今天亞洲四小龍中最後一位台灣地區的水平 26 000 美元，我們還差 16 000 美元。面對 16 000 美元的差距，我們要怎麼做？

改革開放 40 年中國都是粗獷型、擴張型的量化經濟、數量型經濟。長江三角洲、珠江三角洲和京津冀這一帶，尤其是珠江三角洲人均 GDP 已經 2 萬多美元了，要再往上走，假設做到香港的水平，做到美國 5 萬美元的水平，新加坡近 6 萬美元的水平，靠什麼呢？就要靠質量經濟，也就是原創性的東西。最近幾十年，我們在管理方式、商業模式方面確實有一些原創性的東西，像阿里巴巴，但是我們的技術，特別是對經濟發展至關重要的技術方面的原創性較少。現在，我們在西方發表的論文越來越多了，有一些理論思想，但是怎麼樣把它轉化成勞動生產力，轉換成實際成果呢？

所以說質量型經濟不僅僅是技術創新的問題，還要進行體制創新。通過改制來追求質量型經濟，以達到我們制定的 2035 年、2050 年的目標。

新冠肺炎疫情後的世界秩序，中國需要重新定位

在疫情後新的世界版圖上，我們要考慮中國的角色，就要考慮到整個世界秩序都在發生變化，考慮到後疫情國際局勢。我們要做一個重新定位。我們一直在批評西方的冷戰思維，但是我覺得我們自己也要從以前的舊思維框架中跳出來。世界是變動的，我們的思維也要變動。

比如地緣政治在塑造鴉片戰爭以後的整個中國的發展方面非常重要，那麼我們要意識到現在的地緣政治是什麼。還有很多人還是停留在以前的陸地地緣政治上，比如以前所說的誰控制中東、阿富汗，或

者現在控制中亞人，就控制整個世界。也有以前海洋時代的地緣政治思維，誰控制海洋就控制世界。中國沒有說要去控制世界，我們也沒有這個能力，更沒有這樣的幻想，但是如果有這種老的思維，就會使中國失去一個新的時代。

我最近這幾年一直在說，中國要避免陷入"明朝陷阱"。明朝的時候鄭和下西洋，中國的國家能力是世界上最強的。那時海洋時代還沒開始，實際上當時中國的海商，尤其是浙江福建的民間海商力量也是世界一流。如果明朝沒有保守的意識形態，海洋時代還是屬於中國，那個時候葡萄牙、西班牙的船沒法跟中國相比，後來是荷蘭、英國的崛起，我們失去了一個海洋時代。明清閉關鎖國，到鴉片戰爭，人家用槍炮打開了我們的大門。

現在我們必須有一個正確的判斷，我們處於一個什麼樣的時代？現在不是陸地地緣政治時代，海洋還是很重要，雖然已經不像大英帝國時那麼重要了，我們也沒有要去主導整個世界，我們要追求的是國家的富強民主。

現在是信息時代，是以互聯網為主導的信息時代，所有的其他東西都離開不了這個。如果有這樣的判斷，我們就要知道怎麼做，重點應當放在哪裏。關於我們到底處於什麼時代的判斷，在中國並沒有達成共識。

新冠肺炎疫情後的時代是怎麼樣的？我們要做大量的研究。美國也好，歐洲也好，大家已經在討論了。假設美國人已經開始做後新冠肺炎疫情與世界秩序，美國有外交政策，我們也需要做這樣一個定位。因為中國改革開放的 40 年，也是中國全球化的 40 年，中國已經融入了世界經濟體系。無論是美國，還是其他國家，要讓中國跟西方世界脫鉤是非常痛苦的，也是一個漫長的過程。

　　實際上從中國現在的經濟規模能力來說，我們有能力來維持這樣一個全球化的局面，但是全球化的形勢要改變。很多東西還需要我們不從意識形態出發，不要太情緒化。我們需要用大量的精力來認識這個世界，之後才能去改造這個世界。

疫情之後，中國應發力 "軟基建" ①

　　當前中國進入疫情防控常態化階段，而新冠肺炎疫情引起的國際國內形勢現在依然處於變化中，這是史無前例的。雖然中國的疫情已經基本控制下來，企業可以復工復產了，但還面臨着許多實際困難。隨着世界經濟停擺，中國在歐美的很多訂單沒有了，以珠三角為例，作為世界製造業的重鎮，其產業生態受影響較大。所以，在不確定的環境下，今年的政府工作報告沒有提出具體的經濟增速指標，我覺得這更加科學，更加實事求是。政府工作報告強調 "留得青山，贏得未來"，今年的總體思維是 "六穩" "六保"，就是穩定民生的舉措。

　　在這次新冠肺炎疫情中，受影響最大的主要是中小微企業、外來務工人員、中低收入人群等。全國兩會上傳遞出以人民為中心，對民生重視的信號，我認為這是一個非常好的導向，尤其像 "穩就業" "穩市場主體" 的提出，社會穩住了，企業生存下來，是經濟發展的堅實

---

① 本文整理自《廣州日報》2020 年 6 月對作者的獨家專訪，有刪改。

基礎。

　　不過，最重要的還是執行問題，"藍圖"很好，但中國很大，各地存在地方差異，所以關鍵在於地方政府如何細化，如何因地制宜地將"藍圖"轉化為自己的行動方案。我認為，對於地方而言，要有與中央相同的思路，把人民的生活放在首位。

中國應發力"軟基建"

　　這次全國兩會，備受關注的"新基建"被首次寫入政府工作報告。有評論認為，下半年的中國經濟主要靠"更加積極的財政政策＋新基建"。

　　我認為，當前的財政政策還是比較謹慎的，考慮得比較周到。1萬億元的財政赤字和1萬億元的特別國債以中國現在的經濟體量來看不算很大，而且財政政策主要還是看用在什麼地方。以前，我們做的主要是"硬基建"，例如傳統的基礎設施建設，像高鐵、高速公路，這塊空間尤其在廣東等東南沿海省份其實已經快飽和了。今年提到的"新基建"，主要關注5G等技術領域，發展技術是好的。

　　但我認為，除此之外，新冠肺炎疫情之後，中國還應該發力"軟基建"。什麼是"軟基建"？就是社會建設，例如醫療、教育、公共住房等。舉個例子，中國的老齡化社會正在快速來臨，我們需要更多醫院、養老院。廣州有不少城中村需要更新改造，還有社會主義新農村的建設，這些都屬於社會建設。

　　有了這樣的"軟基建"，才可以進一步支持中國未來的可持續發展。而"軟基建"的建設，能讓低收入群體接近或達到中等收入水平，中國未來的發展需要更大的中等收入群體，這個群體能夠支撐起消費社會。

企業 "疫後重建" 關鍵在擴內需

政府工作報告提出必須穩住上億市場主體，盡力幫助企業特別是中小微企業、個體工商戶渡過難關。為企業減負迫在眉睫，對於企業而言，要如何進行 "疫後重建"？

企業主體要生存、要復工復產復業，關鍵是要有人去消費企業所生產的東西。為了提振消費，很多地方開始發消費券，但我們要注意的是，願意使用消費券的主要還是中等收入人群，我們要更多地關注低收入群體，讓他們真正得到實惠。

從當前世界經濟形勢看，目前全球新冠肺炎疫情形勢仍然嚴峻複雜，對世界各國造成的經濟下行壓力持續加大，很多國家還在 "自保"。在這樣的情況下，我們不能對世界經濟還抱有幻想，中國要更加專注於擴大內需等領域。如何擴大內需？在我看來，還是要讓更多低收入人群接近或達到中等收入水平。把這個問題解決了，中國的消費潛力才會完全釋放出來。

中國擁有 1 億多市場主體和 1.7 億多受過高等教育或擁有各類專業技能的人才，還有包括 4 億多中等收入群體在內的 14 億人口所形成的超大規模內需市場。目前這樣的市場規模能否支撐消費拉動經濟呢？

對於 14 億人口而言，4 億中等收入人群的比例其實並不高。我們可以觀察日本和亞洲四小龍經濟起飛以後，不到 30 年時間，中等收入人群比例達到 60%，甚至 70%。所以說，在今年這樣的世界形勢下，中國提出"提振內需"，就要建立消費社會，這需要比例更高的中等收入人群。要怎麼做到？一是脫貧攻堅，讓更多人脫離貧困；二是前文提到的發力"軟基建"。

比如廣東省，廣東是外向型經濟，也是世界製造業聚集的重地，世界經濟的變化對廣東經濟結構會產生重大的影響。所以，我認為廣東受到疫情影響的可能會更大，壓力會更大，也更要從中尋找新的機遇。在這方面，廣東是很有條件的，這一點其實也關乎"六穩""六保"的方方面面，例如幫外來務工人員解決就業、社保、教育等問題。

破題的路徑也是縮小收入差距，擴大中等收入群體，在這一點上，廣東比很多地方條件更好，珠三角許多城市人均 GDP 已經超過了 2 萬美元。廣東現在建設都市圈，對於調動消費、創造投資有推動作用，但除了建設基礎設施，更重要的還是"軟基建"，還是社會建設。

在疫情防控進入常態化之後，廣州的經濟社會發展思路可以從"項目經濟"轉向"城市經濟"。

怎麼理解呢？對廣州而言，單靠幾個項目是遠遠不足以推動城市發展的。在這個時候，更應該思考整座城市如何往上走，要關注城市的整體升級。我認為抓項目沒問題，但不能光抓項目，要把城市的短板補起來，實現城市整體升級，這樣發展才會有可持續性。

廣州要實現的"老城市新活力"，就是要求把城市當成整體單元去思考。包括要做"城市圈"，也不是簡單的同城化，而是讓城市圈更有活力、更加創新，吸引更多人才。

第六章

看清局勢，看懂美國大選後的邏輯

跌宕起伏的大選：美國到底怎麼了 [①]

美國選舉問題的本質

從西方尤其是美國民主演變的過程來看，美國選舉真正呈現出來的現象是西方大眾民主的一種必然結果。近代以來，民主剛開始的時候，大部分都是精英民主。我們說英國早期民主，有投票權的人非常有限，男性、有產人士或者給國家交很多稅的人才能投票。當時的工人階級沒有投票權，更不用說婦女和少數族群了。一戰、二戰之後，投票權慢慢地擴大，到了 20 世紀 70 年代，西方才開始有了普選。比如，以前哈佛大學亨廷頓教授所說的第一波民主的一個典範——瑞典，婦女到了 1971 年才有投票選舉權。於 20 世紀 60 年代開始的馬丁‧路德‧金領導的美國少數民族、少數族群民權運動之後，美國才有"一人一票"制。今天我們所看到的一人一票的民主，其實還不到

---

① 本文根據鳳凰網香港號 2020 年 11 月對作者的採訪整理。

半個世紀，半個世紀的時間為什麼演變到現在這樣的程度？

從人均 GDP 看，假如說達到 1 000 美元的國家可以投票，那麼人均 GDP 達到 1 萬美元的國家也可以投票，現在像美國這樣人均 GDP 達到 4 萬～5 萬美元的也可以投票，但是其背後的東西是不一樣的。人均 GDP 為 1 000 美元的國家可以投票的話，會發生什麼呢？這樣的社會可能大家受教育程度很低，大部分人沒有接受過高等教育，這樣的投票很容易被收買。如果當人均 GDP 達到 1 萬美元或者 2 萬美元以上，那麼大部分社會中產階層接受過高等教育，就比較理性，投票人對候選人的判斷能力就不一樣。所以我們不能把投票行為跟社會經濟隔離開。

1945 年到 20 世紀 80 年代，美國的民主是世界的典範，全世界各個國家都向美國學習，美國本身也在向全世界推廣它的民主。但是為什麼現在發展到這個程度呢？因為它缺乏自信。

歐洲一些民主國家也在嘲笑美國的民主。但歐洲的民主不是也選出了一個希特勒、一個墨索里尼？在一戰、二戰以後大家都接受教訓了。就像這幾年歐洲社會也有很強大的民粹主義，只是歐洲的福利制度比美國做得好，這方面的民粹還可以被壓下去。把美國跟歐洲一比，大家可以發現從 1945 年到 20 世紀 80 年代，是西方民主發展具有實質性進步的一個階段。20 世紀 30 年代的大蕭條以後，西方各個國家政府實行凱恩斯主義，搞福利制度，福利制度跟民主一起擴張，那個時候到 80 年代，西方主要國家的中產階層達到 70%，美國也是 70%。所以大家只看到兩黨即民主黨和共和黨之間的競爭，和平地競爭和公平地競爭。它的背景就是有 70% 的中產階層，民主黨左一點，共和黨右一點，但是大家都要照顧到 70% 的選民。社會在自救，中產階層也在自救。

20 世紀 80 年代開始，美國里根革命和英國撒切爾夫人革命以後，實行金融放鬆管制和新自由主義。這一波產生了哈佛大學教授所說的超級全球化。超級全球化為美國和西方社會，尤其是美國帶來了巨量的財富，因為許多高科技公司都是美國的。但同時財富分配的差距導致社會分化越來越大，從 80 年代開始，美國中產階層所佔比例一路下滑，到今天不到 50% 了。一個社會的中產階層從以前的 70% 下降到 50%，這個社會會怎麼反應呢？奧巴馬當總統 8 年期間，美國的中產階層每年下降一個多百分點。所以我覺得沒有奧巴馬，就沒有特朗普，奧巴馬執政給特朗普打下了社會基礎。

還有一個全球化帶來的產業轉移的問題。美國是窮人在城市，富人在鄉下。黑人等少數族群都因為交通住在城裏面，那些白人都在小城鎮住着。那麼現在產業結構就不一樣了。以前的福特工廠時代，福特汽車憑藉技術優勢大量開工廠，促進就業、貢獻稅收，工人階級致富變成中產階層。現在 iPhone 時代趕上了全球化，iPhone 也是美國的技術，但 iPhone 的生產跑到了中國和其他國家，所以美國沒有生產 iPhone 的工人階級和中產階層，也就貢獻不了美國的稅收。美國這些年就一直 "誣衊" 中國，說中國 "偷" 了美國人的工作，實則是珠江三角洲的農民工變成 "美國的工人階級" 了。但是這不能怪中國，這是資本主導的，資本把許多生產放到其他國家。這是全球化的結果，不是中國造成的結果；是資本主義的邏輯，並不是中國 "偷" 的邏輯，說 "偷" 實在是侮辱中國。

"特朗普主義" 會長期影響美國政壇

特朗普在任期間，以美國為中心的這個想法，儘管導致國際關係震盪很大，但實際上是美國內政的反映。因為美國在海外擴張過度了，國內又有那麼多問題，支撐不了像美國一些學者所說的"美帝國"，於是外交作為內政的延伸，特朗普選擇從國際上收縮回來，即以美國為中心，從自二戰以來建立的國際秩序裏面"退群"，甚至減弱與盟友的關係，加大了盟友維持同盟的負擔。我覺得特朗普這個判斷是對的。只是他"退群"的方式太粗魯，對盟友的態度太粗魯。還有他在美國實施的恢復經濟、中產階層減稅、增加中產階層就業機會等措施也是對的。只是他的方法還是以前作為一個公司總裁的方法，不是美國總統的方法，他把兩個 president（總裁、總統）的角色混淆了。

特朗普政府應對新冠肺炎疫情確實不力。但是另外一方面，我覺得他找到了問題，把美國的真正問題，就是以前因為民主、共和兩黨講政治正確，多年以來不敢去碰的那些問題提出來了。這導致很多人不高興，因為他提出來的問題都是政治上不正確的。但是這些問題始終存在，還是要解決的，只是他在移民、全球化貿易、中美貿易等問題中解決的方式太差。所以，我覺得他把美國的問題正面地提出來了，並且做了一個嘗試。我想特朗普走了，"特朗普主義"的遺產會長久地流傳下去，它會一直影響美國政壇。

美國民主困境

　　這個困境其實簡單地說，就是一人一票的民主。但是我們別忘了，現在真正的一人一票民主，還要加上社交媒體。在社交媒體產生之前的一人一票的民主還是精英民主，因為只有精英去動員，然後他們就成為政治參與者。精英不去動員的話，他們不會參與政治。因為 20 世紀 60 年代的一些學生運動號召大家都參政，所以他們叫 over participation（過度參與）。如果老百姓過度參與政治，民主的負擔就會太重。後來大家覺得投票率低一點是好事情，投票率太高了也是個問題，因為過度參與，但 under participation 即參與不足也不行。參與度太低不行，太高也不行，那麼西方的民主如何運作好呢？有一個中間地帶就比較好。就像中國所說的中庸，不要太有激情，也不要太沒有熱情，人是理性的。

　　現在不一樣，現在一人一票又加上社交媒體，所有的人都可以直接參與政治，特朗普就會用推特去影響他的支持者。社交媒體產生以前的一人一票跟現在的一人一票在形式上完全不同。這也是為什麼美國、歐洲這幾年民粹主義氾濫起來，這跟社交媒體是有關係的。以前所有的東西都是通過政黨而動員起來，現在通過社交媒體、通過手機就能動員起來。

　　民主為什麼這樣走不下去呢？一人一票是為了什麼？我們說一人一票就是為了一人拿一份社會福利，拿一份好處。那麼一人拿一份的社會如何實現可持續性呢？首先要保證一人必須貢獻一份。一人一票的民主保證了一人能拿一份，但是沒有任何機制能保證一人貢獻一份。那社會經濟怎麼弄？在超級全球化之前，比如說 1945 年到 20 世紀 80 年代，當國家有主權，資本流動又不是那麼自由的時候，商人企業家階層多貢獻幾份，窮人就少貢獻幾份，而且不貢獻也行，因為可以通過國家稅收政策解決。那麼現在又趕上了一個全球化時代，"撒切爾新政""里根革命"，為什麼會發生呢？因為資本很聰明，國內稅收太高且負擔太重，資本就會跑到中國等其他稅收低的國家。所以我覺得民主一定要解決一人拿一份跟一人貢獻一份之間的矛盾。

以美國為主的世界體系需要調整

美國要有大國的樣子，中國也要有大國的樣子，尤其是中美關係不是簡單的雙邊關係，在現代世界格局裏是重要的支柱，哪一個國家都不能倒。無論是特朗普還是拜登當選美國總統，世界格局已經處於我們所說的百年未有之大變局。我不認為拜登上台就能使美國回歸到以前的狀態，可能他從態度上會對美國的同盟、國際秩序好一點，但真正能做到多少？美國已經力不從心了。

二戰以後的秩序主要是由以美國為首的西方國家建立，中國、印度、日本等其他大國被排除在外，尤其是以金磚國家為代表的新興經濟體的利益並沒有表現在國際秩序裏面。我們實事求是地說，儘管每一個國家不論大小都一律平等，但實際上對世界秩序的貢獻是不平等的。美國對世界秩序的貢獻能跟尼泊爾相比嗎？所以平等只是原則上的，大國應當提供更多的國際公共品。

美國不要把這個世界體系看成自己的，而應當把這個世界體系開放，讓其他國家來參與，來分擔它的責任，這樣反而能使美國的地位保持得更長久。再者，特朗普在任幾年對美國的所作所為都使得美國的軟力量降到最低點。比如這次新冠肺炎疫情，沒有一個國家，包括它的盟國去求助美國。所以美國在世界上的角色會改變嗎？是不是拜登一上台美國就可以恢復呢？我覺得美國需要很長一段時間才能恢復過來，但同時我們也要意識到美國的硬力量還是在那裏，美國的整個經濟體系沒有因為這次新冠肺炎疫情而受到很大的傷害。只要硬力量還在，美國的軟力量就可以恢復過來。所以我們對美國還是要有一個現實的估計，它還是世界上最強大的國家，尤其在軍事上仍是世界上最強大的國家，美元也照樣強大，它的市場還是很大，它的創新能力並沒有因為新冠肺炎疫情而終止。

美國缺少的是自信，即使它很強大。現在因為中國的快速崛起，美國相對衰弱了，但實際上美國社會還是在進步，尤其是在科技經濟方面。所以我覺得美國需要一段時間恢復，但它還是可以在世界事務中扮演一個非常重要的角色，即其他國家扮演不了的一個角色。

特朗普走了，但特朗普的"遺產"仍在 [①]

特朗普的"遺產"

未來的歷史學家會這麼說，美國的變化、中美關係的變化，甚至二戰以後世界格局的變化，就是從特朗普上台開始的。他雖然走了，但是已經留下了他自己的"遺產"。

這份"遺產"對美國國內，對中美關係，甚至對國際秩序來說都是很"厚重"的。從傳統的觀點來看，他治理美國並不成功。他既沒有使美國更偉大，也沒有使美國變得更好，但他確實改變了美國，改變了中美關係，也改變了整個世界格局。

對美國國內來說，他確實引入了一場對美國政治的革命。這場革命就是民粹主義革命。從他的執政方式來說，他是美國歷史上第一個非精英型的局外人總統。他執政的風格是革命性的、反建制派的，而且也成功了。

---

① 本文係澎湃新聞記者劉棟對作者的專訪，刊發於 2021 年 1 月 20 日。

　　他成功使共和黨轉型，此前共和黨主要代表商人階層的利益，這四年他通過煽動民粹主義，使共和黨轉而主要代表中下層白人群體的利益。不要忘記，有差不多一半的美國人支持特朗普的共和黨。共和黨被深深打上了特朗普的烙印。特朗普走了，他的“遺產”不會走，特朗普主義不會走，還會長久保留。

　　美國社會自內戰以來，從來沒有像今天這樣分化，這便是特朗普的“遺產”。眼下美國從方方面面來看，階級的分化、種族的分化、地域的分化等，都是史無前例的。

　　“特朗普主義”不是從天上掉下來的，而是美國的社會與經濟結構變化導致的。所以，這不是任何人能解決的，也不是拜登能解決的，要花好幾代美國人的時間才能解決這個問題。

特朗普對全世界造成的影響

　　在二戰以後建立的世界秩序中，美國是一個主要的角色，而這在特朗普時代遭到了很嚴重的破壞。特朗普四年來不斷“退群”，實際上是讓美國從二戰後的聯合國體系內退出來。不僅從世界體系退出來，還從它的盟友體系退出來。儘管所有這些被破壞的關係拜登都要修補，但是不是一年兩年能完成的。

　　舊的全球秩序在特朗普時代加速崩潰，新的體系會怎麼樣，我們還沒有看到。許多發展中國家，甚至包括美國的盟友現在對美國都不太信任。尤其是這次新冠肺炎疫情，我觀察到這是美國進入世界體系100多年以來，第一次其盟友沒有向美國求助，美國在抗疫中也沒有扮演一個正面的角色，而是扮演了一個負面的角色。

經過這次疫情，美國軟實力的衰落是非常明顯的，它是否能在短期內恢復過來？我個人認為很難。

這幾年歐洲國家對美國領導的聯合國及世界體系也有很多質疑。所以現在歐洲的崛起也非常明顯。歐洲想要更多的自主權，不再受美國的過度制約，不會像二戰以後那樣對美國服服帖帖了。即使拜登想要修復和所謂的盟友的關係，恢復世界領導地位，也不會那麼容易了。

目前全世界正朝着多極化發展，美國、中國、印度、德國等多極化是一個大的趨勢。如果說以前多極化還是個理想，那麼經過特朗普治理美國的四年後，世界朝着多極化的方向加速發展。

拜登政府的挑戰

拜登新政府上台後，管控新冠肺炎疫情是最迫切的問題。美國醫療專家估計，最糟糕的時候還沒有到來，如何控制疫情是他最直接的挑戰。

經濟方面，他提出了自己的"拜登經濟學"，包括大規模經濟刺激計劃，恢復並擴大中產階層規模，實施向弱勢群體傾斜的政策。不過，我的疑問是他到底可以做多少。

如前文分析，拜登會是一個非常弱勢的總統。當前美國內部非常分裂，拜登的支持力量主要集中在東部沿海和西部沿海地區的高科技公司，他要想彌合美國的分裂，就必須獲得相當一部分共和黨的支持者，也就是美國中部那些農業州的民眾，否則拜登執政的基礎會非常薄弱。

他組建政府的原則，還是以前傳統的精英主義做法，講政治正確，而並不是要改變美國。我並不認為拜登經濟學的任何一條能做到，我想他改變不了美國社會的分裂狀態。

從國際上看，在拜登的全球戰略框架下，他對盟友確實會友好一點，如重返《巴黎氣候協定》。雖然他可能會回到精英主義的政策，但是美國的全球戰略在其他方面不會發生任何變化。

中美關係展望

奧巴馬政府也好，特朗普政府也好，拜登政府也好，美國現在的外交重點在亞洲，這一點我們首先要明白。因為世界經濟的中心、地域經濟的中心在亞洲，美國的地緣政治和地緣外交的中心也都會在亞洲，這個結構性的東西不會變化。

從奧巴馬提出重返亞洲，到特朗普提出印太戰略，美國都把重點放在亞洲，在這一點上，拜登政府不會發生任何變化。雖然還沒有正式出台，但拜登的亞洲政策其實已經成型了，就是修訂改良版的印太戰略。

最近在亞洲協會的一場會議中，基辛格、舒爾茨等老一輩美國外交家認為"中美必須找到打交道的方式"，依然堅信中美可以理性對談；而拜登提名的白宮國安會印太地區協調員坎貝爾表示，美中關係最重要的三個品質應該是可預期性、穩定性和明晰性。

對此我想說，美國現在已經沒有像基辛格那樣的戰略家了，現在已經不是基辛格的時代了。當時的中美蘇三角情況跟現在完全不一樣，美國也還沒有出現能處理現在這個時代的大戰略家。

目前拜登提名的中國和亞洲團隊人選更多體現出技術官僚的特點，他們更多從意識形態層面來看中國。我認為理性和信任並不矛盾，即便沒有信任也是可以合作的。只是有信任的話，大家做事容易一點，沒有信任，大家做事就困難一點。

拜登代表的是美國內部的精英主義。他對中國的政策還是會比特朗普理性一點。舒爾茨說的理性其實就是坎貝爾說的可預測性。坎貝爾所指的是特朗普的外交政策一點也不可預期，這是不符合精英政治的。特朗普破壞了美國外交所有的遊戲規則，這不符合美國的利益。如果坎貝爾團隊讓美國的外交政策恢復這種可預測性，也就是理性，那也是中國所樂見的。

雖然中美之間因為有不同的國家利益，一些衝突不可避免，但是在今天的世界，一些全球性議題不是哪個國家單打獨鬥就可解決的，氣候問題與新冠肺炎疫情都是這樣的例子。所有這些結構性的問題都要求大國之間進行合作，單獨一個國家解決不了。

我對拜登（政府）不抱任何幻想，拜登或許會與特朗普有些差異，但他在某些問題上可能會更強硬。他和特朗普的區別是他是一個理性的美國優先論者。至於對待中國的態度，他的目標會和特朗普一樣，但是手段方法會不一樣。

目前，美國社會內部極端分裂，兩邊都非常激進。如果拜登能在短時間內把美國社會穩定下來，那就不得了了。在這樣的情況下，外交不是他的重點，他不會馬上把精力放到中美關係上，而是會優先處理美國和盟友的關係。我擔心的是，在內政做不下去的時候，他就將國內壓力轉移到外交上，尤其是針對中國。

疫情重塑全球秩序

過去這一年，疫情對全球秩序產生了諸多重大影響。

首先是經濟秩序基本上被破壞了。許多國家的內部也發生了變化。一些產業衰落，一些企業倒閉，但另一些產業和公司得到了發展。新冠肺炎疫情造成了西方國家的產業結構和社會結構的變化，貧富分化也加大了。

國家之間關係的變化就更不用說了，尤其是中國和美國之間。百年未有之大變局就是因為中美關係的變化引起的，而新冠肺炎疫情加速了這種變化，加速了世界多極化的趨勢，同時加快了美國的衰落。不過，美國在國際上的衰落是相對的衰落，不是絕對的。

雖然美國現在面臨治理危機，但是美國的經濟體系優勢仍然存在，美國的創新能力還是世界上最強的。

從二戰到現在，美國一直都有一種擔心自己失去第一位置的心態，從英國到蘇聯再到日本，美國一直都要打壓對它形成威脅的國家。亦如前文所言，未來面對美國的這種打壓，中國的對外開放政策是化解美國及其盟友“圍堵”中國局面最有效的武器。中國的強項在於開放的潛力，在於市場。

今天美國再也不可能組建一個冷戰時期的西方陣營了，那時候的西方陣營已經一去不復返。

我們要看到自己的短板，不要驕傲，也不要自卑。中國不要被美國牽着鼻子走，作為世界第二大經濟體，中國有能力應對美國的打壓。中國要善於利用自己在一些方面的優勢，不要陷入美國所設定的修昔底德陷阱，不要相信美國的論調而往那個方向走。

疫情下的民族主義情緒與人類挑戰

二戰激發了歐洲國家的民族主義，使得歐洲國家之間一點信任都沒有。實事求是地說，美國在那個時候表現出了國際主義，包括幫助中國，那麼當現在美國表現得如此民族主義的情況下，中國是不是也可以多一點國際主義，少一點民族主義呢？

新冠肺炎疫情還未結束，2021 年的國際秩序主要就看中美關係。中美如果找到合作的地方，世界秩序的重塑或重建就不成問題。中美如果發生衝突的話，世界秩序就會變得非常糟糕。中美現在的一舉一動，其影響不光只在中美之間，世界的和平也取決於此。

拜登對華將是可預期的理性強硬 [1]

拜登是一個傳統的美國民主精英，對民主自由感興趣，所以南海問題、台灣問題未來四年可能會尖銳化。

中國的開放政策是分化美國最好的策略。美國各個利益集團對中國的看法是不一樣的。中國市場太大，資本需要利益驅動，肯定要走向能賺錢的地方，中國還是最賺錢的地方。所以中國要全面擴大開放，才能改變世界格局，才能使中國真正成為一個世界強國。

拜登政府可能會繼續強硬

特朗普和一些美國強硬派在過去幾年始終把中國放在美國的對立面，對中國進行妖魔化，而且極限施壓。拜登上任後這樣的警報能解除嗎？

我認為美國的強硬路線會繼續下去。特朗普的強硬路線從奧巴馬

---

① 本文整理自鳳凰網 2020 年 10 月對作者的專訪。

執政後期就已現端倪了。奧巴馬在執政後期提出"重返亞洲"（Pivot to Asia），那就是為了針對中國，特朗普的政策就是對奧巴馬政策的延續，拜登也可能進行延續跟修正。

那麼延續跟修正實際上在早期有它的好處。奧巴馬針對中國的政策實際上是比較全方位的。特朗普剛上台時側重經濟面，因為他要解決美國的經濟問題，所以美國挑起了與中國的貿易戰，主要是在經濟方面，後來再慢慢惡化，擴展到全方位。

美國對華的強硬路線已經形成了，美國的對華強硬力量也已經都動員起來了，動員起來的力量也不會一下子消失。我想這會延續到拜登政府，不同於特朗普之處，可能是他對中國的態度是理性的。

特朗普製造了很多"黑天鵝"和"灰犀牛"事件，拜登可能還是會回歸到延續奧巴馬的對華政策，仍然強硬，但是相對可預期、理性一點。我是覺得二者的區分在非理性的強硬跟理性的強硬。

有一點我們要看清楚，特朗普剛上台時強調的重點是美國優先。但因為內政有太多的制約，特朗普在內政領域出不了政績，所以他將重點轉向外交，尤其是中美關係。所以中美關係實際上是美國內政的一個犧牲品。

是不是拜登上來了危機就解除了呢？我認為，拜登在未來四年很可能是一個非常弱勢的總統，我並不認為他在內政上能做多少事情。美國總統往往是在內政上做不了什麼事情。拜登入主白宮後，我們還是要持續關注中美危機。

對中國來說，特朗普跟拜登不同的地方是，特朗普對民主自由問題並不感興趣。公平地說，他是這麼多年來唯一一個沒有發動戰爭的美國總統，他還在中東締造了所謂的和平，使得幾個阿拉伯國家跟以色列建交，他認為自己應當得諾貝爾和平獎。他對民主自由不關心，因為他有商人背景，主要是從經濟利益來考量。

但拜登是一個傳統的美國民主精英。人權高於主權的理念就是民主黨的克林頓政府提出來的。拜登對民主自由感興趣，特朗普不感興趣。特朗普對戰爭不感興趣，拜登可能感興趣。所以，拜登如果入主白宮，南海問題、台灣問題可能會尖銳化。新疆問題、西藏問題等也都是民主黨以前一貫關注的。

所以我們不要對美國換總統出現一種新的幻想，中國還是要憑自己的力量與美國共存，這是關鍵。如果中國老想着如何打敗美國，美國老想着如何打敗中國，這是非常愚蠢的想法。中美這樣的大國，只要自己不打敗自己，哪一個國家都是打敗不了對方的。如何跟美國和平共存？這應當是我們所思考的問題。

中美接下來在哪些領域可以破冰？

在國際舞台上，中國美國兩個大國其實是優勢互補的，關鍵在未來的日子裏，這兩個大國怎樣能夠取長補短。

從客觀的、學術的角度來說，中美兩個國家在世界上的角色真是非常互補的。中國沒有任何想法要取代美國，我們的領導人也一直表示從來沒有要去挑戰美國，我們還是要跟美國搞好關係的。我們對美國主導的國際關係、國際秩序的態度是先請進來，請西方資本到我們國家來；然後我們去接軌，改變我們自己的法律法規體系，以符合世界標準，我們再開始走出去。

那麼到現在的發展階段，我們成為世界第二大經濟體、最大的貿易國，取得很多第一，我們提出"一帶一路"倡儀，建立亞投行、金磚銀行，這些不是要取代美國的體系，只是對現代世界體系的一個補充。所以中美兩國之間其實是非常互補的，希望美國更有自信，中國也更有自信。

美國所謂的中國會威脅到它的國內安全、科技等領域，是很難解決的問題，因為這是美國的內部政治導致的。我們影響不了美國內政，我覺得我們可以有所作為的就是國際層面。

拜登說，美國不會退出世界衛生組織和《巴黎氣候協定》，這些都涉及中美的共同利益，其實在奧巴馬時代美國就已經開始關注共同利益了。在應對新冠肺炎疫情方面，中美也是可以合作的。美蘇冷戰期間，美蘇兩國也有醫療合作。

還有一些領域，特朗普做得實在過分了，拜登可以有一些調整空間。例如留學生和中美之間的科技交流，特別是民用科技領域。以前我在美國留學的時候，實驗室裏面要麼是中國人，要麼是印度人，要麼是東歐人，美國缺少這方面的人才。如果美國不讓中國的科技人才留學，對它自己也有很大傷害。

特朗普跟中國達成的第一階段經貿協定，我想拜登也不會廢除，拜登可能會做加法。因為拜登在中部州的支持力量很弱。民主黨已演變成代表東部沿海和西部沿海大資本的利益了，中部這些農業州對拜登的支持力量很弱。而中美第一階段的貿易協定是有利於中部農業州的，拜登應該不至於把協議廢掉。

總之，即使美國把我們看成競爭對手，我們也應當繼續開放，甚至它把我們看成敵人，我們還是要有放鬆的心態做好自己。

美國現在的"憤怒"很沒道理 [①]

近年來，個別西方國家鼓吹的保護主義、單邊主義嚴重挑戰經濟全球化和多邊主義，一場席捲全球的新冠肺炎疫情，本應讓世界更加團結一致，但事實是有的國家甩鍋、拆台，讓全球抗疫舉步維艱。

美國在現有國際治理體系中的地位變化

從歷史上看，近代意義上的"國家"是在歐洲產生的，兩次世界大戰都是主權國家間的戰爭。在國際政治中，主權政府是最高政治實體，不存在高於主權國家之上的權威。為了協調主權國家之間的利益糾紛，達到遏制戰爭、實現和平的目的，國際聯盟（以下簡稱"國聯"）、聯合國這樣的國際組織應運而生。

為什麼國聯沒有運作好？用今天的話說，就是當時國聯內部沒有民主公平。大國（戰勝國）往往起主導作用，小國則依附大國"搭便

---

① 本文整理自"俠客島"2020 年 10 月對作者的專訪。

車"。國聯解決不了初衷和實效之間的矛盾，最終成了帝國主義的工具。加上國聯內部列強間的矛盾，注定了它的消亡不可避免。

二戰後聯合國取代國聯。相對而言，聯合國是一個開放型組織。國聯的主要成員是西方列強，聯合國的包容性更好一些，包括二戰後獨立的國家也不斷被吸納進來，目前已有 200 多個成員。雖然聯合國內部還是有大國起主導作用的重要機制（比如安理會等），一定程度上也在公正性原則和國際現實間有所妥協，但聯合國機制上的民主性、公平性相對較好。

在相當長一段時間裏，美國在聯合國體系內扮演着主導角色。衡量大國的標準之一，就是看這個國家能提供多少國際公共產品。

但大國本身的地位不是固定的，國家間的均衡狀態也是動態調整的，這跟各國國力消長有關。比如在聯合國成立早期，歐洲國家扮演了重要角色；後來，戰後經濟迅速增長的日本，新興國家如中國、印度等，都提供了越來越多的國際公共產品。不同國家角色的相對變化能否及時體現在聯合國體系內，這就涉及所謂"聯合國體系改革"的問題。

作為主導者的美國，對這種變化滿意嗎？我們看到，美國提供國際公共產品的能力在下降，包括拖欠聯合國會費，不願意在一些重大國際事務上出力（氣候變化、控制疫情等），但美國作為主導者，並不願意放棄自身的地位。理論上，美國承擔着聯合國體系內最大的責任，但其現有能力與此已不相匹配。

美國是否會重新建立國際組織？

有些人擔心，美國對現有聯合國體系的不滿，會使其不斷架空該體系，甚至另建一個國際組織，但重起爐灶的代價很大。雖然美國對聯合國及其下屬機構不滿意，但大部分西方國家不這樣看。

應該說，聯合國是很成功的，儘管其內部有很多爭執。75 年來，地區性、零星的戰爭沒有斷過，但是大的戰爭沒有發生過。聯合國在世界各地維持和平、協調各方。包括維和部隊、世界銀行、世衛組織等，都是聯合國體系的一部分，起到了很大作用。

現在世界的共識是聯合國應該存在，也應該改革，但不是推翻現有聯合國體系。

問題是，美國內部民粹主義、超級民族主義情緒高漲，深刻影響了國際體系。美國不僅在聯合國體系內 “退群”，就連美國自己主導的《跨太平洋夥伴關係協定》、雙邊或多邊同盟關係都要伸手破壞。美國若真的放棄現有國際體系另起爐灶，還能保持領導地位嗎？

美國在二戰後成為國際社會的 “天然領袖”，是因為當時歐洲列強打得不可開交，元氣大傷。二戰後，美國是被 “邀請” 來做世界領袖的。想象一下，如果今天的美國要架空現有體系，還會有其他國家邀請美國當世界領袖嗎？法國都說要組建 “歐洲軍” 了，只要美國稍微理性一點，就會對此有比較客觀的認識。

美國對國際體系的理解有誤

美國現在很 “憤怒”，認為國際體系的問題是中美之爭，比如在疫情中把世衛組織說成被中國"綁架""收買",這很沒道理。一個國家在國際體系裏的地位,取決於該國做出多少貢獻、提供多少國際公共產品。中國、印度等新興國家提供的產品多了,在體系內的地位自然會上升。

此外,美國還覺得自己不該跟"小國"一樣只有一票,應該有更大話語權。這是國際體系實際運作和國家實力原則的矛盾,有點類似於西方國家選舉中,窮人和富人都只能投一票。但如果聯合國體系變成誰的拳頭大就聽誰的,這個體系就回到國聯的老路上去了。

當今世界確實存在很多重大的、沒法靠一國完全解決的國際問題。比如氣候、貧困、生物多樣性、性別平等等。現在民粹主義氾濫,很多國家覺得"外部與我無關"、本國利益最大,但實際上如果不合作解決問題,很多國際問題會通過"負外部性"蔓延到本國。可以說,單個國家能解決的問題就不叫國際問題了。相比氣候、飢餓等,中美爭議的問題是"小問題"。

以前美國可以提供足夠的國際公共產品,或者出錢讓盟友提供。隨着美國國內問題的積累,加之以前管得太多,其在國際舞台上越來越力不從心。因此,本屆美國政府希望戰略回撤,減少對國際事務的捲入;但如果不能提供足夠的公共產品,其他國家就要補上這個空缺,否則國際體系就解體了。

從美國自身的利益出發,這種調整是必要的。但是把國際問題簡單化成不斷"退群"、搞單邊主義,是完全錯誤的。病毒傳染難道跟美國無關嗎?金融危機不會傳導嗎?氣候變化、環境污染不會影響到美國嗎?

歸根結底,還是美國對國際體系的理解有問題。按照世界銀行前行長佐利克的說法，每個國家都是聯合國的"利益相關者"，各自提供公共產品，提供多少是動態變化的。但美國現在的理解是，這些國際空間都是我的，不是中國的，你提供公共產品多了，就佔了我的國際空間。這相當於把國際空間看成私人財物，是帝國主義的邏輯。

在這種觀念的支配下，美國就會把"一帶一路"、亞投行理解歪了。中國說這些只是補充，沒有說要取代原有體系，也沒說要取代美國的地位。在中國看來，你不做的，我做一點補充，且這種補充也是開放的，所有國家都可以參與，這本來就是多邊主義的。這就是視角不同。

"後疫情時代"的國際體系

疫情已經讓大家看到了"不合作"對國際體系的衝擊，那未來怎麼辦？

疫情的教訓是很明顯的。實際上這次世衛組織發揮了很大作用。美國說要跟世衛組織撇清關係，但美國疾控中心實際上一直跟世衛組織保持着信息互通。75 年過去，一個很清楚的事實是，大家還是需要國際組織，人類社會沒法退回到此前相互孤立的狀態。歷史上，國際體系的重建往往以戰爭為先導，但戰爭的代價太大了。

《21 世紀資本論》的作者皮凱蒂就呼籲，各國政府要聯合起來解決問題。哪怕是看上去很個人化的議題，也需要國際合作。比如一個國家的財富分配，可以通過稅務合作、共同打擊逃稅漏稅來間接解決，國際刑警組織則可共同打擊犯罪。

有人說"先辦好自己的事"，不要太操心國際問題，這種理念是狹隘、自私的。好比一個家庭內部，如果每個人都很自私，家庭怎麼維持？一個國家以自己為主沒問題，但也要對國際社會有所貢獻。毛澤東當年就說，國際主義和愛國主義不矛盾。

美國特別強調 local（本地化），比如希望通過貿易戰達到貿易平衡。但如果光看本地、不看國際，美國貿易逆差實際上在增加。美國 2020 年 7 月的貿易逆差又達到 12 年來的最高點。這就說明，光靠本地化視角解決不了國際問題。

這不是說國家內部的視角不重要。經濟全球化創造了巨大財富，但一些國家沒能力做好重新分配。小國不加入經濟全球化就窮，一加入可能變富，也可能完蛋。所以，一定要達成地方利益和國際利益的均衡。

現在確實是關鍵時刻，如果各國不能達成共識，真的很糟糕。中國現在是國際體系和多邊主義最堅定的維護者。美國當然希望中國幫着提供更多的產品，幫着美國"減負"。但如果什麼是公共產品由美國定義，怎麼提供也由美國決定，是不可能的，中國有自己的定義和方式。歐洲國家現在也是這個態度。

我覺得，美國應該放寬心態，允許各國以自己的方式提供國際公共產品，不要總是指手畫腳的，不然別國肯定不樂意。

警惕美國大選的危機給中國帶來衝擊 [①]

美國大選的爭議

美國大選的投票結束之後，計票工作遇到了很多困難，特朗普和拜登都曾聲稱自己獲勝。如何理解這次大選的爭議？

這場選舉已經變成了美國的政治危機，也有人認為有可能將美國導向一場憲政危機，甚至使美國陷入不同規模的內部暴力。今天美國的民主已經不再是傳統意義上的民主，而是赤裸裸的民粹。特朗普靠煽動民粹起家，也靠民粹（推特）治國，把民粹因素用到極致。

拜登走的是更類似傳統精英主義的路線，儘管受精英（包括建制派和傳統媒體）的擁護，但不為民粹（尤其是白人民粹）所接受。無論從歐洲還是美國本身的經驗來看，傳統政治精英很難競爭得過民粹主義政治人物。2000 年的美國大選，小布什和戈爾競爭，最終不得不通過美國高等法院的介入解決問題，戈爾承認小布什當選。如果類似

---

① 本文整理自 IPP 評論 2020 年 11 月對作者的採訪，有刪改。

的情況再現，最高法院再次介入來選出勝利者，那麼落敗的一方及其支持者會罷休嗎？俗話說，"法不責眾"，這在宣稱"法治國家"的美國也是如此。很多美國法律專家已經指出，最高法院能否解決問題主要還是取決於政治人物及其支持者的態度。從特朗普和拜登的對立程度來看，人們可以確定，如果出現類似 2000 年的情況，誰也不會輕易言輸。無論是特朗普還是拜登，都已經將這場選舉和國家的存亡等同起來，宣誓出誓死決戰的政治決心。美國全國範圍的抗議活動幾乎是不可避免的。

今年的美國大選計票工作為何會拖這麼久？很多人開始用陰謀論來解釋這個問題。

其實，特朗普在投票之前一直試圖利用新冠肺炎疫情大流行來推遲選舉或者以其他方式來影響選舉的正常進行。他花了不少精力詆毀郵寄選票的有效性，以便提前取消 11 月 3 日投票的合法性。

儘管這些行動遭到民主黨（也包括一部分共和黨人）的強烈抵制，但特朗普向其支持者發出的信息是，不管選舉結果如何，他都要賴在白宮。"黑人的命也是命"（BLM）運動的激進化和暴力化也為特朗普提供使用暴力來維持秩序的合理性。前幾個月在波特蘭和芝加哥發生的騷亂和搶劫也似乎論證了這位自詡為"法律秩序"的總統決定的"正確性"。特朗普執意在波特蘭市中心部署國土安全部的部隊來恐嚇人數相對較少（大多為和平）的抗議人群。但特朗普的這種行為很可能導向抗議活動的擴大和暴力的升級。

這次選舉的郵寄選票數量大幅增加，因此計票工作需要較長時間，而這意味着在投票數日之後才能知道最終結果。在這段充滿不確定性的窗口期，任何一方或雙方都可能試圖根據當時的計票結果來宣告勝利。

在過去的採訪中，特朗普已經含糊地說，即使他失敗了，他也不會離開白宮。事實上，特朗普在積極為這種局面做準備，而民主黨人也在思考如何把失敗了的特朗普驅趕出白宮。拜登說，效忠國家的軍隊會把特朗普架出白宮。一些前將領效忠國家的言論使很多人相信軍隊會把特朗普趕出白宮。但也有人說，軍隊不能干預政治，應當由秘密警察把特朗普趕出白宮。

美國國內政治為什麼會撕裂到這樣嚴重的程度？

這些年，特朗普在治理上是失敗的，但在民粹政治上則是成功的。特朗普的社交媒體幾乎徹底摧毀了傳統媒體。今天支持特朗普的美國民眾對媒體普遍持不信任的態度。社交媒體上謠言、陰謀論滿天飛，充斥着大量沒有經過最起碼的新聞專業精神檢測的虛假信息。人們把傳統媒體簡稱為“假新聞”，而他們的“真相”只能來自Breitbart、Infowars 和福克斯那樣的“特朗普媒體”。

對特朗普的支持者來說，特朗普說什麼都是正確的，做什麼都是正確的。當特朗普說消毒液可以治新冠肺炎，一些人真的去喝了消毒液。他們把特朗普視為美國的救星，同時把民主黨的拜登視為叛國者。特朗普陣營一直在叫囂，如果拜登當選總統，那麼他必然會把美國出賣給中國。

那麼拜登陣營又是怎樣的呢？這是一種作用與反作用的關係，特朗普陣營對拜登陣營有多恨，拜登陣營對特朗普陣營就有多恨。

特朗普和拜登的對立並不僅僅是共和民主兩黨的對立，更是高度分化了的社會力量的對立。實際上，這種現象也不難理解。從前美國的兩黨儘管也有爭吵，但兩黨均可以宣稱它們都是為了"國家利益"，並且對國家利益有共識。

究其原因，就是美國當時擁有龐大的中產階層（70% 左右）。在存在一個龐大的中產階層的情況下，兩黨都要照顧這個中產階層的利益，不會左得離譜，或者右得離譜。但今天不一樣了。美國的中產階層已經縮減到 50% 左右，社會高度分化。社會互相對立，政黨互相否決。

美國選舉會如何對國際社會產生衝擊？

美國仍然是一個霸權大國，其內部所發生的一切都會產生巨大的外部影響力。西方普遍認為，如果特朗普連任，那麼他會繼續給世界帶來危機，甚至更大的危機。二戰之後，美國一直是世界至少是西方世界的領袖，但特朗普則利用美國的領袖地位把二戰之後的秩序破壞得差不多了。聯盟是美國霸權的基礎，但特朗普視"聯盟"為美國的負擔，因此美國與盟國漸行漸遠。

同樣，美國是戰後國際組織的建設者，也是諸多國際組織的領導者，但特朗普陸續"退群"，退出國際組織和國際協議。無論是同盟還是國際組織，本質上都是多邊主義，但特朗普搞的都是單邊主義。對主導國際秩序的西方世界來說，他們很難再忍受特朗普了，因此希望拜登能夠當選，促成美國回歸到從前的狀態。

不過，美國對世界的最大影響莫過於這次選舉給美國這盞"民主燈塔"帶來的不確定性了。美國一直自認為是民主的典範，而其他國家也是這麼認為的。目前美國民主出現的亂象必然會給那些信仰美國民主的人帶來幻滅感，尤其是那些還沒有發展出西方式民主的發展中國家。

德國民調機構 Dalia Research 前不久發佈的 2020 年民主認知指數顯示，認為美國促進世界民主化進程的前 10 位國家是尼日利亞、越南、印度、菲律賓、以色列、肯尼亞、委內瑞拉、巴西、羅馬尼亞、波蘭，而認為美國妨礙民主化進程的前 10 位國家是中國、德國、奧地利、丹麥、愛爾蘭、比利時、加拿大、瑞典、希臘、法國。

很顯然，除了中國，反倒是民主國家（包括美國的盟友）對美國民主有比較現實的看法，而那些發展中國家則對美國抱有過度理想的看法。現在美國民主出現了如此大的問題，這些美國民主信仰者又會怎麼想呢？

這次美國選舉會對中國產生什麼影響？

美國大選的爭議必定會波及其他國家，尤其是被美國視為"敵人"的中國。對中國來說，美國選舉也把中美關係拉入了危機管理模式。特朗普認為拜登當選之後會把美國利益出賣給中國，可見中國在美國這次選舉中的政治重要性。

特朗普和美國強硬派這些年拚命妖魔化中國，使得反華有了社會基礎。特朗普會不會通過給中國製造危機，進而以此為藉口在其被擊敗之後不想下台？這些也並非不可想象。對中國來說，至少在如下幾方面，危機管理必須提到議事日程上來：台海新危機、南海衝突、中印邊界衝突、美國禁止中國使用美國的 App 等。

　　即使拜登最終當選美國總統，我們也不能預測中美關係會回歸到特朗普上任前的狀況。也就是說，美國對華強硬的大趨勢不會變化。我個人認為，在對華關係上，特朗普表現的是非理性的強硬，拜登表現的是理性的強硬。特朗普經常製造令人意想不到的事情，趨向於把中美關係帶到臨界點。拜登在這方面會有所改變。中美關係只要回歸理性，就總能找到合作的領域。所以，一些領域的衝突和一些領域的合作會是拜登時代的中美關係的特點。這也符合大國關係的常見特徵。

第七章

聚焦：未來如何與美國共存？

大變局中的中美關係新趨勢①

　　中美關係是世界上最重要的雙邊關係，但這些年來卻進行得很辛苦。中美兩個最大經濟體之間的貿易摩擦，已經給世界經濟蒙上了巨大的陰影。疫情在全球蔓延，帶來巨大風險挑戰，這個時候最需要兩個大國之間的合作，但人們卻沒有感覺到兩國合作的氣氛，倒是聞到了濃濃的"硝煙味"。

　　無論是圍繞着貿易還是新冠病毒，兩國間日益緊張的政治氣氛已經使得本來可以發生的合作煙消雲散。新冠肺炎疫情考驗着美國的內政外交，在很多方面促成了美國對中國真實而深刻的憂慮，這種真實性和深刻性是人們正常時期所不能感受到的。

　　第一是對經濟高度依賴中國的憂慮。誰都知道中美兩國經濟的相互依賴性，但誰都沒有對這種高度依賴的後果有過如此深切的感受。正如美國國會眾議院外交事務委員會共和黨議員米切爾・麥考爾（Michael McCaul）所說："我確實認為我們要審視我們的供應鏈，

① 本文原載於《人民論壇・學術前沿》2020 年第 7 期。

我們 80% 以上的醫療物資供應來自中國。如果我們在這樣的危機來臨時刻還必須依賴中國,當他們威脅我們說,要把我們置身於新冠病毒的地獄,拒絕提供醫療物資給我們,美國就必須重新審視、思考我們能否在美國製造這些產品。"的確,自 20 世紀 80 年代開始的全球化使得美國資本主義高度異化。在新自由主義旗幟下,美國的資本主義為了逐利,把大部分經濟活動遷往海外,包括與人民生命密切相關的醫療物資生產。當特朗普大談美國擁有世界上最強大的經濟、最好的醫療衛生體制的時候,老百姓需要的只是簡單的口罩、洗手液、防護服、呼吸機等,而這些能夠給人民帶來安全的物資,美國已經不再生產或者產能不足了。這個現實無論是美國的精英還是民眾都難以接受。因此,今天的美國出現了"去全球化"就是"去中國化"的論調。但很顯然,這並非是因為中國,而是因為資本使經濟利益完全與社會的需要脫離開來。經濟本來是社會的一部分,但經濟脫離社會時,危機的發生便是必然的。

第二是對中國體制的憂慮。中美之爭說到底就是體制之爭。中國的"舉國體制"在抗疫過程中所體現出來的有效性,更加強化了美國精英對中國體制的擔憂。就美國體制而言,如美國政治學者福山所說,美國這次抗疫不力並非美國體制之故,美國總統要負更大的責任。如果說美國精英對美國體制沒有有效的反思,對中國體制的恐懼感則是顯而易見的。中國媒體對中國體制的弘揚和美國精英對中國體制的攻擊,不僅形成了鮮明的對比,而且兩者互相激化,即中國越高調宣揚,美國越恐懼。

第三是對美國全球地位被中國取代的憂慮。疫情在美國快速擴散,美國自顧不暇。新冠肺炎疫情把特朗普的"美國中心論"推向一個極端，顯示出美國的自私性，單邊主義盛行。美國不僅單方面對中國斷航，也對歐洲盟友斷航。新冠病毒幾乎斷了美國世界領導力之臂。相反，中國在本土疫情得到控制之後，不僅對發展中國家，而且對美國的歐洲盟友，甚至對美國提供援助。

美國擔心新冠肺炎疫情會深刻地弱化甚至消除美國地緣政治的影響力。還應當指出的是，儘管歐洲國家需要中國的援助，但各國對中國援助所能產生的地緣政治影響也保持着高度的警惕。在中美兩國關係上，今天雙方的衝突具有越來越深厚的社會基礎，即兩國內部日益滋生的民族主義情緒。來自美國的各種民調顯示，美國人對中國的好感度已經跌到了中美建交之後的最低點。中國儘管沒有類似的民調，但從互聯網上高漲的民族主義情緒來看，民眾對美國的好感度之低也是史無前例的。

疫情無國界，應對疫情是全人類共同的任務。當前，面對新冠肺炎疫情引起的一系列"蝴蝶效應"，國際社會緊迫地需要中美兩國深化合作，承擔更多責任，提供更多公共產品，共同抵抗這一全球威脅。但隨着疫情在美國的繼續擴散，美國政治人物把責任推給中國，反華浪潮在美國快速崛起，加之被疫情惡化的經濟危機、社會恐懼和美國內部治理危機，各種因素都有可能激化中美之間的結構性矛盾。如果是這樣，那將是全世界的災難。

面對整個世界的歷史性轉型，中國更要始終保持足夠的戰略定力。中美兩國能否跳出大國競爭"零和博弈"的歷史怪圈，是"大變局"時代對兩國政治智慧的最大考驗。

中美兩國在爭些什麼？[①]

　　中美貿易戰從一開始就注定是一場持久的拉鋸戰。中美兩國基本上主導了 20 世紀 80 年代之後數十年的經濟全球化。很難想象，如果中國的鄧小平沒有提出改革開放政策，而美國沒有發生里根革命，全球化在此後的數十年會不會如此迅猛。也正因為這樣，中美兩國的經濟很快就發展出一種高度依賴關係，這種關係曾經被一些美國學者稱為 "中美國"（Chimerica），中國的一些人稱之為 "夫妻關係"。貿易戰發生之後，很多人根本不相信關係如此緊密的兩個經濟體會脫鈎。從經驗來看，這種緊密的關係並不是沒有脫鈎的可能性，但脫鈎的過程注定是漫長且痛苦的。

　　所謂的貿易戰，就是一些學者所說的把兩國的經濟互相依賴性 "武器化"，用自己的經濟優勢去打擊對方的弱處。不過，正如夫妻關係，即使雙方因為種種原因被迫離異，但可能誰也不會死。中美兩國在脫鈎過程中，短時間內，雙方都會受到很大的傷害，但傷害程度是

---

① 本文原載於 2019 年 9 月 24 日新加坡《聯合早報》。

不同的，一方相對多一些，另一方相對少一些。美國總統特朗普就具有這種思維，認為美國在貿易戰中佔盡優勢，中國會受到最大程度的傷害。不過，這種思維本身是有問題的。如果具有這種思維，動不動就利用自己的優勢去傷害對方，雙方何以能確立互利、互惠、互信關係？如果這樣，兩國關係的淡化甚至分離不僅必然，而且應當。

中美兩國到底在爭些什麼？從現實來說，中美兩國已經發展到誰也吃不了誰、誰也吃不下誰的程度。自中美兩國開始交往以來，美國人對中國有兩種截然不同的態度，即要麼是"朋友"，要麼是"敵人"，也相應地發展出兩種主要對華政策，一種是幫助中國，一種是圍堵甚至打敗中國。這兩種態度和政策都是美國文化的反映，它們之間不僅不矛盾，反而是有機統一的。

美國是宗教文明國家，具有強烈的使命感去改變這個世界，希望這個世界發展成美國人所想象的那樣。因此，當美國人認為中國是朝着美國所希望的方向發展的時候，他們就高興，就樂意幫助中國；相反，一旦美國人認為中國的發展不是其所希望的時候，他們就很不高興，甚至惱羞成怒，要以中國為敵，圍堵中國，打敗中國。這兩種態度和政策不僅僅反映在今天的中美關係上，近代以來都是這樣，只不過不同時期具有不同的表現形式。

中國學習美國但非變成美國

中美兩國都具有文明性，代表着各自的文明。因此，自與美國接觸以來，中國也發展出兩種對美國的態度和政策：一是以美國為師，向美國學習；二是堅持自己的獨立性，避免和抵制被美國"消化"。

中國自近代開始因為落後而捱打，美國是西方最先進的國家，這決定了中國必須向美國學習。近代以來，中國沒有一代精英不嚮往美國，也樂意虛心向美國學習。

不過，"學習"並不是說中國可以變成美國。即使五四運動前後出現了不小的主張完全"西化"的政治力量，但從客觀上說，這些力量完全沒有成功的希望。原因很簡單，中國是一個基於文明之上的國家，有其自身的生存和發展邏輯。不過，儘管中國向美國學習，一旦美國感覺到中國這個學生"不聽話"（即沒有變成美國所希望的國家）時，美國就要懲罰這個學生了，這自然會導致中國強烈民族主義式的反應和抵制。

客觀地說，改革開放以來，中國是向美國等西方國家學習的，並且學得很快，也學到很多，以至中美兩國的一些學者說，中國的發展是"西化"的功勞。但很顯然，中國不僅並沒有像美國所希望的那樣"西化"，反而變得越來越中國。這也促成了美國對中國態度的轉變，把中國視為美國的"對立方"和敵人。

現實地說，誠如鄧小平所說過的，美國幫助中國會使中國的發展快一點，但即使沒有美國的幫助，中國也會得到發展。新加坡的李光耀也說過類似的話，意思是美國圍堵不了中國，美國圍堵中國會拖慢中國的一些現代化進程，但阻止不了中國的崛起。不管如何，發展到今天，美國已經沒有完全圍堵和遏制中國發展的能力，中國也已經不再是一個可以被輕易圍堵的大國。

因此，無論是"朋友"還是"敵人"，中美兩國都不得不"和平共存"，要麼是"朋友"間的熱和平，要麼是"敵人"間的冷和平。即使是"朋友"，中美兩國也不會"一體化"，因為兩者代表着兩種不同的文明。文明可以互鑒，但不可以互相取代。再者，中國不是日本，中國不可能像日本那樣被美國整合進其安全體系。日本被美國整合是具有特殊力量條件的，即日本被打敗。美國不可能把中國打敗，無論是以熱戰還是冷戰的形式。就熱戰來說，兩國都是核武大國，控制不好就會互相毀滅。如果是冷戰，最糟糕的就是形成當年美蘇之間的 "冷和平"。即使演變成美蘇式冷戰，只要中國不步蘇聯的後塵，也就是說不自我擊敗，美國也很難打敗中國。

回到今天中美關係的現實面，雙方似乎越來越對立，情緒越來越高漲。不過，如果撇開雙方幾乎高度情緒化到聲嘶力竭的話語，回到具有實質意義的互動，人們或許不會對中美關係的未來感到如此悲觀。就內部發展來說，無論是特朗普的 "使美國再次偉大" 還是中國的 "中華民族復興"，至少在意圖層面，它們的目標是一樣的，用中國通俗的話來說，就是要讓老百姓過上（更）好的日子。同時，作為兩個最大的國家，雙方對區域或國際秩序都負有一定的責任。兩國的競爭是必然的，但競爭有良性和惡性之分，良性的競爭是需要的，是通往合作的基礎，是互惠的，惡性的競爭則會導致兩敗俱傷。

就經濟競爭來說，美國早期也經歷了重商主義階段，強大之後走向世界，成為世界領袖。今天的中國也差不多已經走過這個階段，有需要和能力變得更加開放。這很容易理解，這些年來，當貿易保護主義和經濟民族主義在西方盛行的時候，中國一直在堅持全球化，以及更廣和更深的開放。再者，中國也通過 "一帶一路" 倡議、亞洲基礎設施投資銀行、金磚銀行等機制建設走向世界，承擔國際責任。儘管美國因為外部的過度擴張和內部問題，現在要往回走一點，注重內部事務，但相信美國也不會完全關上大門。實際上，只要美國仍然是一個資本主義國家，一個完全封閉的美國是難以想象的，因為資本的邏輯便是開放。由此看來，儘管中美兩個經濟體有可能成為兩個相對獨立的體系，但完全脫鈎是很難想象的。

就各自內部發展來說，中美兩國也各具優勢。美國的技術確實較中國的先進，但中國的技術也已經積累到一個較快發展的階段，並且在一些領域已經和美國持平，甚至有所超越。更為重要的是，中國的消費市場並不比美國的小。儘管美國中產階層的比例較中國高，但中國中產階層的絕對規模已經趕上美國，並且很快會超過美國。市場規模是中美兩國各自經濟力量的象徵。在開放狀態下，這兩個市場誰也缺不了誰，合作便會互利，衝突便會互損。

西方擔心中國體制的潛在吸引力

就經濟體制來說，美國是典型的自由資本主義國家，過去曾經創造輝煌，但在進入新自由主義經濟學以來，在知識經濟時代，美國也為這一經濟制度付出了不小的代價，包括中產階層縮小、財富高度集中、收入分配越來越不公、社會越來越分化等。如果美國過度新自由主義的經濟體制不能得到改革和調整，更深刻的危機將不可避免。今天美國政府所採納的 "貿易戰" 方法，肯定解決不了如此深刻的內部問題。

中國已經形成自己的經濟模式，即混合經濟模式。西方把中國稱為 "國家資本主義"，但這顯然並不符合事實。根據中國自己的說法，民營企業代表着中國的 "五、六、七、八、九"，即民營企業貢獻了全國 50% 以上的稅收、60% 以上的國內生產總值、70% 以上的創新、80% 以上的城鎮就業和 90% 以上的企業數量。這個模式的一些部門（主要是國有企業）儘管經濟效率不如美國，但也具有自身的優勢。國有企業負責大規模的基礎設施建設、避免資本主義經濟所固有的週期性危機、應付各種經濟危機、平準市場、提供公共服務等，而其他類型的企業則如美國企業那樣充滿創新能力。中國稱自己的經濟體制為 "社會主義市場經濟"，強調的是政府和市場之間的均衡。儘管這個模式仍然具有巨大的改革和改進空間，但其優勢和生命力不可忽視。

在政治上也如此。近代以來，很多人（尤其是知識分子）嚮往西方式民主政治和憲政，但遭到政治人物的拒絕。當然，中國拒絕西方形式的民主並不是為了拒絕而拒絕，而是因為西方體制很難在中國生存和發展。近代的諸多西方式政治實踐的失敗，使得政治精英不得不選擇自己的模式。西方模式不可行，後來蘇聯的模式也不可行，最後回歸到基於中國自身文明之上的模式。1949 年之後，經過 70 年的實踐、改革和調整，發展出內部三權分工合作的機制，"三權" 即決策權、執行權和監察權。傳統上，三權體制從漢朝到清朝存在了 2 000 多年。現在的三權體制並不是簡單地回歸傳統，而是在傳統之上的創新。

就政治過程來說，儘管中國共產黨是唯一的執政黨，即西方所說的一黨制，但這個黨是開放的，向所有社會群體開放。究其精神，它並不是西方意義上的政黨，而更類似於傳統 "士大夫" 階層，即統治精英集團。更為重要的是，這個統治精英集團並非如西方那樣由一些政治家族（即傳統上的貴族）組成，而是向整個社會開放，所以是開放的一黨制。開放的一黨制一方面避免演變成西方類型的政黨，另一方面和整個社會關聯起來。因此，在中國，很難出現像西方那樣的"國家—社會"二分法，而體現為"國家—社會"的一體化。或者說，從國家到社會或者從社會到國家是一個連續的過程，而不是兩個對立的制度實體。

從這個角度來說，儘管中國還是會面臨來自國內和國外的壓力，但基本政治體制構架不會變，我們所能做的，也應當做的不是革命，而是不斷改革和完善這個體制。這個體制能夠與時俱進，人們也不能低估這個體制的生存和發展能力。

在國際層面，儘管中國不會輸出這個體制，但這個體制可能對一些發展中國家具有參照作用。西方擔憂中國的政治體制並不是因為中國體制會取代西方體制，而是因為中國體制對其他國家的潛在吸引力。西方本來對自己的體制具有無限的信心，但近年來民粹主義崛起所造成的治理危機，甚至憲政危機（尤其是在英美兩國），使得西方對自己的體制變得不那麼有信心。在這種情況下，西方對中國政治體制可能的外在影響力更感恐懼。

由此看來，中美之間的良性競爭不僅不可避免，也是為世界所需。美國前國務卿基辛格表示，中美兩國是在技術、政治經驗和歷史方面最有能力影響世界進步與和平的國家，所以希望中美兩國能夠以合作方式來解決問題。這話說得很到位。的確，作為世界上最大的兩個國家，中美對世界和平與進步負有共同的責任。

美國敵對情緒延續，中國該如何應對？[①]

逆全球化時代，中國需要更開放

自 2019 年以來，逆全球化的呼聲日漸嘹亮，在新冠肺炎疫情衝擊下，更成為焦點話題。

逆全球化暴露出自由主義經濟學說的短板：在現實層面，經濟與政治並未真正脫鈎，所謂市場自主、貿易自由，只是一個美麗的神話。特別是在國際貿易領域，政治經濟學仍然佔統治地位。政治隨時可以伸出“看得見的手”，將競爭對手清剿出局。

由此帶來巨大的思想困境：在相當長一段時期，國人奉自由主義經濟學為圭臬，而當這一思想方法與現實相乖離，我們該何去何從？是徹底否定它，轉向民粹主義？還是深入思考，刷新並升級我們的認識力？

全球化是不可逆轉的大趨勢，不論阻力多大，中國都應堅定信

---

① 本文原載於 2020 年 7 月 28 日公眾號 “華山穹劍”。

心、堅持理性，繼續站在風口上。

換言之，世界越封閉，中國就應越開放。

"中國道路" 不是 "美國道路" 的克隆版

自特朗普上台以來，美國政府力推逆全球化，體現在三方面：其一，退出多個國際組織；其二，挑起與中國等國家的貿易戰；其三，攪動民粹主義情緒。

在新冠肺炎疫情壓力下，美國政府更是加速了供應鏈 "去中國化" 操作，引起國內產業界的普遍焦慮。焦慮的產生，源於這樣的誤會：過去 40 多年中，中國經濟是在重複 "美國道路"，並因此取得快速增長，一旦失去美國背景，未來可能寸步難行。

其實 "中國道路" 與 "美國道路" 並不相同，二者依據的是完全不同的政治經濟學。

在西方政治經濟學語境中，政治與經濟是一個分離的過程，這個過程至今影響着西方社會的方方面面。

在古希臘時代，西方的政治經濟學也認為政治、經濟不可分，與中國古人看法一致。但羅馬帝國滅亡後，歐洲出現了數千個小王國，長期並存。在如何擴張上，商人們與國王們達成共識，政治與經濟從此展開合作。其結果是，經濟與政治脫鈎，取得獨立地位。為強化此地位，資本進而贊同 "保護社會"，使社會、政府相互制衡。其結果是：政府與發展分離，政治人物想推動發展，也無有效辦法。隨着經濟的重要性不斷提升，政府日漸被邊緣化。

全球化後，資本實力陡增，貧富兩極分化加速，引發社會衝突。

可從“佔領華爾街”，到 BLM 運動，西方政府始終拿不出有效的解決方案，可見，“美國問題”是“美國道路”內生的困境，是西方政治經濟學的必然結果。

相比之下，在漫長的歷史中，中國的經濟一直未獲得獨立地位，它始終呈現為三層資本共存的結構，即頂層永遠是國家資本，中層是國家與社會的結合，底層才是自由的民間資本。在此基礎上，形成了三層市場。這種結構的缺點是，中國錯過了大分流的機遇，未能率先實現近代化，但它也有優點——最大化地保證發展。

在中國政治經濟學語境下，發展始終是政府的重要責任之一。正如古代中國最優秀的政治經濟學著作《管子》，不談“供需”，只談“輕重”。“供需”的主體是市場，而“輕重”的主體是政府。

推倒重來是不負責任的想法

沿着兩種不同政治經濟學的視角，就能解釋為什麼在過去 40 多年中，中國經濟發展速度如此之快，卻沒有爆發重大經濟危機，以及為什麼中國能快速完成大規模基礎設施建設，能大規模有效扶貧等。

任何快速發展的經濟體，都會受到陣發性經濟危機的衝擊，可二戰後許多東亞國家和地區都實現了長期的、持續的增長，奇跡的達成與儒家文化堅信“政府有義務推動經濟發展”有關。

不可否認，中國政治經濟學也有自身的困境。比如，怎樣在三層市場中實現平等，使所有企業能享受同樣的權利，從而保護好中小企業的創新能力。再如，如何避免國家資本獨大，三層變成一層，在歷史上，王莽時期、王安石新政時期、朱元璋時期、改革開放之前的時期，都出現了這樣的局面，反而給經濟發展帶來傷害。

然而，一定要將中國政治經濟學歸併到西方經濟學脈絡上，要求它做出根本性改變，將經濟與政治剝離開來，則既無可能，也無必要，還會付出慘重代價。更重要的是，這並不符合中國社會的實際需求，無法得到人民的支持。

任何系統都是優劣並存的，從沒有一個系統能適應所有時代、所有國家。這就需要我們面對真問題，逐步修正，而非不負責任地推倒重來。

現實的問題是，西方政治經濟學對中國政治經濟學存有巨大誤會。從政治與經濟分離的視角看，中國政府致力於發展經濟，常被誤讀成強化自身實力，對其他國家構成了威脅，必須加以遏制。

虛構出來的"中國威脅"

特朗普政府反覆強調"中國威脅"，卻刻意忽略了幾個問題：首先，在政治主張層面，中國與美國沒有根本衝突；其次，在政治操作層面，中國對美國並無威脅；再次，中國政府對美國內部事務毫無興趣，也未挑戰美國的全球地位。

換言之，中美矛盾的實質是經濟衝突，不是政治衝突，把它升格為政治問題，不僅解決不了問題，還可能激化矛盾。

其實，早在 2008 年，美國政府便明確提出"逆全球化"主張，採取"製造業回流"戰略，可從結果看，2008 年美國製造業在 GDP 中尚佔 15% 左右，到 2019 年反而下滑到 11%。

發展靠理性，不靠激情，事實證明，"願景治國""口號治國"是行不通的，要發展，就要尊重市場規律。

資本天然趨利，全球化的大門一旦打開，就很難再用政治把它關上，在全球化時代，誰是效率的窪地，誰就會被淘汰，特朗普政府寄望於"效率不足政治補"，未必明智。

我們也應正視西方政治經濟學的優點，即強烈的現實感、憂患意識和競爭意識。

事實是，中國不僅在政治上對美國毫無威脅，在經濟上對美國也毫無威脅。美國最不可能，也最不應該與中國發生貿易戰。可西方政治經濟學天然帶有競爭基因，它開放卻不包容，不允許任何一點威脅存在，這與中國政治經濟學更多關注內部完全不同。

在高度競爭時代，如何提高敏感度，如何磨煉主動競爭、主動出擊的意識，是一個值得長期關注的議題。

"以暴制暴" 是最壞的方法

面對美國政府咄咄逼人的操作，中國該如何應對？

最壞的方法是以暴制暴，不自覺地接受對方塑造，結果是經濟糾紛可能真的升格為政治糾紛。在歷史上，"一戰"前的德國便犯了這種錯誤，給國家、人民帶來深重災難。

面對民粹主義的挑戰，決不能用民粹主義回擊。在全球化背景下，不論是主動的民粹主義，還是應激的民粹主義，都是反歷史、反文明的力量。

旁觀者不會具體分辨誰的民粹主義只是一種策略，大家只會指責弱勢一方，並將其污名化。這種污名化最終會變成施暴的藉口。

這意味着，鬥智、鬥勇、不鬥氣才是正確的應對之道。不論對手如何挑釁，如何反制，中國政治經濟學都應表達出其理性、克制、利他的一面。

有一個概念叫"單邊開放"。就是說，不論對方是否開放，我始終保持開放。

翻開歷史，英帝國以如此狹窄的國土、如此少的國民，竟一度佔據人類居住面積的四分之一，成為第二個"日不落帝國"，其成功的關鍵就在"單邊開放"。"單邊開放"幫助英帝國戰勝了一個又一個對手，長時間維持了全球霸主的地位。

美國在二戰後成為全球霸主，但 70 多年來，其地位多次受到挑戰，這恰好證明，不懂"單邊開放"，將事倍功半，加大成本。

從中國歷史看，朝貢體制其實就是一種"單邊開放"體制，從整體看，它維持了東亞世界上千年的穩定，堪稱國際關係中的一個奇跡。

這啟迪着今天的中國，堅定去走開放 4.0 之路——將資本、產能和基礎設施建設技術等優勢帶向國際，通過互惠，超越西方政治經濟學的利益陷阱、地緣政治競爭的狹隘語境。這才是應對逆全球化的最佳策略。

中國如何應對美國的打壓？[①]

應對美國挑戰宜多強調 "同"

當前中美關係的特徵之一是意識形態領域的爭鬥有升溫態勢，令人憂慮。美蘇冷戰時期的特徵，除了軍事上的針鋒相對，就是意識形態的較量。但敵對如美蘇，兩國間也存在不少可以合作的共同利益。在疫情肆虐的當下，中美兩個大國在這樣的全球性非傳統安全議題上無法開展合作，不得不令人警醒。

意識形態是認同政治的一部分。認同政治的範疇很廣，早期涉及種族、民族、宗教、膚色，現在又被附加了一些世俗價值觀色彩。美國國務卿蓬佩奧日前再次要求歐洲國家選邊站，稱不是要其在中美之間選擇，而是要在所謂的 "民主" 與 "暴政" 之間選擇。這就是非常典型的認同政治。

認同政治的最大危害，就在於把諸多世俗的價值觀宗教化了。如

① 本文整理自《新民晚報》2020 年 7 月 14 日對作者的採訪，有刪改。

果對中美的社交輿論稍加關注，不難發現認同政治在撕裂美國社會的同時，也令中美輿論場上不時出現妖魔化對方的聲音。在這方面，社交媒體尤其"貢獻良多"。但任何一個政治體制都有民主的成分，也有集權的成分，只是程度多少的問題。中國的體制是美國攻擊的那樣嗎？美國的體制是我們想象的民主嗎？美式民主是最好的政體嗎？都不是。歷史是開放的，每個國家都可能找到最契合自身文明的政體。疫情發生以來的事實更表明，什麼政體都是次要的，關鍵是能促使各國以科學的態度應對。

因此，面對美國在意識形態領域的挑戰，中國應當也可以有足夠的理性和耐心。

中華人民共和國成立以來，中國在這方面有足夠的歷史經驗。一段時間裏，中國在國內飽受"左傾"錯誤的困擾，在國際上同時反美反蘇，處境困難。但毛澤東清醒地認識到這點，尼克松訪華、中美建交……中國最終淡化了意識形態領域鬥爭的色彩，回到現實主義的軌道上。進入鄧小平時代，發展社會主義市場經濟使中國融入世界市場成為可能。這段時期，中國十分重視"求同存異"理念。因為正是共同利益的存在，才使世界市場成為可能。中國由此加入世貿組織，取得 21 世紀以來的經濟騰飛。

除了在實際利益方面，中美在價值觀上也有很多"同"的一面。比如民主、人權，儘管雙方因發展階段不同導致理解上有差異，但都是重視的，也是可以坐下來談的。改革開放以來，中國成功使近 8 億人脫貧，讓更多的人接受了更好的教育，這也是重視人權的體現。

多強調"同"的一面，"異"的存在感就沒那麼強。但現狀是，"異"的一面在互動中被格外突出，"同"被大大削弱，甚至被完全忽視。比如，現在有一種商業民族主義，為了贏利，片面迎合大眾，散佈虛假信息，誇大或者轉移事實，誤導受眾，極其有害。

進一步講，如果我們跟隨美國強硬派的步調，也強調意識形態，肯定會落入對方的陷阱，因為中國的國際話語權還不強。嗓門並不等同於話語權，聲音大、能開罵，不是話語權。中國還是要本着實事求是的精神審視中美關係，不要輕易被激怒，要認識到兩國之間並沒有輿論場上有些人宣揚的那麼大的差異。

此外，中國要主動介入和引導兩國關係走向，而非寄希望於某種國際危機使美國回歸理性。美國會回歸理性，但若放任不管，無異於放任中美關係自由落體式下墜。

新加坡總理李顯龍不久前在美國《外交事務》雜誌發表的署名文章表明，中美之外的中小國家雖然不願選邊，也只能視自由落體落到哪一點再做出自己的選擇。但是在安全與經濟之間，多數國家會怎麼選擇呢？

中國並不想成為兩極世界中的一極，世界的多極化有利於中國的長遠利益。歐洲、俄羅斯、印度、日本都有條件成為多元世界中的一極，這不會完全以我們的意志和偏好為轉移。歷史表明，任何成功的國家都是朋友多多的，敵人少少的。毛澤東"三個世界"理論的精神在當下仍有指導意義，冷戰史蘊藏着豐富的經驗與教訓。

中美之爭取決於國內治理

中美關係是當今國際舞台上最重要的一對雙邊關係，一些外交問題的解決之道，未必在於外交。像中美俄這樣的大國，已經無須擔心別國威脅自己的生存安全。外交是內政的延伸，國際競爭勝負的關鍵都在於各國內部。所謂內憂外患，內憂在前，外患在後。外患只能通過內憂放大危害，如果沒有內憂，外患的威脅性就大大減少，反之亦然。

20世紀80年代以來，美國長期是全球化最大的推動者和獲益者，特朗普卻藉民粹主義上台，並在執政後屢屢破壞原先由美國領頭打造的全球治理體系，給自身和全世界頻頻製造麻煩，徒耗自身的軟實力。

從根本上講，這是美國內部出了嚴重的問題。美國的軍事力量依然獨步天下，但貧富分化日甚，社會不公加劇，才導致今日的虛弱。美國的確從全球化獲取了巨量財富，但自20世紀80年代以來，美國中產階層萎縮至不足50%，低收入家庭上升至30%。對國家來說，資本的逐利性導致產業外移，稅收減少，公共福利不振。對民眾來說，就業機會不斷流失，競爭日益殘酷，收入卻沒有明顯增長。

由此導致的惡果在疫情期間非常明顯。一方面，掌握諸多尖端製造業核心技術的美國防疫物資短缺，不得不從別國手裏強行搶購；另一方面，民粹主義崛起撕裂了社會，阻礙了共識的形成，導致美國抗疫表現一團糟。

相比美國，中國的優勢就在於有中國共產黨作為政治主體。如果沒有這樣的政治主體，中國就會像美國那樣政府缺位、兩黨互招，連最緊迫的抗疫工作也難以有效開展。但中國也面臨類似的挑戰，即發展不平衡和不充分的問題。中國已取得了人均GDP超過1萬美元的巨大成就，但仍和發達國家有明顯差距。我們國家還有6億中低收入及以下人群，國家東西部發展還很不平衡，再加上多民族國家的屬性，挑戰依然艱巨。

如果發展問題解決好，中國的制度優勢將更加凸顯，自然會收穫更多認可，美國炒作的不少問題也轉化不成內部的挑戰。為此，中國在硬基建之外，必須更加重視"軟基建"。

學習亞洲智慧，搞好"軟基建"

我認為，"軟基建"的關鍵就是要培育、壯大和鞏固中國的中產階層，這是實現中國經濟由數量擴張向質量效益轉型的必由之路。

我 20 世紀 80 年代初在北大上學時，中國的人均 GDP 還不到 300 美元。今天的中國已經是世界第二大經濟體，近 8 億人實現了脫貧，成績斐然。但難以否認的是，我們的中產階層還很脆弱，低收入群體也存在返貧的可能。同時，傳統的經濟增長紅利逐漸耗盡。許多地區的基建甚至比西方國家還要先進，已沒必要重複之前大規模的基建。

2020 年 4 月 17 日，中央政治局會議強調要堅定擴大內需。擴大內需要培育國內市場，就要把更多的人轉化為中產階層。中國的獨生子女一代已經逐漸成長為社會的中堅力量，但住房、教育、醫療等問題不解決，當前的消費主體就還很脆弱，潛力也得不到充分釋放。

"軟基建"的目標就是以社會改革為解決這些問題提供制度保障，讓更多民眾共享發展成果。"軟基建"不僅是單純的經濟概念，還是社會和制度概念。要把更多人口帶入中產階層，培育橄欖型社會結構。有了龐大的中產階層，才能保證社會發展方向不輕易失衡。

相比於美歐發達國家，不少亞洲國家和地區在這方面更值得學習。它們吸取了美歐近代以來的教訓，主動推進醫療、教育、公共住房等方面的建設，培養有益於社會穩定的中產階層，從而避免重蹈歐洲經歷長期社會暴力和戰爭的覆轍。比如日本的“國民收入倍增計劃”，新加坡的“居者有其屋”公共住房政策，都用適合自己的方式擴大了中產階層。

20 世紀六七十年代，日本啟動了“國民收入倍增計劃”。到該計劃完成時，日本已相繼超越法德等歐洲國家，成為資本主義世界第二大經濟體。該計劃不是沒有副作用，但是它的確改善了日本的經濟結構，實現了比較充分的就業，最重要的是打造了一個強大的中產階層，有利於日本社會長期平穩。

“軟基建”的另一重意義是激勵創新。中國經濟在發展，但創新不夠。我們的創新主要在管理、運用等商業模式上，技術上的原創還遠遠不夠。沒有原創，就只能進行依附型增長。華為是中國領先的 IT 企業，但美國一斷供，還是面臨這麼大的困境。因此，我們要從應用大國更快成為原創大國。

中央提出建設創新型國家，而創新也離不開龐大的中產階層。日本成為科技強國和創新大國的過程，幾乎同步伴隨着中產階層的崛起。地狹人多的新加坡能實現經濟和科技起飛，與合理解決住房問題也不無關係。創新需要冒險，也需要制度性保障。對於缺少冒險文化的國家來說，更需要社會有一套比較完善的福利保障體系，讓人們把為生計耗費的心力投入到創新創業中。

然而，公共福利不是資本發展本身的邏輯，而是社會改革的產物。要強調的是，經濟轉型中尤其要注意保護農民的合法權益。中國經濟騰飛至今，農民貢獻巨大。在經濟進入新常態階段，要通過“軟基建”更好地回饋農民，讓他們也能更多地進入中產階層。

必須打造世界級經濟平台

中國必須更加堅定地擴大開放，打造世界級的經濟平台。

中共十八大重申了擴大開放的決心，這是中國政治領導層智慧和理性的體現。但在新常態下，中國要加強自己的國際競爭力，就必須更加重視對粵港澳大灣區、長三角、海南島等開放型經濟區的打造。如果沒有幾個大的世界級經濟平台，是不利於實現經濟轉型的。

改革開放以來，中國與西方發達國家的差距迅速縮小。但西方在經濟平台與科學技術上的優勢依然明顯，因為西方最好的技術與人才還都留在西方。疫情後，這些生產要素是否能被吸引到中國，是值得思考的問題。

西方優勢生產要素之所以無法向發展中國家流動，除了發展程度存在差異，西方嵌入式經濟平台的整合優勢是重要原因。如美國舊金山灣區和日本東京灣區，由於政策、人居、文化和開放程度等優勢，資本、技術與人才深深地嵌入和整合到這些地域。一旦離開這塊地域，這些要素就難以發揮既有的作用。

中國目前還沒有這種級別的經濟平台。像珠三角這樣的製造業中心，在今天就面臨實體產業不斷流出的挑戰。中國需要通過擴大開放，打造幾個世界級經濟平台，才能增強自己的不可替代性。

《戰國策》記載了相國鄒忌勸諫齊王，使齊王通過明修內政"戰勝於朝廷"的故事。新冠肺炎疫情的暴發，客觀上更加凸顯了國家治理能力的重要性。因此，中國還是要有自己的戰略定力，通過改革開放充實自己的"內功"。

中國須丟掉幻想，避免對美誤判 [1]

　　自從特朗普成為美國共和黨總統候選人以來，因為其被美國學者稱為"民粹權威主義"的政治風格，美國的傳統政治精英和媒體從來就沒有看好過他。特朗普內政外交的所有方面，幾乎和美國傳統背道而馳，美國內政外交亂象因此而生。

　　在美國內部，美國衰落的聲音不絕。很多人相信特朗普不僅沒有如他所宣稱的"讓美國再次偉大"，而是恰恰相反，加速着美國的衰敗。美國也不乏有人開始把特朗普治下的美國視為"失敗國家"。在外部，特朗普治下的美國也不被看好。在這次新冠肺炎疫情中，沒有一個國家（包括美國的盟友在內）向美國求援，這是美國進入世界體系 100 多年以來的首次。其他國家，尤其是美國的盟友，知道美國發生了方向性錯誤，但或許是由於"恐懼"特朗普，或許是因為感到無能無助，沒有一個國家的領袖試圖公開提醒特朗普或者美國。

---

[1] 本文原載於 2020 年 8 月 4 日新加坡《聯合早報》。

　　中國社會對特朗普治下的美國也表現出複雜的情緒。更多的人則表現出輕美情緒，他們相信美國已經衰落，甚至相信美國因為治理失敗而已經成為"失敗國家"。一些人甚至開始把美國的衰敗視為中國的機會，想在國際舞台上"取美國而代之"，不惜在任何問題上與美國公開對決。

　　中國發展到這個階段，無論美國的對華政策如何，中國的繼續崛起都不可阻擋。但如果人們跟隨美國國內的一些觀點，也以為美國衰敗了，或者以為美國會解體，而可以在國際上"取代"美國，就會犯極大的戰略錯誤。其他國家可以錯誤地理解美國，中國卻不可以。因為美國已經把中國定為其頭號"敵人"，中國對美國的估計必須實事求是。

理性分析美國內部矛盾

　　對於美國所發生的一切，我們必須進行理性的分析。

　　外交是內政的延續。今天美國的外交政策是其內政的反映。在內部，今天的美國面臨着幾大矛盾。

　　第一，種族矛盾，主要表現為 BLM 運動。其他種族的運動也存在，但被黑人運動淹沒。

　　第二，階級矛盾，主要表現為巨大的收入分配和財富差異問題。20 世紀 80 年代以來，在新自由主義經濟學主導下，美國二戰後成長起來的，也是美國引以為傲的中產階層急劇縮小，中產階層社會演變成為"富豪社會"。

　　第三，意識形態極端化，主要表現為保守主義和自由主義之間的矛盾尖銳化，兩者演變成激進保守主義和激進自由主義。兩者之間的交集越來越少，越來越沒有妥協性。

第四，政治利益矛盾，表現為民主黨人與共和黨人之間、兩黨之間的矛盾，光用意識形態來解釋很難說清楚，政治人物自私自利走向極端，他們之間的對立和仇視已經公開化，不可調和。

所有這些矛盾導致了美國的治理制度問題，或者如一些人所說的治理失敗。而治理失敗的關鍵在於政黨制度的失效。西方自近代以來，政黨是組織國家政治生活的最主要手段。尤其在美國，幾乎所有的問題都要通過政黨政治轉化成為國家政策來最終得到解決。但在民主與共和兩黨互相對立和否決的情況下，有效的治理無從談起。

美對華政策轉為敵對

美國所有的內部問題也以不同途徑反映到國際層面，就出現了很多國際和外交層面的問題，主要表現為以下幾個方面。

第一，調整盟友關係。同盟關係是美國外交的主軸。美國在一戰期間進入世界體系，二戰以後成為世界體系的領導者。儘管美國提供了大部分所謂的"國際公共品"，但美國主要還是通過和其他國家的結盟來主導世界。很顯然，沒有任何一個國家可以單獨主導世界事務。特朗普上台之後，美國急速地減少對盟友的承諾，要麼要求盟友承擔維持同盟關係的更多費用，要麼減少對盟友各方面的援助和支持。

第二，從國際組織"退群"。因為國內面臨的困難，美國很難支撐一個已經過度擴張的"帝國"。減少對不必要的國際事務捲入的問題，在特朗普之前已經被提出。

奧巴馬總統開始計劃美國如何有序地從一些對美國影響減小的國際事務（尤其是中東事務）中撤出來，而轉向對美國來說更為重要的一些領域（例如亞太區域）。但這一戰略在特朗普上台之後，演變成為全面"退群"。美國不僅從聯合國的一些組織體系"退群"（例如世界衛生組織），而且也從自己主導的區域協議中"退群"（例如 TPP），還對多邊協議也進行了重新安排，例如北美自由貿易區等。

第三，與內部民粹主義崛起相對應，對外民族主義高漲。民族主義是弱國的武器，強國不需要民族主義。二戰之後，美國成為世界上最強大的國家，也是最具有國際主義的國家，民族主義傾向降低到最低程度。

在很多美國人看來，民族主義似乎是其他國家的事情，與己無關。在 2007—2008 年全球金融危機之前，美國表現為自信、開放、包容。

美國內部矛盾的激化，導致特朗普民粹主義的崛起，而內部民粹主義的外部表現便是民族主義，在政策層面則表現為貿易保護主義、經濟民族主義和反移民等。可以預計，如果美國解決不了國內的治理問題，繼續弱化，美國民族主義會趨於高漲。

第四，軟力量的衰退。這是民族主義外交政策崛起的必然結局。民族主義外交所凸顯的是一個國家的自私自利性質，唯利是圖，而全然不考慮他國的利益，甚至盟友的利益。

人們見到，特朗普上台之後，即使是美國的很多盟友也對美國膽戰心驚，在小心翼翼地應對美國，既不想得罪特朗普，也不想盲目地跟隨美國。

第五，對華政策演變成為敵對政策。美國對華敵對政策表現為內外兩個方面。在外部，美國已經正式地把中國界定為其頭號對手，而俄羅斯次之。美國現在所進行的外交都聚焦中國，試圖形成最廣泛的"統一戰線"來對付中國。

但更為重要的是，對華政策也成了美國內政的一個重要部分，兩黨競爭着誰對中國更狠。這裏認同政治起着關鍵作用，即妖魔化中國。

認同政治對美國的對華政策具有很長遠的影響，因為它深刻影響着美國社會（民眾）對中國的認知。這種認知一旦社會化，轉化成為文化，就很難改變。美國當時對蘇聯的認同政治到今天仍然發揮着影響。即使美國當局想改善和俄羅斯的關係，這種努力也沒有社會基礎，很難實現。

對美形勢誤判的後果

美國內部矛盾的激化和對華實行全面打壓政策，這兩者混合在一起，足以促成一部分人對美國的誤判。這種誤判如果影響到中國的外交政策，可以預見，中國就很難避免陷入美國所設定的對華政策議程。

因此，要制定有效的對美政策，人們需要對美國的現狀，在基本事實的基礎上，做理性的分析。至少對如下幾點是需要有認知的。

第一，美國現在面臨的是由政治危機所引發的治理危機，但並非是總體政治制度危機。美國政治制度的核心是憲法，憲法體現為一種精神。

美國被視為第一個"新國家"，它建國之初，沒有沉重的歷史包袱，可以把當時為止的人類最優質的制度要素有機地結合在一起。所以，美國這個國家儘管很年輕，但確實是一個文明類型國家，即美國代表着西方文明。

美國的政治制度是開放的，面向未來，憲法根據時代的需要，不斷修正。歷史上，美國既有偉大的領袖，也不乏庸人，犯錯和糾錯並存。

今天的 BLM 運動在清算美國的歷史，包括制憲人物在內的政治家的雕像被推倒。不過：制憲人的雕像可以倒，憲法卻不會倒；憲法可以修正，但不會廢棄。很難想象，在可預見的將來，美國的政治制度會出現另一種替代品。

第二，美國的制度空間足夠大，或者"制度籠子"足夠大，可容納社會運動。社會抗議和反叛本來就是美國政治制度的內在部分，制度設計已經充分考慮到了這一點。今天勃興的黑人運動，使得一些人懷疑美國的制度是否會倒塌，"制度籠子"會不會被打破。但從歷史經驗看，這種可能性並不大。

今天的黑人運動，遠遠比不上 20 世紀 60 年代至 70 年代的黑人民權運動。當時除了民權運動，還有龐大的反越戰運動。美國的處理方法就是讓"籠子"更大一些，給各社會群體更多的法律層面的權利。

正因為如此，各類社會運動會影響美國，但改變不了美國制度的性質。今天的美國認同政治盛行，社會運動碎片化，很難聚集起來對總體政治制度構成有效衝擊。

第三，保守主義的反彈。今天的社會運動是美國激進自由主義的產物，符合自由主義發展的邏輯，但這並不意味着美國社會會沿着激進自由主義的方向發展。相反，激進自由主義也在導致保守主義的強烈反彈。

從歷史上看，二戰以後，自由主義主導美國政治和經濟，但到 20 世紀 80 年代，里根主義（即新保守主義）崛起。

今天，隨着 BLM 運動的激進化，保守主義也在崛起。自由和保守力量的較量不可避免，直到雙方達到一種新的均衡。在這個過程中，美國會不會發生內戰？正如前面所說的，美國的政治制度基本上可以容納各種社會抗議和反叛，很少有人會認為今天這樣的抗爭會演變成內戰。

第四，經濟與政治的分離。經濟的自治性是西方近代以來最具有重要意義的一個制度創新。

隨着資本的崛起，資本追求獨立自主，以免受政治權力和社會的衝擊。近代以來西方的制度是以資本為核心的，各種制度安排都是為了資本的安全。馬克思已經指出了這一點，迄今並沒有大的變化。

因此，在西方，所有其他問題不會對經濟產生致命性的影響。政治可以干預、規制和修正經濟，但主導不了經濟規律。這也為此次新冠肺炎疫情危機所證實。新冠肺炎疫情對美國社會各個方面和日常經濟生活造成了巨大的衝擊，但對美國的基本經濟體系並未構成巨大的壓力。

第五，從經驗上看，每次危機都會影響到美國在國際社會的軟力量，但每次危機之後，美國的硬力量不僅很少受到影響，反而會變得更加強大。這背後有很多因素，但其中一個重要因素就是上述政治和經濟的分離。

今天，並沒有顯著的跡象表明美國的硬實力在衰落。再者，硬力量的存在和上升，反過來會助力美國在危機之後恢復軟力量。

中美之間不存在誰取代誰的問題

如果能夠考慮到以上基本事實，也不難得出如下結論。

第一，美國的衰落是相對的，就是與其他國家的發展比較而言的衰落。如果與美國自己的過去相比較，美國仍然在發展，只是較慢的發展。

第二，大國的衰落是一個很長的歷史過程。中國晚清的衰落經歷了很長時間，蘇聯解體之後，俄羅斯的軍事力量到今天為止仍然是最強大的之一。在這個漫長的過程中，美國仍然有復興的機會。

第三，美國沒有全面衰落，而是部分衰落。在經濟、軍事、科學技術、創新等領域，仍然沒有任何國家可以和美國比擬。

第四，美國內部的“衰落論”主要是美國人的深刻危機感所致。美國是一個危機感驅動的社會，和其他國家的國民比較，美國人很少有忍耐性。因為民主、開放、自由，美國人一有苦就叫出來，加上熱衷於報道負面新聞的媒體的大肆渲染，美國社會往往具有深刻的危機感，而政治人物（因為選票的緣故）不得不回應。不難理解，“西方衰落”和“美國衰落”的聲音，在西方和美國從來就沒有間斷過。

就中美關係來說，結論也是清晰的。

第一，兩國的緊張關係是結構決定的，即中國已經崛起到被美國視為真實威脅的程度。

第二，美國可以圍堵中國，圍堵也可以對中國產生影響，但遏制不了中國的繼續崛起。

第三，中美兩國不是誰取代誰的問題，美國遏制不了中國，中國也取代不了美國。

第四，中美兩國的問題是共存問題。丟掉一切不切實際的幻想，學會和美國的共存，應當是人們思維的起點。

中國今後如何與美國共存①

　　學國際關係的都熟知兩句話，第一句是外交是內政的延伸，第二句是戰爭是政治的另一種表達方式。但政治學中還有一句話，即所有的政治都是地方政治（local politics）。把這三句話結合起來，我們可以說，所有戰爭的原因都是來自地方政治。中美關係的惡化儘管主要問題出在美國身上，但我們也要反思我們缺少對美國內部發展的理解。

　　從很大程度上說，當前的形勢比美蘇冷戰更為嚴峻，因為美蘇冷戰只是意識形態的衝突，沒有文明的衝突，美蘇至少還屬同一個文明。俄羅斯人理解美國，我們卻不那麼理解美國。我們觀察一下海外社交媒體上的現象就知道，俄羅斯人可以用美國人的化名，可以偽裝成美國人的情緒去影響美國的選舉，而中國人只會簡單地把自己的情緒放在社交媒體上。我們和美國之間即使沒有文明衝突，也有很大的

---

① 本文整理自作者在 2020 年 10 月 24 日的 IPP 中美關係閉門研討會 "特朗普時期中美關係回顧與中國未來的戰略選擇" 上的主旨演講，有刪改。

文化理解差異，很多人不理解美國。

很長一段時間裏，美國人一拳打過來，我們就一拳打回去，這種方法不行。軟力量和意識形態是我們的短板，我們不能用自己的這一短板去挑戰美國（西方）的長板。中國外交要充分利用我們的比較優勢。我們有兩個比較優勢，第一個優勢是開放的潛力，第二個優勢是市場規模。

中國開放的潛力是什麼？中國有很多的市場領域還未開放，任何一個領域的開放都可以改變西方對中國的態度。中美這兩年一直在打貿易戰，關係越來越糟糕，但根據美國彼得森國際經濟研究所的智庫報告，過去這兩年有 6 000 億美元流入中國的金融市場，因為這幾年我們的金融市場開放了一個口子。英國《經濟學人》統計，2020 年前 10 個月有 2 000 億美元流入中國金融市場。這麼大規模的資本流入和中國的市場規模是有關係的。

中國市場規模有多大？消費社會主要和中產階層有關。窮人不是消費階層，精英階層已經消費過度了，對經濟貢獻都不會太大。美國的中產階層佔比大概為 50%，中國現在是 30%，但我們的人口基數龐大，中產階層已經有 4 億人口，美國的中產階層是 2 億人口。也就是說，我們的中產階層人數相當於美國的總人口數。特朗普政府和日本政府曾都希望用錢吸引本國企業回歸，但美國和日本都不會成功，主要是因為美國和日本的企業都不想放棄中國市場。

中美之間實現脫鉤很困難，我並不認為這兩個經濟體能完全脫鉤。美國在搞 "一個世界、兩個市場"，或者說 "一個世界、兩套體制"。我覺得出現兩套技術體系有可能，但是兩個市場完全脫鉤是不太可能的。美國的脫鉤政策在一個領域有可能實現，即所謂的國家安全領域，美國會以保護國家安全的名義要求甚至強制高科技企業回歸。

另一個領域即醫療物資領域，貿易依存度會大大減低，但也不可能完全脫鉤。醫療企業的回歸已經開始了，很多人把這理解為"去中國化"，但我覺得醫療物資是與老百姓生命攸關的大事，不能全部放到海外生產。根據美方的統計，美國 80% 以上的醫療物資依靠中國供應，97% 的抗生素依賴中國。儘管這個統計數據可能有誇張成分，但如果依賴程度太高，便是不合理的。

中美之間其他領域的產業轉移，不能說是脫鉤或者"去中國化"。在中美貿易戰之前，西方一些企業已經從珠三角和長三角轉移到其他國家去了，因為中國的勞動力成本和土地成本提高了，環保意識增強了。這種產業轉移是正常的經濟行為。所以，我們前段時間對中美經濟關係變化的解讀太過於民族主義化了。

這一波超級全球化導致了國際層面的勞動分工，但很難持續。道理很簡單，經濟和社會本身是一體的，是互相嵌入的，但現在資本的主導地位太突出，經濟和社會完全分離了，並且因為是國際層面的分離，主權國家無能為力。那麼社會怎麼辦？現在我們看到的只是收入分配的問題，但實際上還產生了更深刻的問題，並且無解。

我最近在思考，我們在崛起過程中，如果沒有開放，包括國有企業在內的既得利益集團是沒法打破的。我覺得中國政府在這個問題上也是有共識的。這也是為什麼我們會在過去不允許開放的金融領域實現開放，這是一個策略問題。中國發展到今天，應該也已經具備了足夠的能力對美西方實行單邊開放政策。中國要學習歷史上的大英帝國，大英帝國是實踐單邊開放的，即使你不向我開放，我也向你開放。美國的做法是對等開放，你向我開放，我再向你開放。

在很多方面，大英帝國的方法要遠遠優於美國。美國霸權持續沒多長就開始衰落了，大英帝國的霸權持續了一個多世紀。單邊開放的道理在於，只有在開放狀態下，全球生產要素才能進入本國。西方的企業像汽車工業，德國、日本、美國本身的汽車行業已經在中國形成了產業鏈，不可能把整個產業鏈遷回去，企業本身更沒有動力放棄中國市場。

只要政府不把外國企業趕出去，外國企業是不會走的；任何一個國家都沒有那麼大的財政投入，把這些企業都吸引回去。所以，只要美國（西方）還是資本主義國家，只要中國是開放的，完全脫鉤就很難實現。如果我們實行單邊開放，那麼美國搞脫鉤就更沒有希望。

總之，我們要對美國有一個客觀評估。美國的衰落是相對的，它沒有絕對衰落，美國還在進步。美國今天的問題主要是治理體制問題，而不是經濟體系問題，其經濟還是自由創新的，創新能力、優質資本、優質技術、優質人才還都留在美國，並沒有往外逃跑。

美國當前的危機遠遠趕不上 20 世紀 60 年代反越戰和黑人民權運動危機。實際上，美國一直危機不斷。它的憲政體制就考慮到危機，一般性的危機衝垮不了其憲政體制。

未來，中國只要不犯顛覆性的錯誤，還是有非常大的優勢的。所謂的顛覆性的錯誤就是把自己封閉起來，不再繼續開放。只要中國持續開放，外國資本還是會進來，技術也不會完全脫鉤。中國要學會和美國共存，不要想着怎麼樣打敗美國。中美這樣的大國，只要自己不打敗自己，很難被對方打敗。

中美關係過去是以合作定義競爭，未來將以競爭定義合作。

擔任參議員和副總統時期的拜登，既是鷹派也是鴿派，更是個外交實用主義者。拜登在對華經貿、外交和安全政策上，都會更強調盟友、規則和價值觀因素，以重塑美國聲譽和實力作為對華政策的基石。同時，拜登定義中國為競爭對手而不是敵手，為中美關係注入了相對穩定的因素。

與特朗普政府的高度保護主義的貿易策略不同，拜登更信奉自由貿易。除了消除疫情的影響之外，他的首要任務就是恢復美國經濟，因此他的對華政策大概率也將與這個目標保持一致。

自中美簽署了第一階段貿易協議後，兩國的貿易談判小組一直保持定期接觸。第一階段協議可能成為未來經貿磋商的一個起點。

責任編輯	龍　田
書籍設計	吳冠曼
書籍排版	何秋雲

書　　名	大變局中的機遇 —— 全球新挑戰與中國的未來
著　　者	鄭永年
出　　版	三聯書店（香港）有限公司
	香港北角英皇道 499 號北角工業大廈 20 樓
	Joint Publishing (H.K.) Co., Ltd.
	20/F., North Point Industrial Building,
	499 King's Road, North Point, Hong Kong
香港發行	香港聯合書刊物流有限公司
	香港新界荃灣德士古道 220-248 號 16 樓
印　　刷	中華商務彩色印刷有限公司
	香港新界大埔汀麗路 36 號 14 字樓
版　　次	2023 年 8 月香港第一版第一次印刷
規　　格	特 16 開（150 mm × 210 mm）384 面
國際書號	ISBN 978-962-04-5316-8

© 2023 Joint Publishing (H.K.) Co., Ltd.

Published in Hong Kong, China.